LA DEMOCRACIA DE LAS EMOCIONES

NUEVOS PARADIGMAS PARA UN VIAJE HACIA UNA SOCIEDAD CON SENTIDO

ALFREDO SANFELIZ

KOLIMA
BOOKS

Título original: *La democracia de las emociones.*
Nuevos paradigmas para un viaje hacia una sociedad con sentido

Primera edición: Febrero 2022
© 2022 Editorial Kolima, Madrid
www.editorialkolima.com

Autor: Alfredo Sanfeliz
Dirección editorial: Marta Prieto Asirón
Maquetación de cubierta: Beatriz Fernández Pecci
Maquetación: Carolina Hernández Alarcón

ISBN: 978-84-18811-54-8

ÍNDICE

Comprendiendo a las personas podremos comprender el mundo. Comprendiendo el mundo podremos mejorarlo.

La indignación nos lleva a la crítica e incomprensión de los demás desde el encerramiento en nuestra visión. Entender otras perspectivas nos hace comprender el «todo social». Y quizá con ello podamos, entre todos, reducir la confrontación y orientar la evolución de nuestra sociedad hacia territorios de relación y bienestar con mayor sentido.

Quizá sea el momento de abandonar la parte de «lo viejo» que ya no funciona y abrazar la parte buena de «lo nuevo» que ya está emergiendo. Lo que no funciona morirá y lo que tiene sentido acabará triunfando en las batallas de la evolución social.

INTRODUCCIÓN

De nuevo me siento a escribir las primeras palabras de este texto. Tan pronto termino un libro y lo entrego a la editorial nace en mí la necesidad de buscar el tema a trabajar en el siguiente. Empiezo así a escribir y rescatar antiguas notas y dar vueltas a las múltiples ideas que de forma reiterada me vienen a la cabeza. Y cuando el libro entregado a la editorial finalmente está publicado, las inquietudes se hacen más firmes, recordándome que me debo definir sobre lo que voy a escribir en el siguiente. Tras unas semanas los recordatorios se convierten en una auténtica autoexigencia para que coja una página en blanco de mi ordenador y empiece a escribir. Y eso es lo que estoy haciendo en este momento, quizá como esclavo de mi necesidad de expresarme y ser comprendido.

Por alguna razón necesito escribir, expresarme, decir que existo y que tengo capacidad para ordenar ideas que me parecen valiosas y que pueden ser interesantes para los demás. Parece que escribir me hace existir y ser alguien, y de alguna forma me lleva a sentirme orgulloso cuando el fruto de la escritura me resulta digno de ser leído. Es quizá algo por lo que siento una llamada y me hace disfrutar cada vez que pongo los dedos para ello en el teclado de mi ordenador.

El trabajo de concebir un libro, comenzar a escribirlo e ir dándole contenido es sin duda exigente. Antes de enfrentarme a mi primer libro me parecía algo imposible, pero hoy me llena de satisfacción hacerlo. Es un indudable esfuerzo, pero es a la vez tremendamente gozoso por el sentido que otorga a mi vida el ir creando obras que una vez concebidas tienen existencia más allá de mí. Y comenzada la tarea me resulta maravilloso ir viendo como la obra se va esculpiendo cada día con mi escritura. Tengo a veces la impresión de que estoy siempre con un bebé en gestación dentro de mí al que doy a luz. Creo que la necesidad de mostrar un día al mundo ese bebé en forma de libro es la mayor recompensa y motivación que me empuja y sostiene el esfuerzo de escribir. A ello añado el sosiego que me producen los ratos en los que me dedico a escribir plasmando en un soporte ajeno a mí las ideas que agitan insistentemente mi cabeza. Me quedo tranquilo al ver que con ello ya no se pueden olvidar ni perder si un día yo ya no estuviera o perdiera el orden estructurado de las mismas. Por ello, cuando creo que tengo visiones o interpretaciones originales de lo que me rodea, necesito darles forma y vida para que puedan sobrevivir al margen de mi existencia. Siento algunas veces que esto es una búsqueda de trascendencia, y supongo que así será, aunque todavía no me he dedicado a pensarlo.

Solo quiero expresar ideas, percepciones, visiones o interpretaciones de la realidad que vivo y observo, pues ello produce muy dentro de mí un importante desahogo al sentir que es un paso para contribuir a un mundo mejor. Por tanto, este libro será expresión de lo que yo veo hoy en la sociedad, incluidas ciertas tendencias que quizá sean mis propios sueños. Quizá para algunos sea una visión distorsionada de la realidad y crean que estoy equivocado, pero este libro no es para generar una discusión sino para exponer una visión y unos sentimientos con la esperanza de que sean comprendidos, ya sean o no compartidos.

La vida se construye tomando conciencia de nuevas concepciones de las cosas, desarrollando nuevos marcos mentales y soñando con nuevas realidades que hagan el mundo mejor. Los cuadros de Dalí son surrealistas, pero sin duda son grandes obras de arte pues dan forma a visiones o sueños que rondaban en su cabeza y por ello sus deformaciones de objetos y de la realidad no pueden considerarse errores sino concepciones suyas de las cosas expresadas a través de la pintura. Y en igual sentido, en forma de libro, espero y pretendo ser igual de libre delante del ordenador como supongo lo sería Dalí cuando se ponía delante de un lienzo.

¿De qué voy a escribir y por qué?

Me gusta poner de manifiesto las paradojas y absurdas creencias que se dan con gran arraigo en torno al funcionamiento de nuestra sociedad. Me sorprende el atrevimiento de casi todo el mundo para juzgar y opinar de todo, incluso de las cosas más complejas sin tener criterio alguno. Es también sorprendente la capacidad de las personas en general, de encontrar culpables para todo aquello que no les gusta y atacar a esos culpables desde el convencimiento de estar en lo cierto, simplificando las cosas y pensando como si lo que ocurriera solo tuviera una causa (o culpa), en la que por supuesto ellas no participan. Ello genera múltiples indignados por unas y otras cosas, y permanentes polémicas y discusiones cargadas de emocionalidad, aunque supuestamente vestidas de racionalidad aun sin fundamento alguno. Y de la observación y comprensión de estas polémicas y de las diferencias de visiones es precisamente de lo que voy a escribir en este libro para tratar de contribuir a crear un mundo en el que todos seamos más comprensivos.

Vivo permanentemente observando fuerzas, tendencias y fenómenos que son poco visibles para la sociedad en general pero que de hecho condicionan nuestro desarrollo, la convivencia y nuestro bienestar. Me gusta hablar de ello en mis conversaciones y tertulias sociales, lo que genera a menudo el rechazo y la polémica de quienes, anclados en su perspectiva, no son capaces de comprender la mía. Y lo que haré en este libro es precisamente poner luz a estas ideas y ordenarlas para tratar de proponer miradas y perspectivas amplias y completas que provoquen un despertar de la conciencia social ante ciertos fenómenos y tendencias sociales que percibo. Es un reto difícil que quizá no llegue a conseguir, o solo lo haga frente a unos pocos, y que se expone a la crítica o descalificación de quienes están cómodamente asentados en viejas concepciones.

Debo confesar que en alguna medida este libro tiene cierta pretensión de desahogo frente a quienes a lo largo de mis años de interacción con ejecutivos y personas establecidas en posiciones de poder me han hecho sentir un poco estúpido, Quijote, iluso o falto de realismo. A menudo a lo largo de mi trayectoria profesional, mis comentarios, aportaciones y sugerencias para abordar planes, acciones o estrategias apoyados en el sentido común y tratando de integrar una visión de corto y largo plazo han sido despreciados con cierta sorna. He sentido por ello cierta displicencia hacia mis contribuciones cuando he cuestionado las múltiples dinámicas, prácticas y fenómenos malsanos que se dan en nuestro mundo económico-empresarial y he tratado de poner un punto de sensatez y sobre todo de respeto al ser humano. Y sin pensar en nadie en concreto y con un ánimo más deportivo que vengativo, al escribir este libro me mueve también la búsqueda de dar un pequeño revolcón a las prácticas empresariales y en general de poder que ensalzan una eficacia y productividad procedimentada, deshumanizante y cortoplacista como valores supremos a costa de cualquier otro.

Finalmente, y pidiendo disculpas anticipadas al lector, en el último capítulo del libro me permitiré el capricho de abandonar el territorio del pseudo-ensayo para adentrarme libremente en mis propias disquisiciones trascendentes y espirituales, cuya expresión constituye el imprescindible broche para compartir desde mi más profundo y libre interior mi concepción de la vida y del mundo. Quizá para muchos resulten simples desvaríos, pero para mí constituyen una necesaria conexión personal con el ámbito del misterio que me permite conciliar y convivir con los múltiples sinsentidos y contradicciones que observo al mirar a mi alrededor, y que yo mismo padezco cuando profundizo en mi conciencia para tratar de entender las fuerzas que me mueven.

¿Entonces qué busco con este libro?

A menudo buscamos explicaciones simples de las cosas y culpables a los que responsabilizar de lo que no nos gusta. Y todo ello sin el más mínimo fundamento, basándonos en informaciones e interpretaciones sesgadas de las cosas y con muy poca reflexión.

El mundo se nos ha quedado pequeño y está híper-comunicado, y cualquier fenómeno que se produce en algún lugar o ámbito tiene efectos en otros lugares y ámbitos de nuestra sociedad. Me atrevo a decir que cada vez es más patente que todo es causa de todo en este complejísimo sistema de intereses y fuerzas de un mundo abierto y comunicado cuyas fronteras internas solo son capaces de constituir barreras en algunos ámbitos de la actividad humana. Se trata de fuerzas, corrientes o intereses, cada uno con lógicas propias y distintas, que nos hacen sumamente difícil entender lo que pasa, y mucho menos hacer predicciones sociológicas de cosas futuras. Cada fuerza o corriente busca su hueco construyendo sus legitimidades en su propio beneficio y sin respeto a principios o *statu quo* alguno. Y esas legitimidades construidas, unidas a una adecuada administración carismática, conforman causas y grupos de interés dotados de capacidad de influencia en el sistema que unos y otros tratan de aprovechar en su propio beneficio.

Este libro espero que ayude al lector a tomar una perspectiva enfocada de todas estas cuestiones y comprender como naturales las distintas posturas y reivindicaciones de unas y otras fuerzas o grupos de interés. Ayudar a esta ampliación de perspectivas es un gran propósito de este trabajo.

Siendo más concreto, con este libro me gustaría:

- Hacer pensar a la gente y preguntarse cosas.

- Ayudar a hacer visible el que el funcionamiento de nuestro sistema socioeconómico y los intereses instalados nublan nuestra perspectiva y nos impiden ver que nuestros problemas sociales no son tanto de escasez de riqueza como de falta de formas adecuadas para administrarla y disfrutarla haciendo patente el que la búsqueda infinita de crecimiento económico-financiero no puede ser el principal sostén de la paz y la felicidad social.

- El acercamiento a una mejor comprensión de lo que es el dinero y de las funciones que de hecho hoy cumple en la sociedad como principal fuente de explicación de casi todo lo que ocurre y no nos gusta en ella. Y desde ahí contribuir a que todo el mundo pueda comprender un poco lo que los expertos del mundo económico parecen no entender, precisamente por estar excesivamente condicionados por un conocimiento que los ancla en viejas concepciones y les limita las nuevas.

- Contribuir al ensalzamiento de los empresarios, pero exigiendo a la vez su evolución, fusionando lo bueno de los entornos de competencia con un incremento de la colaboración que permita seguir procurando un bienestar que vaya mucho más allá del asociado a la riqueza material y a una mirada simplista a los crecimientos económico-financieros en forma de PIB, saliendo con ello de la ceguera antropológica y social en la que muchos parecen vivir.

- Contribuir a que los lectores puedan comprender mejor por qué hoy hay tantos gritones y reivindicadores que no hacen más que pedir más y más derechos sin obligaciones y que tratan de poner patas arriba todo lo establecido, mostrando cierta comprensión hacia algunas de sus causas si bien siendo a la vez críticos con ellos para que no se excedan en sus gritos y dejen de sembrar odio como vía para la reivindicación y la captación de seguidores.

- Agitar la conversación social para ensalzar los componentes psicológicos, emocionales y espirituales de la felicidad y poner en cuestión la arraigada asunción de que el dinero siempre procura bienestar, ayudando a que los lectores comprendan las perversas dinámicas de nuestro sistema económico, auto-esclavizado por las necesidades de productividad y crecimiento sin límite, que nos hacen víctimas de dicho sistema socioeconómico que hemos creado y convertido en un fin en sí mismo olvidándonos de que era un medio.

- Hacer una llamada al esfuerzo de todos para conocernos y comprendernos mejor como vía para descubrir y entender lo que realmente nos mueve, y desde ahí reorientar la superficial y frenética espiral de consumo y cambio acelerado y permanente de la que solo se beneficia el propio sistema económico para perpetuarse con promesas de valor y excesivas y agobiantes exigencias para los ciudadanos.

- Contribuir a que las sociedades occidentales y occidentalizadas despierten a la importancia de recuperar el sentido de las cosas y desarrollar la espiritualidad para promover un mejor equilibrio entre lo material y lo espiritual, entre lo útil y lo inútil, entre el largo y el corto plazo, y entre lo medible y lo no medible.

- Enfrentar al espejo a quienes viven en permanente actitud de reproche y búsqueda de culpables para explicar todo lo que no les gusta y despertar en todos los lectores el sentido de responsabilidad como miembros de la sociedad, para contribuir, cada uno a su manera, una evolución social que encuentre vías, luz y actitudes apropiadas para reorientar lo que hoy consideramos indeseable.

- Poner con todo ello una perspectiva o mirada completa que permita comprender nuestra caótica y emocional democracia, o lo que es lo mismo, entender al menos algunos aspectos de nuestro complejo sistema que tan en entredicho se encuentra y en el que conviven muchas verdades entrecruzadas que no somos capaces de asumir.

Que nadie espere en este libro grandes conocimientos o novedades que no pueda tener ya el lector, pues este ejercicio no deja de ser una puesta en orden y combinación de fenómenos fácilmente observables por cualquiera. No obstante, presentados como lo hago, pueden permitirnos visiones y perspectivas diferentes y ampliadas de las cosas. Cuando miramos al cielo en una noche oscura, todos vemos las mismas estrellas, las que hay visibles. Pero dentro de ese universo estrellado unos pueden ver unas constelaciones y otros otras.

Con este libro mi pretensión es tratar de mostrar algunas constelaciones que, siendo tan reales como las otras viejas conocidas. Invito por ello al lector a dejar de fijarse solo en la Osa Mayor y la Osa Menor, y se abra a buscar otras nuevas que también están delante de sus ojos.

Pero como no es el universo estrellado lo que ahora tenemos que comprender sino nuestra liosa y confrontada sociedad en la Tierra, seguro que será más eficaz salir un poco al espacio y situarnos en Marte para tener una mejor y más limpia perspectiva.

Sugiero leer el libro desde Marte

El libro trata de explicar todo de forma sencilla (aunque confío que no simple) y con líneas de trazo gordo, para describir así perspectivas de las cosas diferentes respecto de las que normalmente se tienen. Pido también disculpas por cierta simplificación de algunas generalizaciones; si las uso es solo con el ánimo de ilustrar tendencias, visiones o rasgos marcados de unos y otros colectivos aun sabiendo que estarán llenas de excepciones y matices.

Como a todos en general nos cuesta mucho desapegarnos de nuestros pensamientos y de nuestra forma de ver las cosas me gustaría formular a los lectores la siguiente pregunta: ¿pueden, cuando estén leyendo este libro, imaginarse que son marcianos observando las dinámicas de nuestra sociedad desde Marte, libres de las ataduras, condicionamientos, implicaciones emocionales e inercias terráqueas que se dan en quienes llevamos generaciones concibiendo las cosas de una determinada forma en las sociedades occidentales? Pues para los que puedan, esa será la mejor perspectiva desde la que leer este libro.

Desaprendamos por tanto todo lo que haga falta antes de seguir leyendo para atrevernos a entender lo que se dice sin pensar que se pretende cambiar el mundo de golpe y de forma radical. Permítase el lector leer sin cuestionar cada línea para así entender o visualizar nuevas perspectivas ampliadas. Pues este libro no pretende tener razón, sino mostrar formas diferentes de ver y entender las cosas que bien podrían hacerse realidad. Como supongo que Dalí nunca pretendió que sus cuadros reflejaran una realidad ortodoxamente objetiva, tampoco este libro pretende crear o describir una nueva realidad concreta, cerrada u objetiva, pues la nueva realidad evolucionada hacia la que ya estamos caminando solo podrá ser el resultado de la caótica interacción de las múltiples fuerzas, intereses y actitudes que conviven en nuestra complejísima sociedad, que todavía no tiene un nuevo contrato social consensuado.

La experiencia me dice que cuando alguien quiere demostrar algo, en general, la gente con la que está hablando se coloca en posición escéptica y cuestionadora de las afirmaciones que llevan a la demostración. Este libro tiene el peligro de despertar esas reacciones en los lectores convirtiéndolos en críticos buscadores de las fallas o quiebras de las reflexiones y conclusiones que contiene. Tendemos a aferrarnos a concepciones o paradigmas vigentes con los que vivimos inclinándonos más a buscar argumentos de rechazo que a entender la tesis que se trata de explicar. Cuando ello ocurre, la escucha y el procesamiento para la comprensión de lo que se está oyendo o leyendo se deteriora, al ser sustituidos internamente por la argumentación para defender la tesis contraria. Animo por ello a comprender las tesis que expongo pues difícilmente se podrá rebatir lo que no se haya comprendido.

Pues bien, aunque sé que es mucho pedir, me gustaría que este fenómeno no ocurriera y que el lector se permitiera permanecer abierto a una escucha profunda, tratando de entender los argumentos, sentimientos y las tesis para comprender por qué digo lo que digo. Tras ello podrá compartir en mayor o menor medida (o en ninguna) las apreciaciones que contiene, y desde luego podrá mostrar su rechazo a muchos de sus contenidos. Creo que solo así podrá avanzar en el auto cuestionamiento de sus propios paradigmas en los que todos nos encontramos anclados. O, lo que es lo mismo, hagamos un esfuerzo por observar esas constelaciones en el cielo que son menos fáciles de identificar, pues solo después de conseguir observarlas podremos comparar la belleza de las nuevas con la de las viejas.

Soy consciente por tanto de que muchas de las cosas que afirma este libro llevan a pensar rápido que son una locura. Pero pido al lector que se tome la oportunidad de no darles ese calificativo tan pronto y mantenerse en la lectura tratando de encontrar los porqués que hay detrás de las afirmaciones y el valor de esas peculiares perspectivas. Me atrevo a decir que, aunque no pretendo demostrar nada, confío en la sensatez y base para decir las cosas que digo con una lógica basada en lo que son los fundamentos del comportamiento de los seres humanos y la observación de los fenómenos de nuestra sociedad. Estoy seguro de que comprender perspectivas distintas de las cosas, aunque suenen a ciencia ficción, será un buen ejercicio mental para la apertura de nuestra forma de pensar. Y en lo que a mí respecta me ayudará a sentirme comprendido, que tan importante me resulta, aun cuando no se compartan mis visiones y creencias.

Sé que en algunos aspectos este libro puede remover la conciencia de muchos y ello puede llevar a ciertas reticencias para la aceptación y comprensión de sus contenidos. Pero mi sugerencia es que, en la intimidad de la lectura, se permitan abrir sus conciencias y corazones para escuchar lo que les dice. Puede resultar algo incómodo pero seguro que es interesante y confío que quien lo haga sienta que ha crecido.

¿Es este libro una utopía?

Me habría gustado mostrar mi espíritu optimista con un titular atractivo como «Este mundo tiene arreglo». Pero la reflexión sobre ello me ha llevado a descartarlo pues solo se puede arreglar lo que se ha estropeado, lo que hace imposible arreglar aquello que a lo largo de los tiempos no ha hecho sino mejorar. Y aun sabiendo que esta es la primera afirmación que puede provocar el rechazo de muchos a la vista de lo que vemos y oímos todos los días en las noticias, la realidad es que el mundo en su conjunto no ha hecho sino tener una evolución muy positiva. Quien quiera basar su opinión en datos sobre cualquier variable (hambre, analfabetismo, derechos humanos, muertes violentas, longevidad, libertad...) se encontrará sin argumentos para decir que el mundo hoy está peor que en el pasado. Es cierto que en algunos aspectos la acción del hombre ha podido herir el planeta, y desde luego también es cierto que las crecientes dinámicas sociales de confrontación y polarización, junto con la práctica del vale todo, que con tanto arraigo se está instalando en nuestra sociedad, nos puede llevar a sentir que nuestro mundo es un desastre. Pero mírese de nuevo la cuestión desde Marte y podremos observar que el mundo como tal, para la población en general, parece estar mejor que en cualquier otra época previa por más que haya aspectos en fase de deterioro.

Por ello, y por no pretender arreglar el mundo, este libro no es una utopía. Más bien es un identificador o diagnóstico de fenómenos negativos que están emergiendo, o son consecuencia del llamado progreso, y de otros positivos que surgen de forma espontánea en la sociedad como mecanismos propios de su inteligencia de supervivencia. Y si algo pretende es evitar que el mundo se estropee o desarregle precisamente por cuestiones humano-emocionales en las que el grado de analfabetismo en Occidente es todavía muy elevado en comparación con el desarrollo del hombre y de la sociedad en otros ámbitos.

El ser humano, como consecuencia de las fuerzas de la naturaleza y la inevitable lucha por la supervivencia, tendrá siempre un lado bueno y uno malo. Desde que Adán se comió la manzana estamos destinados a vivir con dolor, sufrimiento, lucha y comportamientos que calificamos de malos y contrarios a la ética, a los principios o los códigos de convivencia que en cada momento se dan en la sociedad. Por ello sería utópico pensar que podemos ir a un mundo ideal en el que todos estemos felices y encajados de manera absoluta y permanente. Además, en general, lo que para unos sería arreglar el mundo para otros supondría un gran desarreglo y ello con multitud de versiones y matices. Por otra parte, es claro que cuando el ser humano arregla algo en sociedad, surge otro nuevo problema o conflicto fruto de un nuevo estadio evolutivo. Por ello este libro se mueve en la dimensión de la observación de lo que ocurre y en la de hacer cierta predicción intuitiva de lo que va a ocurrir.

Nos encontramos anclados en mentalidades que no conciben una sociedad con formas diferentes de rentabilidad o con sistemas de motivación de la actividad humana no basados en el dinero tal y como hoy funciona. Y ante ello me pregunto, y pregunto a los lectores, ¿nuestros hijos, preferimos que vivan en el mundo más productivo del universo o en el mundo más amable? Seguro que desde Marte esta pregunta la podremos contestar mejor.

Por ello la predicción de este libro no es la de que la productividad y la competitividad vayan a ser abandonadas en pro de aspectos emocionales y espirituales. Pero sí tengo la firme convicción (y confieso que me gustaría) de que tales aspectos cederán bastante espacio, por imposición del juego de fuerzas del sistema, en favor de la búsqueda de un verdadero bienestar emocional, humano y espiritual. Solo así tenderemos a un más sano (aunque siempre inestable) equilibrio que corregirá el exceso de peso que hoy hay en el lado de la balanza de los aspectos económico-financieros tradicionales. Y esto no es algo que vaya a ocurrir, sino que, en mi opinión, ya está ocurriendo, como veremos a lo largo de este libro.

No niego sin embargo que el libro muestre un cierto sueño respecto a la evolución de la sociedad. Pero es un sueño basado en ciertas lógicas antropológicas que ojalá se impongan a otras. Y es por tanto un sueño de los que hay que tener para construir una sociedad, no solo que sea mejor, sino en la que todos nos sintamos mejor. ¿Cuántas cosas de hoy fueron antes soñadas por alguien en el pasado? ¿No se ha cumplido acaso, al menos parcialmente, el famoso sueño de Martin Luther King?

Y aunque el libro debiera también estar escrito desde Marte para describir fenómenos y diagnósticos sin mi implicación personal, juicio o preferencia de unas cosas sobre otras, confieso que ello me ha resultado imposible y no puedo por tanto negar que en ocasiones se me verá el plumero respecto a lo que es una evolución deseable, seguramente acopladas a mi propia conveniencia.

PRIMERA PARTE

UNA SOCIEDAD CEGADA Y SECUESTRADA POR SUS CADUCOS PARADIGMAS

Permítame el lector que comience con una mini fábula que ilustra bien fenómenos de ceguera y secuestro similares a los que se dan en nuestra sociedad.

La fábula de los airis
Un mundo peleado por el oxígeno

Había una vez, hace muchos muchos años, una gran colonia humana que poblaba y dominaba el norte del planeta Tierra en la llamada Tierra del Aire. Ocupaba todo el espacio del hemisferio norte pues el sur estaba ocupado por una enorme laguna. Los miembros de esta colonia, llamados airis, vivían en la abundancia de una naturaleza que resultaba más que suficiente para satisfacer sus necesidades. Gozaban de una vida plena con un buen equilibrio entre el trabajo necesario para cubrir sus necesidades biológicas y el cuidado de su dimensión lúdica, social y espiritual.

La desgracia invadió la colonia con la llegada de un gran meteorito, que al caer sobre la Tierra desencadenó unos nefastos fenómenos ambientales que transformaron el aire de la atmósfera haciéndolo irrespirable. Solo algunas nubes y corrientes de aire respirable permanecieron en la Tierra, lo que permitió que una parte de los airis pudiera sobrevivir. Repentinamente la vida se había complicado y resultaba muy difícil vivir, lo que despertó agresivas conductas y peleas entre los pobladores para ocupar y aprovechar esas corrientes y nubes de aire respirable. Ante la escasez e importancia de ese aire empezaron a referirse a él como AR, convirtiéndose en el bien más preciado y en el centro y foco de atención e interés de todos los pobladores.

La carencia de AR despertó la inquietud e iniciativa ciudadanas y la creatividad para encontrar formas para sobrevivir y asegurarse el AR. Comenzó a desarrollarse el ingenio para encerrar las nubes de AR en redes y para captar y envasar las corrientes de AR, que con ahínco se buscaban por la atmósfera. Y, para vivir, los airis crearon trajes-escafandra con depósitos para llevar AR y poder salir con normalidad al aire libre. Con el paso del tiempo habían creado grandes depósitos y acumulaciones de AR, así como una red y mecanismos para transporte y uso del aire, lo que permitió comerciar con él. Algunos empresarios acumulaban grandes cantidades de AR mientras otros carecían de él y su carencia llegó a causarles enfermedad o incluso la muerte.

Ante la importancia del AR como bien vital, gradualmente se implantaron las «Unidades de Aire Respirable» o AER€OS como moneda de cambio para el tráfico de otros bienes y servicios que la comunidad producía. Con el tiempo, los precios de los intercambios en la sociedad se acabaron fijando en AER€OS. Y, tratándose de un bien vital para la supervivencia de los airis, la captación, gestión, el uso, almacenamiento y explotación de los negocios relativos al AR fueron objeto de regulación y quedaron sujetos a concesión. Había nacido la primera actividad económica regulada supervisada por el «Banco de AER€OS de la Tierra del Aire». Poco a poco, y sin nadie darse cuenta, el mundo se iba impregnando de concepciones y sistemas de funcionamiento basados en el uso de AER€OS. Los sueldos de los airis y los precios de las cosas se fijaban en AER€OS, que se convirtieron en las unidades de referencia y el lenguaje para la presupuestación y planificación de actividades.

Muchos siglos después de la catástrofe del meteorito, la sociedad había alcanzado gran desarrollo y prosperidad, a la vez que existían importantes excedentes de AR. Los laboratorios iban innovando con tratamientos que desarrollaban los pulmones de los airis para permitirles cierta tolerancia a respirar el aire que antes resultaba totalmente tóxico. Con ello y con el paso de los siglos el aire se fue haciendo gradualmente respirable para más y más airis hasta convertirse en un bien abundante y naturalmente accesible para todos.

El mundo ya tenía excedente de AR, que ya era accesible a cualquier ciudadano con normalidad. No obstante, para respirar al aire libre fuera de las viviendas y centros de trabajo era imprescindible contar con los «permisos de respiración» concedidos por las empresas concesionarias explotadoras de AR.

Con ello y con el paso del tiempo, en todas las instituciones de la sociedad, el intercambio mercantil, la fijación de precios y la concepción del funcionamiento del mundo se encontraban anclados en el sistema de AER€OS. Al igual que ocurre hoy con los recursos naturales como el agua, la pesca, las minas e incluso el viento y el sol, cuyo uso y explotación se encuentran sujetos a concesión, nadie podía explotar el AR ni respirarlo libremente de la atmósfera sin contar con la correspondiente concesión. Solo dentro de las viviendas de cada uno el uso o respiración del aire era libre.

Así, las concesiones y la gestión de los AER€OS se fueron concentrando en manos de poderosos y la acumulación de AER€OS se fue convirtiendo en el «leit motiv» para muchos airis. que veían en el incremento de sus cuentas corrientes de AER€OS una fuente de seguridad, reconocimiento, estatus y poder. Sin darse cuenta, la colonia de airis había creado todo un sistema socioeconómico basado en la ficción y la regulación, que, paradójicamente, se había convertido en la gasolina para su propio funcionamiento.

Las dinámicas de sostenimiento de la actividad social y de creación de riqueza basadas y medidas en el complejo sistema de AER€OS y su correspondiente contabilidad provocaron el nacimiento de una nueva clase social gestora de los AER€OS. En paralelo surgía también un descontento derivado de las diferencias y de la frustración de observar que, siendo un bien excedente, su uso se encontraba regulado y limitado. Muchos airis con pocos recursos no podían apenas salir de sus casas pues no tenían AER€OS para comprar su derecho a respirar el aire de la calle. Estas limitaciones, además de mucha insatisfacción social, generaban un freno al desarrollo de otras actividades creadoras de riqueza y de bienes y servicios verdaderamente disfrutables. Los AER€OS en su momento habían sido verdaderamente valiosos por permitir respirar, y propiciar el desarrollo de un sistema motivador para encontrar soluciones que permitieran a más y más personas sobrevivir tras la caída del gran meteorito. Pero recuperada la respirabilidad del aire, su permanencia como moneda de cambio con todo el sistema regulatorio financiero e intereses creados en torno a ellos se convirtió en una verdadera lacra. La regulación modulaba todo el sistema de las relaciones sociales y económicas dentro de la comunidad, pero se había convertido en un freno para la mejora del bienestar social, que ya no dependía del AR.

A pesar de que el AR era accesible a todos y excedentario, el mundo de los airis ya no era capaz de darse cuenta de ello y no podía concebir su funcionamiento sin AER€OS. Los ciudadanos no eran capaces de observar la estúpida espiral a la que la sociedad se encontraba sometida y tanto los más establecidos en el poder como los empresarios se resistían a verlo y al cambio por su natural lógica de protección de sus privilegiados intereses construidos sobre el sistema de AER€OS. No eran capaces de hacerse conscientes de ello al estar anclados en arraigadas visiones que preservaban sus privilegios.

Las diferencias, insatisfacciones y fricciones en la sociedad fueron agravándose, provocando más y más malestar, y frenando una feliz evolución y desarrollo de la sociedad para encajarse felizmente en el nivel de desarrollo alcanzado. La sociedad estaba distraída en luchas internas derivadas del reparto de AER€OS excedentarios, lo que provocaba grandes limitaciones para enfrentarse a los nuevos retos, dificultades y amenazas que la evolución y el desarrollo social alcanzado habían traído a la sociedad. Los AER€OS y su sistema de administración, que a lo largo de siglos había sido fundamental para desarrollar tecnología y mecanismos que permitieran respirar a más y más personas, comenzaron a ser el gran lastre para una satisfactoria evolución de la sociedad adaptada a los tiempos y al excedentario nivel de aire respirable alcanzado.

Tras mucho muchos años de dudas y fricciones internas se iba haciendo claro el cambio de era. Con el paso del tiempo esa falta de consciencia para abandonar una vida secuestrada por la búsqueda y acumulación de AER€OS provocó una progresiva degradación de la convivencia y la satisfacción social que afectó a su población, dividida y confrontada. A pesar de lo destructivo de la situación, el anclaje de unos y otros en marcos mentales ya obsoletos dificultaba una nueva mirada a la realidad. Además, aun cuando más y más airis iban observando lo absurdo del sistema, la falta de concepción de otras alternativas de ordenación de la convivencia hacía difícil vislumbrar el abandono de la predominancia de un sistema social guiado, movido y ordenado en clave de AER€OS. ¿Cómo poner valor y precio a las cosas si no era en AER€OS? ¿O cómo remunerar a los trabajadores?

No fue capaz la sociedad en su conjunto de cambiar sus paradigmas sin pasar por su casi total destrucción. Solo unos pocos airis que habían despertado y tomado conciencia de ello consiguieron sobrevivir iniciando con valentía su marcha de la comunidad para empezar una nueva era. Y solo estos, con mayor consciencia y coraje, caminaron y caminaron en la difícil búsqueda de la Tierra del Sentido, donde esperaban encontrar y crear el equilibrio entre el espíritu y la riqueza en un nuevo y pleno entorno de bienestar.

En unas páginas retomaremos la historia de los airis supervivientes tras conocer la fábula de «Los habitantes de la Gran Laguna».

Lo que escasea en nuestra sociedad hoy no es riqueza sino otras cosas, pero nos cuesta verlo

Cada época de la historia se encuentra anclada en determinadas visiones y paradigmas que de alguna forma condicionan o limitan la visión de la realidad y llevan a quienes en ella viven a tener miradas e interpretaciones muy restringidas del funcionamiento del mundo. La acumulación de años mirando y pensando de una determinada forma nos hace creer que las cosas no pueden funcionar de otra manera y las inercias, la excesiva implicación, el miedo al cambio y la falta de pausa y perspectiva para la reflexión nos impiden observar fenómenos que son claramente visibles desde perspectivas no implicadas y cegadas con el paradigma, tal y como les ocurría a los airis en la época de nuestra fábula.

Nuestra privilegiada sociedad occidental se encuentra actualmente sometida a la limitadísima visión que se deriva de su alto nivel de riqueza, de la gran financiarización de nuestra economía y de lo que me gusta llamar analfabetismo emocional de Occidente. El dinero, las finanzas y nuestros sistemas de medir la rentabilidad y el reconocimiento social comparten en gran medida las reflexiones y fenómenos que se dieron con los AER€OS en la tierra de los airis. Desde fuera hoy no nos cuesta observar el secuestro en el que se encontraba la sociedad de los airis sometida por un sistema que, si bien fue una gran fuente de valor y riqueza durante muchos siglos, llevó finalmente a su total degradación y desaparición.

Hoy Occidente no tiene problemas de riqueza, como tampoco tenían problema de aire respirable los airis en los últimos tiempos. Pero, sin embargo, las instituciones y fuerzas que mueven el mundo declaran casi por encima de cualquier otra prioridad la necesidad de promover el crecimiento del PIB y la rentabilidad y productividad de las empresas. Aunque sorprenda escucharlo, nuestra riqueza es excedentaria y nuestros problemas no provienen de la insuficiencia de la misma. Es difícil ya disfrutar de más riqueza, si bien confundimos el disfrute de riqueza con el disfrute de los privilegios, diferencias y estatus que nos procura la acumulación de dinero, como antaño se les procuraba a los airis la acumulación de AER€OS.

Como pensaban los airis en relación con el aire respirable, hoy en Occidente creemos que crear y acumular más riqueza nos procurará mayor bienestar. Asociamos bienestar a cantidad de riqueza material e incluso financiera. Pensamos que es la riqueza lo que es escaso, cuando lo que es escaso es la capacidad para administrarla disfrutando verdaderamente de ella. Y muy relacionado con ello resalta la escasez de trabajo digno y acoplado a las circunstancias y perfiles de cada uno y en la medida de lo posible con un acoplamiento amable a la trayectoria vital de las personas. Pero, por más claro que ello sea, el mundo no es capaz de verlo, como tampoco vieron los airis que el sostenimiento de su sociedad apoyado en su sistema de AER€OS era inviable.

También hoy los poderes establecidos y quienes disfrutan de los privilegios de su posición se resisten a tomar conciencia de ello ante el miedo al cambio, a lo nuevo y a perder posiciones. Es normal y comprensible, e incluso diría que no reprochable. Pero el tiempo, como ya ocurrió con la desaparición de los airis, castigará a los individuos o sociedades que no despierten para ver nuevas realidades y dar un salto evolutivo para asumir e integrar nuevos paradigmas acordes con nuestro nivel de desarrollo y evolución. Un salto que nos lleve a tomar consciencia de que vivimos en una sociedad de la abundancia y a adentrarnos en una nueva era de la amabilidad construida mucho más sobre la rentabilidad espiritual y la sostenibilidad emocional del mundo que sobre la rentabilidad financiera, como desarrollaré a lo largo de este libro.

Las personas, además de comida necesitan una causa, su sentido, sentirse útiles, pertenencia. Y en Occidente, con los estómagos bien llenos y sabiendo en el fondo de nuestro ser que comida no nos faltará, se hacen más y más presentes las inquietudes, sociales, existenciales y de sentido.

La ausencia de trabajo para todos es un fenómeno creciente. En un mundo guiado por la competencia y la productividad, pocas dudas hay de que, para la inmensa mayoría de los trabajos, las máquinas, los robots o los ordenadores son y serán cada vez más eficaces y rentables que las personas, además de ser mucho menos problemáticos. Y en este estado de cosas y mientras los valores supremos sean la productividad y la competitividad, las personas tienen que encontrar su hueco (incluyendo su salario) luchando por una causa que les haga sentirse con un propósito, luchar por algo, encontrar una dirección, y asociado a ello su sustento económico. Y es esto lo que en gran medida propicia el nacimiento de miles de luchas y movimientos en defensa de unas y otras causas que nos dan sentido. Pues unos buscan su hueco y su poder a través del juego del Monopoly de las finanzas y otros lo buscan con el arte de la comunicación, la reivindicación, las llamadas de atención, la creación de relatos etc.

Somos poco conscientes de que somos ya una sociedad rica y de que lo que nos falta no es más riqueza sino aprender a convivir con ella y administrarla y disfrutarla con armonía entre todos. Ello nos hace seguir empecinados en que todos los problemas se arreglarán con mayor productividad y mayor crecimiento. Algunos se dan cuenta de que eso es absurdo, pero caen simultáneamente a menudo en la creencia de que todo el mundo es bueno y que el arreglo es fácil repartiendo más (pagando más impuestos y restringiendo libertades para igualar por abajo) por imposición legal y pretendiendo que todos seamos iguales en riqueza. Pero se olvidan de que son las trayectorias, los apegos y la relevancia social, así como la verdadera naturaleza humana con sus mecanismos interesados de motivación los que inevitablemente determinan las conductas. En sus versiones extremas, parecen también ignorar que repartirlo todo por imposición nos llevaría a una espiral de degeneración y empobrecimiento, como ya se ha visto en las sociedades comunistas que lo han pretendido.

En el otro lado, , digamos que el de los conservadores, muchos tienen siempre muy presente en sus miradas la naturaleza del ser humano como alguien interesado, lo que les hace grandes defensores de la meritocracia, del premio a la competitividad y al esfuerzo con falta de sensibilidad para apreciar, sentir y compartir las dificultades de quienes más las padecen. Parecen olvidarse de dar gracias por haber nacido como han nacido y haberles caído la vida que les ha caído. Conciben el éxito de la sociedad en la riqueza absoluta sin ser conscientes de que, alcanzados los niveles necesarios para la supervivencia, la gestión de las diferencias y las desigualdades es más relevante que la consecución de mayores cifras absolutas para los menos favorecidos. Pues no es la cantidad de riqueza y de educación lo que protege de la exclusión, sino la existencia de brechas cada vez mayores, que constituyen el mejor caldo de cultivo para la exclusión y, desde ella, para el griterío y la reivindicación populista.

Con todo esto la sociedad y sus líderes políticos han hecho inmersión en una creciente superficialidad para mirar y abordar los distintos temas, pues el uso del relato publicitario, el eslogan y la conexión emocional es lo que funciona para ganar seguidores. Y para ello nada como crear enemigos o demonios para atraer seguidores, a quienes les unirá mucho más el temor o el resentimiento compartidos ante un enemigo, ya sea real o construido, que el hecho de compartir ideas comunes.

La perspectiva sistémica que siempre se ha requerido para comprender la sociedad se hace hoy mucho más necesaria. Y aun con ella, *a priori* y más allá de la observación de ciertas tendencias, resulta muy difícil pronosticar los efectos del juego cruzado de causas, reivindicaciones e intereses.

Nuestro sistema democrático continúa siendo muy democrático. Se puede pensar que la calidad democrática es muy deficiente, pero no se puede cuestionar que hoy se escuchan todas las voces existentes mucho más que antes. Aunque unos mucho más que otros, hoy todos gritamos de una u otra forma, todos nos quejamos de unas y otras cosas, y la sociedad avanza fijando su dirección con el resultado de todos los empujes que la mueven hacia un lugar u otro. Es una democracia en la que la dirección la marcan más el volumen y el ruido que crean los gritos que los argumentos razonados que hay en ellos. Y todo ello ocurre en una dinámica social en la que todos tenemos el altavoz de los nuevos medios de comunicación y las redes sociales, y en un terreno de juego en el que también juegan, de forma oculta, intereses distorsionadores o contaminantes que lo que buscan es la desestabilización y la siembra de agitación y caos.

¿Es peor esta democracia de las voces y los gritos o populista que otra basada en el voto supuestamente racional, cultivado e inteligente? ¿Es posible pronunciarse sobre cuál de las dos versiones es más democrática? ¿A quién conviene más una y otra forma de democracia? Seguro que el instinto de supervivencia social nos irá guiando y a lo largo del tiempo nos mostrará las respuestas y los sufrimientos adaptativos que habrá que padecer precisamente para sobrevivir.

¿VIVIMOS EN UN MUNDO DISTINTO?

A lo largo de la historia, las personas que tratan de entender la sociedad en que viven tienden a pensar que lo que le ocurre a su generación es algo muy singular o único. Consideran, por ello, que enfrentan situaciones o problemas novedosos, únicos y difíciles que parecen justificar el derecho a lamentarse de cómo está el mundo, tendiendo en general a hacer crítica a los jóvenes, por su supuesta relajación de valores, superficialidad etc. como clase causante de los males que afectan a la sociedad. Debo confesar que, si me dejo llevar por mi inconsciente, mis emociones y sentimientos este es un pensamiento también recurrente en mí. Podría confesar que, sin reflexión, sin pensar, lo que siento a menudo es que la gente de hoy es la leche, que ha perdido los principios, que es muy superficial y que por este camino mal va el mundo. Solo cuando me convierto en un observador externo disociado de mis vivencias, de mi historia personal de sentimientos, apegos, emociones y creencias puedo constatar que en gran medida esas cosas tan especiales y negativas no son realmente tan especiales de nuestra época. Por supuesto que el desarrollo de las tecnologías, la riqueza y las costumbres son diferentes, pero el juicio que merece a las sucesivas generaciones su propio tiempo o época mantiene muchos patrones comunes a lo largo de la historia, al menos en los últimos siglos. Basta leer libros de distintas épocas para constatar un patrón común en lo que se refiere a la valoración que merece la evolución respecto de la moral, los valores etc. La lectura pone de manifiesto en general la dificultad o resistencia a la absorción del cambio propio de la evolución de las sociedades. Leyendo cosas escritas hace doscientos años relacionadas con la evolución de la sociedad de aquel tiempo uno puede pensar que podrían estar escritas en el presente.

Nuestro miedo y resistencia al cambio nos hace mirar y vivir con resquemor todo lo nuevo, y en definitiva todo aquello que pueda suponer una amenaza a la cómoda inercia en la que cada uno vive sumido en un hábitat social que domina para desenvolverse en él sin esfuerzo. Por ello, ante las cosas, tendencias o fenómenos nuevos, tendemos, especialmente a partir de ciertas edades, a pensar que son una amenaza al deber ser social, es decir algo negativo para lo sociedad. Me atrevo a decir que en gran medida asociamos lo bueno a lo conocido y a lo habitual, lo que nos hace sentir legitimidad para ser críticos con lo nuevo o lo distinto.

La evolución social es un continuo en el que cada generación se siente única pensando que los fenómenos que en ella se dan son tan singulares que convierten la situación en algo extraordinario. Y yo mismo, siendo quizá víctima de ese fenómeno, me dispongo a continuación a señalar algunos aspectos de nuestra sociedad occidental pensando que son de tan singular naturaleza que nos colocan ante un cambio de era. Ello me lleva, quizá en una búsqueda de refuerzo de la importancia del momento, a hablar de que estamos saliendo de un larguísimo periodo de escasez y pasando a una novedosa, desconocida y desconcertante era de la abundancia. Durante siglos y milenios la sociedad ha vivido con escasez de bienes para atender nuestras necesidades más básicas, lo que ha condicionado toda la vida y el funcionamiento social. Hoy continúa la búsqueda, pero, siendo los bienes excedentarios, el objeto de esa búsqueda es diferente y se centra en la satisfacción de más y más necesidades sociales y psicológicas que modelan un mundo y una forma social muy diferentes que todavía no sabemos manejar, convirtiéndose la creación de nuevas necesidades en el fin primordial de nuestra maquinaria socioeconómica para poder sostenerse.

Bien podría obedecer la reflexión anterior al arraigado vicio de sentirnos especiales como sociedad pensando que lo que nos viene es peor que lo pasado, al menos en términos morales. Pero, en la compleja sociedad de hoy se dan unos factores que muestran un cambio de tendencia o punto de inflexión en relación con ciertos aspectos de nuestro modelo de sociedad y contrato social.

Estos elementos considero que conforman en las sociedades occidentales una situación diferencial de cambio de tendencia o de era y constituyen la base de muchas de las observaciones y reflexiones que desarrollo en este libro. Identifico en este sentido cuatro factores:

1. Tenemos los estómagos llenos: por primera vez en nuestra historia en Occidente puede afirmarse que cualquiera tiene acceso a la cobertura de sus necesidades básicas para sobrevivir: comida, ropa, refugio y en algunos países incluso servicio médico. Y no solo es que exista este acceso a todo ello, sino que, sin darnos cuenta, en lo más profundo de nuestras cabezas y casi de forma inconsciente, nuestro instinto de supervivencia tiene aquietado cualquier desasosiego relacionado con el miedo a carecer de ello en el futuro. Esto es especialmente visible en las nuevas generaciones y tiene un impacto enorme, pues por primera vez la energía y el pensamiento de las personas se llena con inquietudes mucho más relacionadas con aspectos psicológicos o sociales tales como la búsqueda de dignidad, estatus, justicia, sentido etc., lo que genera nuevas voces y gritos en nuestra sociedad por parte de personas que antes debían de mantenerse en docilidad y sometidas a la ortodoxia de un contrato

social si querían poder conseguir alimento para ellos y sus hijos.

2. La sociedad occidental construida sobre el liberalismo económico ha sido una extraordinaria maquinaria de creación de riqueza que sin duda ha supuesto una gran mejora de la calidad de vida de las personas. Como parte de ello nuestro sistema económico ha sido desde su nacimiento una máquina de creación de clases medias. El número de personas encuadrables en la llamada clase media ha sido siempre creciente, dando lugar a la base de nuestro estado de bienestar, extendido a una gran mayoría de personas. Sin embargo, por primera vez en la historia Occidente se está convirtiendo en una máquina de creación de clases bajas, o sentimientos de clase baja. Las estadísticas muestran cómo los empleos de baja calidad son cada vez más, produciéndose un trasvase de personas de la clase media a la baja. Sin duda este fenómeno es apreciado con distinto juicio por unas y otras personas en nuestra sociedad, pues son muchas las voces que dicen (posiblemente con razón) que es una clase baja más rica que la clase media de hace cincuenta años. No pretende este libro entrar en el debate de la justicia o del utilitarismo asociado a las desigualdades, aunque resulta un tema de gran interés. Pero sí es relevante saber que la posición en relación con este tema desde la que se escribe este libro es la de quien piensa que los niveles de satisfacción psicológica de las personas están indisolublemente ligados a los factores del entorno, pues solo con la comparación se puede tener criterio: ningún coche es bueno o malo, grande o pequeño, nuevo o viejo si no es en relación con otros, como tampoco nadie se siente encajado o desencajado en la sociedad si no es por com-

paración con las circunstancias del entorno, que constituyen una referencia para originar los sentimientos de satisfacción o insatisfacción. La relevancia de este factor se ve especialmente ensalzada por el hecho de algo también novedoso en nuestra sociedad: la información y la transparencia, que hacen que las informaciones puedan ser fácilmente conocidas por todos.

3. El mundo se nos ha quedado pequeño. Ya no hay territorios que conquistar como los hubo hasta hace poco tiempo. Ni siquiera las influencias excesivas sobre otros países o territorios son demasiado bien vistas. Y cuando no hay territorio fuera de nuestros límites, las conquistas hay que hacerlas dentro de ellos, lo que provoca un mundo encerrado en sus luchas y competencias internas que provocan una constante polarización y la creación permanente de relatos legitimadores para las acciones que unos y otros acometen. Consecuencia de este factor es que ya no tenemos enemigos externos claros como factor de unión y cohesión de la sociedad y por ello los enemigos los tenemos que crear dentro de casa, lo que en combinación con los otros factores de este apartado, provoca una población que busca sus adhesiones a grupos construyéndolas sobre la creación más o menos artificial de miedos, enemigos y odios. Nada une más que compartir un enemigo común y nada dificulta más el entendimiento entre las personas y los grupos sociales que la vivencia de una relación con una emocionalidad propia de los enemigos. Seguro que si la Tierra sufriera una seria amenaza de invasión por parte de una sociedad de extraterrestres nuestra disposición a cohesionarnos y dar forma a un contrato social global con principios y autoridades claros sería mucho más factible.

4. Las sociedades se han hecho muy permeables. La información no tiene fronteras, y las culturas y sentimientos ya no se encuentran en compartimentos estancos dentro de las fronteras de unos y otros países. Los grupos sociales son una amalgama de personas de distinta procedencias, formas de pensar, sentimientos, culturas, religiones etc. haciéndose mucho más difícil el saber quién pertenece al grupo de «nosotros» y quiénes son de «los otros», pues ello dependerá de en qué ámbitos y aspectos. Los sistemas y las culturas son cada vez más líquidos y formados por elementos entremezclados de distintos orígenes o procedencias. Cada vez más se dan personas que son difícilmente encuadrables por tener y vivir con rasgos, historias, procedencias y sentimientos diversos. Es el caso de un ciudadano que es español, pero hijo de un ecuatoriano casado con una rumana y que ha vivido veinte años en Estados Unidos... O un inglés afincado y con gran cariño a España casado en primeras nupcias con una española con dos hijos españoles de ella y casado en segundas nupcias con una rusa. ¿A qué grupo de pertenencia corresponden? ¡¡Qué lío!!

Estoy seguro de que muchos pensarán que hay muchos otros rasgos o factores en nuestra actual sociedad de mayor importancia para determinar lo que la hace singular y para explicar sus dinámicas y funcionamiento. Podríamos hablar de la tecnología, Internet y el universo virtual, la inteligencia artificial, los populismos, las *fake news*, la problemática medioambiental... Sin duda son rasgos importantísimos de nuestra sociedad, y probablemente sean los de mayor peso cuando lo que se observa es la sociedad en su superficie. Pero si lo que se pretende es comprender el porqué de muchos de los fenómenos, dinámicas o tendencias, resulta importante bucear en aquello más allá de lo observable con una primera mirada para encontrar los verdaderos factores o causas que constituyen las palancas motivacionales de todo lo que nos ocurre. Es decir, bucear por debajo de la superficie para comprender lo que ocurre realmente dentro, en la profundidad y realidad existente como vivencia colectiva resultante de la suma de vivencias individuales. Por ello, sin despreciar en absoluto los anteriores rasgos o características fácilmente observables de nuestra sociedad, mi pensamiento de que estamos ante un cambio de era y de paradigmas proviene de destilar todos ellos. Y en esa línea es imprescindible buscar las fuerzas o motivaciones que son causa de lo que ocurre, y que están determinadas y dirigidas por nuestros instintos y mecanismos de supervivencia individuales y colectivos. Y tras sumergirme en esas profundidades yo me quedo con los cuatro factores expuestos como base para explicar el porqué de nuestra complejidad social, que nos cuesta comprender por las razones que seguidamente desarrollo.

Nada puede comprenderse sin entender y aceptar los sistemas internos atemporales y universales que mueven al ser humano hacia la búsqueda de amor, de ser querido, de poder, de placer, de seguridad... Estas programaciones genéticas o neuronales de todo ser humano, junto con los cuatro factores o hechos diferenciales analizados, son los que provocan la forma y fenómenos actuales de nuestra sociedad.

Y es precisamente el hecho de que dichas programaciones y motivaciones humanas sean muy poco visibles por encontrarse enterradas u ocultas lo que hace difícil comprender la complejidad del funcionamiento de nuestra sociedad y las distintas relaciones de causa-efecto y correlaciones que se dan en ella.

Es por ello por lo que seguidamente trataré de exponer las razones que pueden explicar nuestra dificultad para comprender con naturalidad lo que está pasando en la sociedad. Y para ello divido el trabajo en tres distintos ámbitos de distorsión de la mirada social causada por nuestros bajos niveles sociales de conciencia. Pues son precisamente nuestra ceguera y falta de conciencia las que nos impiden integrar y aceptar lo que está pasando como algo natural en el comportamiento y la evolución de una sociedad que se encuentra en un punto de inflexión, habiendo pasado de vivir en una escasez real a vivir en la abundancia, pero manteniendo la percepción de escasez. Un punto de inflexión en la sociedad, que nos lleva, sin ser conscientes de ello, a encontrarnos negociando un nuevo contrato social para cuya comprensión en necesario superar nuestra ceguera en relación a:

- Los extendidos bajos niveles de conciencia y autoconocimiento personal que desarrollaré en el apartado de «Entendiendo nuestro comportamiento».
- El fundamentalismo económico financiero y el escaso conocimiento de lo que hoy significa el dinero, que será abordado en el apartado de «Qué lío es esto del dinero y las finanzas».
- Y, por último, la comprensión de la democracia emocional y caótica, y la degeneración del utilitarismo, que será desarrollado en el apartado de «Perdidos en la democracia del caos».

Trataré enseguida de avanzar punto por punto para exponer detalladamente lo que no es sino mi convencida opinión sobre ello. Pero antes hablemos un poco de la complejidad en la que está envuelta nuestra sociedad, pues solo desde su comprensión podremos entender los fenómenos propios de nuestro mundo.

Simplicidad versus complejidad

En gran medida seguimos pensando que podemos entender el mundo con un pensamiento lineal basado en previsibles reglas de causa-efecto como forma de explicar los fenómenos que se dan en nuestra sociedad. Sin duda las relaciones de causa efecto siguen existiendo, pero para entender hoy nuestro complejo mundo es necesario vivir con la cabeza abierta a la comprensión de múltiples relaciones de causas y efectos que se entrecruzan dando forma y movimiento a lo que llamamos nuestra sociedad, o mejor dicho, nuestro sistema o nuestras dinámicas sociales. Son muchas las causas o concausas de todo lo que ocurre, precisamente por esa interacción múltiple y permanente de fuerzas de unos y otros, y las reivindicaciones y pretensiones de los distintos grupos de interés. A ello hay que añadir los cambios en nuestro medioambiente, que sin duda condicionan nuestro desarrollo e influyen de forma decisiva en nuestra visión de cómo deben hacerse las cosas para cuidar el planeta y sus pobladores.

Algunos dicen que se trata de un sistema caótico en el que nada es predecible ni pueden comprenderse las fuerzas y dinámicas que lo orientan o gobiernan. Otros, compartiendo bastante esa teoría del caos, pensamos que no obstante existen determinados patrones y dinámicas en el funcionamiento de nuestro sistema que pueden dar pistas para su comprensión y para realizar cierta predicción de tendencias, o más bien de megatendencias, de nuestra sociedad. Quienes creemos en la existencia de ciertos patrones ordenadores del caos podemos usar el concepto de orden «caórdico», que es el vocablo resultante de fusionar caos y orden, y que bien podría representarse con el fenómeno de los grandes bandos de estorninos que se encuentran en permanente evolución, aparentemente desordenada y caótica pero siempre sujeta a ciertos patrones que determinan su unión y movimiento. Pero aun creyendo en alguna medida en estos patrones, debemos admitir que los niveles de imprevisibilidad son altísimos, como siempre ha sido todo lo relativo a las predicciones del futuro[1].

Este fenómeno de la imprevisibilidad y la «caórdica» evolución de las cosas puede verse cada vez más en nuestra sociedad ante decisiones de un Gobierno o ante la ocurrencia de hechos. El juego cruzado de intereses e interacciones determina la interdependencia de todo dentro de nuestro sistema social. Unas fuerzas y hechos con más peso que otros, pero sin que nada sea despreciable, pues cada vez más observamos cómo anécdotas menores pueden ser generadoras de movimientos o causas con gran influencia en los destinos de la sociedad. Me viene a la cabeza el fenómeno creado en torno a Greta Thunberg.

Juguemos a poner un ejemplo e imaginemos hace unos años el anuncio por parte de un Gobierno de unas inminentes limitaciones para fumar en los restaurantes junto con el anuncio de la aprobación de un marco de ayudas públicas para los restaurantes que inviertan en la separación de zonas de no fumadores. Ello generará la reacción de muchos ensalzando la libertad porque se oponen a las prohibiciones y limitaciones, y el apoyo de otros que por el contrario lo defienden por dar prioridad a la salud. A ello se sumarán las quejas y reproches de la hostelería, que hablará del impacto negativo en el sector, con cierto apoyo de los sindicatos de trabajadores de hostelería para proteger los empleos. Mientras tanto, las grandes compañías de tabaco empezarán a vislumbrar

---

1   Sugiero al lector que busque en YouTube «Vuelo de estorninos» y se recree con algunos de los múltiples vídeos que muestran los maravillosos bailes sociales o grupales de estos pájaros en vuelo. Quizá en algo y con cierta imaginación puedan encontrar paralelismos con el baile y los vaivenes de nuestra sociedad

un negro futuro del sector del tabaco y la necesidad de ir ampliando sus actividades previendo mayores restricciones de su negocio principal. Esto empujará a estas grandes empresas a desarrollar importantes campañas de comunicación para limpiar su mala imagen y evitar acabar no siendo queridas por nadie (*non gratas*), aun cuando hasta hace poco tiempo eran muy admiradas como grandes compañías. Pero en paralelo surge cierto movimiento de reacción social ante la prohibición de fumar que se hace muy importante por la gran creatividad y capacidad de llamar la atención y montar numeritos de los que luchan contra la medida, que se hacen muy efectivos y consiguen meter gran presión al Gobierno, aunque esta no resulta por sí sola suficiente para echar atrás la medida. Mientras salta a los medios un nuevo caso de corrupción de miembros del Gobierno que provoca nuevas repulsas sociales que, acumuladas a las relacionadas con las prohibiciones de tabaco, se hacen insostenibles. Durante el desarrollo de todo este fenómeno crece también la lucha de los activistas antitabaco, que coinciden en gran medida con los contrarios a lo americano o antiamericanos. Una parte importante de esos movimientos son también contrarios a ante la gran empresa americana y al imperialismo empresarial, si bien otros antitabaco nada tienen en contra de ello.

En la coyuntura de este ejemplo supongamos que ha tomado más fuerza la facción que pone mucho peso en la defensa de los intereses empresariales, ejerciendo influencia en esa dirección, lo que unido a las presiones citadas que sufre el Gobierno lleva a este a retirar los planes de prohibición para no deteriorar la economía del sector hostelero. La retirada de la medida produce la agitación de los activistas y populistas de izquierdas, que aprovechan la coyuntura para denunciar que el Gobierno, está vendido a los intereses de las grandes corporaciones americanas. En paralelo se crea la asociación de restaurantes perjudicados, que agrupa a quienes ya han hecho inversiones para separar las zonas de no fumadores ante el anuncio de las medidas de prohibición y critican la quiebra del compromiso de ayudas públicas, llevándolos a promover acciones judiciales que pelean hasta el Tribunal Constitucional. Este alto tribunal, en una de sus reprochables excursiones al ámbito político, inventa una brillante argumentación que legitima la inseguridad jurídica generada poniéndose al servicio de la causa política del Gobierno. Unos años después, un empresario de hostelería que consiguió sobrevivir a los daños que le produjo la actuación del Gobierno y tras su lucha judicial sin haber obtenido compensación alguna, decide no declarar una parte de sus ingresos para reducir la carga fiscal aun sabiendo que se exponía a graves sanciones. Conforme a su reflexión, adopta, sin dolores de conciencia, una pauta de actuación propia de una selva social en la que cada uno hace lo que sea para su supervivencia en la medida que le funcione. Y así, una vez tras otra por unos y otros, cada uno con mayor o menor retorcimiento de sus razones y legitimidades internas para sobrevivir, se va conformando una sociedad en la que parece que todo vale.

Todo parece un enorme lío, pero a su vez podría decirse que, paso a paso, es fácilmente comprensible cuando se entienden las fuerzas y motivaciones que mueven al ser humano (individualmente y como miembro de un grupo) en una sociedad con las necesidades biológicas básicas cubiertas y en la que se han reconocido y sacralizado muchos derechos con poca contrapartida de obligaciones o exigencia de responsabilidad y ética.

Resulta muy difícil efectuar predicciones en la sociedad cuando todo se produce en un contexto de enorme actividad de información y medios de comunicación con agentes que argumentan en un sentido u otro como parte del juego en función de sus intereses, diluyéndose (o haciéndose muy discutible) la capacidad de determinar lo que está bien y lo que no. Y ello con un pueblo cuya opinión es utilizada por políticos y otros líderes de unas y otras causas mediante una comunicación expresa y con actuaciones que explotan inteligentemente las emociones, lo que en general se consigue con actos efectistas.

No obstante, el futuro de la evolución social difícilmente resulta predecible más allá de lo que pueda derivarse de determinados patrones observables, que son precisamente los cimientos sobre los que este libro pretende construirse. En general las predicciones sobre el futuro de nuestra sociedad serán escasamente acertadas por más desarrollo que se produzca de nuestra capacidad y calidad de procesamiento de datos e información. Nuestra condición humana, como seres vivos con capacidad de entender y procesar inteligentemente la información, provoca un fenómeno circular por el cual, en lo que se refiere al comportamiento social, cualquier predicción condiciona el cumplimiento de la predicción. A diferencia de las previsiones de fenómenos naturales como la meteorología, en las que las mismas no alteran el clima, en las predicciones sociales, el conocimiento condiciona y altera los escenarios previstos por provocar la modificación de las conductas humanas. Baste con observar cómo la predicción de que se va a producir una burbuja inmobiliaria lleva muchas veces a la prudencia de los inversores, o la previsión de que un partido político obtendrá un cierto resultado en las elecciones lleva al cambio de voto de muchos ciudadanos. Se trata de un fenómeno asociado a nuestro instinto de supervivencia y adaptación que nos conduce a adoptar comportamientos considerando las predicciones que conocemos de las cosas.

Todo este complejo escenario o campo de juego se produce en una sociedad en la que practicamos poco la reflexión y el pensamiento, lo que nos lleva a seguir viendo y pensando las cosas como siempre las hemos percibido e interpretado, rehuyendo el esfuerzo que exige comprender la complejidad y resolver o conciliar los dilemas a los que nos enfrentamos.

El ser humano corriente parece preferir la simplicidad y se deja arrastrar por mensajes y eslóganes dirigidos mucho más a despertar y mover adhesiones basadas en las emociones, el odio, el miedo y el amor que por el análisis más frío y calculado que se deriva de la reflexión, pues esta exige un esfuerzo que muchas veces preferimos evitar. Y de alguna forma este hecho dificulta mucho la comprensión individualizada o aislada de hechos, actos o fenómenos concretos, pues ellos siempre traen su causa de otros fenómenos sociales y son causa de otros, con una marcadísima interrelación, que no es tanto lineal sino más bien circular y multidireccional.

ENTENDIENDO NUESTRO COMPORTAMIENTO

«La vergüenza de aceptar que somos seres interesados nos impide ser conscientes de ello».

Qué difícil es no juzgar

Nos cuesta mucho comprender el mundo porque no somos capaces de mirarlo y observar lo que en él ocurre sin juzgar unos y otros fenómenos o comportamientos. En la mirada a lo que vemos que ocurre solemos poner el filtro de lo que está bien y lo que está mal, y ello no nos acerca a comprender las cosas sino a sentir nuestra simpatía o antipatía hacia ellas. Para comprender bien algo hay que observar las situaciones desde fuera, sin implicación personal, pues esta nos condiciona. Pensamos siempre que nuestra manera de ver las cosas es la forma correcta y no nos damos cuenta de que confundimos lo que es correcto o lo que pensamos que está bien con lo que nos conviene. Y esto nos lleva a sentir como legítima, razonable, equilibrada y correcta nuestra forma de pensar, juzgar y opinar pensando que ello lleva a un sistema social justo y ordenado. Y, en sentido contrario, solemos creer que la forma de actuar y pensar de otros, diferente a la nuestra, lleva a resultados poco deseables e injustos para el orden social. Además, a la mínima pensamos que las visiones y posiciones de otros no son legítimas, contrariamente a las nuestras, que sentimos que gozan de total legitimidad. En definitiva, no somos conscientes y nos negamos a reconocer que, de forma inconsciente, todo lo que pensamos y opinamos tiene un cierto condicionamiento o sesgo interesado o egoísta para proteger nuestros intereses, lo que nos gusta, aquello que conocemos y a lo que estamos acostumbrados. Se trata de condicionamientos o sesgos que nos impiden ver la realidad como es, limitando nuestra perspectiva a solo una parte de lo observable.

Sugiero por ello cambiar los significados asociados a lo que entendemos por normal y legítimo para incluir siempre el apellido «para nosotros», convirtiendo lo «normal y legítimo» en «normal y legítimo para nosotros».

El ser humano como centro, fuerza, motivación y dirección de la acción en sociedad

Si queremos entender el funcionamiento del mundo y de nuestra sociedad solo podremos hacerlo descomponiendo las conductas colectivas en la suma de conductas individuales y aplicando las reglas de funcionamiento y el sistema de motivación propio de los seres humanos. Sin embargo, nuestra sociedad occidental está poco trabajada en cuestiones emocionales y de autoconocimiento personal, lo que hace que nos resulte difícil entender o comprender las conductas de los demás. En general simplificamos la comprensión de los humanos, menospreciando el lado emocional, sentimental y espiritual, que es verdaderamente el centro de nuestras preferencias, decisiones y comportamientos. Creemos que es nuestra razón la que nos gobierna, cuando sin darnos cuenta nuestro mundo menos consciente es el que en gran medida lo hace. Estoy convencido de que será grande el rechazo de esta afirmación por parte de muchos lectores, pero me atrevo a decir que la neurociencia más consolidada y las teorías de la Economía del Comportamiento así lo confirman, incluso para las grandes decisiones en materia económica. El exitoso libro de Daniel Kahneman *Pensar rápido, pensar despacio* es elocuente en ese sentido. Lo que consideramos realidad depende de nuestra atención y mirada, lo que se encuentra condicionado de forma muy dominante por nuestros sentimientos, emociones, apegos y preferencias menos conscientes. Ello provoca que, sin darnos cuenta y aunque nos cueste admitirlo, sean nuestros procesos internos menos conscientes los que gobiernan nuestras decisiones y preferencias.

Sugiero la lectura de mi reciente libro *Por fin me comprendo*[2], *comprenderse bien para vivir mejor* que presento como un pequeño manual para el conocimiento de lo que es un ser humano y su funcionamiento. En él se desarrollan, con detalle fácilmente comprensible, nuestros mecanismos de funcionamiento y el extraordinario poder de nuestro subconsciente, entendido este como nuestro sistema, no reflexivo y escasamente consciente, de preferencias, datos y experiencias registrados en nuestra memoria para la adopción de decisiones y comportamientos. La mayor parte de nuestras acciones, movimientos y decisiones se mueven en un mundo de automatismos o decisiones adoptadas sin reflexión o conciencia de ello. Conducimos de forma inconsciente, calculamos como coger una pelota que nos han lanzado de forma inconsciente, alguien nos cae bien o nos irrita por razones difíciles de explicitar, o nos gusta un restaurante y no otro por lo mismo. Son solo ejemplos gráficos de una infinita lista de preferencias en las que es nuestro subconsciente el que domina nuestras decisiones y posicionamientos determinando nuestra forma de ser y actuar.

---

2   Editorial Kolima, 2020.

Lo primero es satisfacer nuestras necesidades para sobrevivir

Todas las personas que conformamos la sociedad somos máquinas programadas para sobrevivir. En todo momento el vigilante de nuestra supervivencia está detrás de nuestros actos para orientar nuestra acciones y preferencias. A veces esa programación protectora de nuestra vida se guía por una protección de la vida a corto plazo, como ocurre cuando automáticamente huimos si se nos aproxima un animal peligroso o nos cubrimos la cabeza ante un gran estruendo. Pero otras veces nuestra inteligencia de supervivencia a medio y largo plazo actúa de forma sutil para fortalecernos física o socialmente. Tomemos por ejemplo la llamada interna que nos empuja a cuidar nuestra alimentación o a hacer ejercicio. En otro ámbito trabajamos también nuestra forma de ser tratando de ser agradables con el entorno y de cumplir nuestros compromisos, buscando con ello, de forma probablemente inconsciente, ser amables y de fiar para ser así más queridos y admitidos en nuestros grupos sociales, reforzando así nuestra capacidad de sobrevivir con éxito en la sociedad. La supervivencia ha sido y será siempre en última instancia la que, con mayor o menor conciencia de ello, guía nuestras actuaciones y hace que le dediquemos la atención, energía e inteligencia de la que disponemos. Se trata de una espontánea y natural inteligencia de supervivencia que, sin preocuparnos de ella, nos impregna, guía y protege, despertando igualmente nuestras reacciones como mecanismo de defensa ante lo que el sistema emocional considera peligroso. Cualquier actuación del ser humano se subordina a la reacción espontánea de defensa cuando en nuestro entorno algún estímulo, palabra, frase escuchada o situación observada nos parece peligrosa. Ante ello, la reacción defensiva se impone a otras siendo esto fuente de explicación de muchas de las dinámicas que podemos observar en la sociedad. Me refiero a prácticas y comportamientos poco admisibles, que violan los valores en los que socialmente creemos, haciéndonos perder las formas y el respeto a los demás o al propio planeta, etc. Cuanto más presionados, asustados o vulnerables nos sintamos mayores probabilidades hay de que nos saltemos nuestros propios principios.

De las necesidades biológicas a las necesidades sociales

Durante millones de años esa espontánea inteligencia orientada a la supervivencia se ha centrado principalmente en la satisfacción de las necesidades biológicas. Seguramente una inmensa parte de la población del mundo hasta hace solo unas decenas de años ha tenido como principal objetivo el conseguir llenar su estómago cada día, disponer de refugio para cuidarse de la dura intemperie, y por supuesto buscar protección frente al peligro de ataques de animales o de otros humanos. Y ello tanto individualmente como para proteger al grupo o al clan familiar. En el pasado, solo algunos privilegiados podían considerar que su alimentación estaba garantizada, y seguramente estos vivirían con la amenaza de su seguridad frente a traiciones, rebeliones, conquistas...

En tales circunstancias la mayor parte del tiempo y esfuerzo debía dedicarse a procurarse comida, refugio, ropa..., lo que consumía mucha energía. En definitiva, nuestra cabeza se mantenía entretenida en procurarnos el sustento biológico con poco espacio adicional para mayores exigencias.

Por el contrario, hoy en sociedades como la occidental, el alimento está garantizado, o al menos nuestro inconsciente tiene razones para pensar que no faltará. Creo que es una asunción acertada, pues cualquiera hoy, haciendo una pequeña cola para comer en un albergue o incluso pidiendo limosna, tiene asegurada la supervivencia alimenticia. Lo mismo puede decirse de la ropa, pues cualquiera puede vestirse estupendamente (más allá de las consideraciones de la moda del momento) acudiendo a los contenedores donde la gente deja la ropa que deshecha de la temporada anterior. Y en ciudades como las españolas, al menos en las fechas en que esto se escribe, poca energía hay que dedicar a proteger nuestra seguridad física, pues en general vivimos en entornos muy seguros en los que el Estado también vela por la educación y la salud de todos, e incluso nos ofrece posibilidades de ocio y deporte con iniciativas e instalaciones estatales o municipales.

Entonces, ¿qué más podemos pedir hoy? ¿A qué dedicamos nuestra energía e inquietudes mentales, que están siempre cuestionándolo todo precisamente para velar por nuestra supervivencia?

Es en la contestación a estas preguntas donde se manifiesta con claridad el cambio de peso en la balanza del consumo de nuestra energía en nuestra sociedad. Si hasta hace solo unas cuantas decenas de años en promedio el peso de la balanza se inclinaba sin duda hacia un mayor consumo de energía destinada a la supervivencia física o biológica, hoy el mayor peso lo situamos en cuidar otras variables de supervivencia. Se trata de variables mucho más sutiles y sofisticadas que podemos encuadrar dentro de lo que se llaman necesidades sociales o psicológicas.

No es el momento de definir o discutir el alcance del término necesidad ni la diferencia entre necesidad y deseo. A efectos de este libro consideraré como necesidad aquello físico o psíquico-intangible cuya carencia despierta en nosotros los mecanismos emocionales de protección, como se activan ante el ataque de un animal o ante quien quiere privarnos de agua para beber. Y a estos efectos podemos asimilar (como lo hace la neurociencia) el funcionamiento cerebral de nuestros mecanismos de reacción emocionales e inconscientes, ya sea ante la amenaza de nuestras necesidades fisiológicas o sociales. La reacción y los procesos neurológicos que se producen ante la falta de alimento son similares a los que se producen cuando alguien es excluido de su grupo de pertenencia o es privado de su estatus social o autonomía. Los miedos, bloqueos y agresividades en uno y otro caso (carencias fisiológicas y carencias sociales) responden a los mismos patrones en cuanto a funcionamiento y naturaleza. Por ello hoy una persona, ante la amenaza de ser excluido de un grupo, ninguneado o tratado indignamente, reacciona de la misma forma que lo hacía un animal o un humano cuando alguien le quería quitar el alimento o adentrarse en su territorio. Se trata de reacciones instintivas y emocionales que solo los barnices de la educación pueden modular y tratar de ocultar.

Ello ha provocado el que dediquemos mucha más energía cerebral a pensamientos y reivindicaciones propias de quien, teniendo sus necesidades fisiológicas cubiertas, ha saltado a preocuparse por su posicionamiento, fortaleza o hueco social. Y entender esto y tenerlo siempre presente es clave para comprender y diagnosticar los fenómenos sociales actuales.

Aunque existen distintos modelos que describen el concepto y las categorías de nuestras necesidades sociales, siempre me gusta, por su sencillez, el del psicólogo David Rock, fundador del Neuro Leadership Institute. En virtud de su denominado modelo SCARF (abreviatura de *Status, Certainty, Autonomy, Relatedness y Fairness*), las necesidades del ser humano en las sociedades modernas se definen o clasifican en esas cinco categorías:

- *Estatus:* necesidad social de tener importancia relativa respecto a los demás, respeto, estima y significado dentro de un grupo.

- *Seguridad o certidumbre:* necesidad de sentirnos seguros sabiendo que nuestro cerebro analiza patrones de forma constante y prefiere patrones familiares. Evalúa lo conocido como seguro y lo desconocido como peligroso. Vencer las resistencias al cambio pasa por gestionar bien este dominio.

- *Autonomía:* necesitamos percibir que poseemos cierto control sobre los acontecimientos, así como la posibilidad de tomar decisiones propias.

- *Encaje social o relacional y sentido de pertenencia:* necesitamos relacionarnos y pertenecer al grupo en el que nos sentimos seguros, para lo cual analizamos constantemente si las personas de nuestro entorno son amigos o extraños.

- *Justicia:* necesitamos vivir en un entorno justo, pues la sensación de falta de equidad a nuestro alrededor desencadena respuestas negativas y provoca posturas defensivas.

¿Cuánto le cuesta y sufre alguien al perder estatus en su empresa? ¿Cuánta energía gastamos en defender ese estatus que hemos conseguido en la sociedad? ¿A quién le da igual dejar de poder hacer algo que siempre ha hecho, y especialmente dejar de hacerlo porque su nivel económico, en comparación con el de los demás, no se lo permite? ¿Quién tolera bien el sentirse sometido o privado de autonomía por decisión de los demás o por circunstancias sociales que lo impiden? ¿No es cierto que hoy la mayor parte de la gente que tiene su presente y futuro patrimonialmente asegurados mantiene a pesar de todo ciertas inquietudes que les hacen trabajar más en su seguridad presente y futura, y que esa seguridad la asocian con la acumulación de más dinero? ¿Quién no busca de una u otra forma ser querido en la sociedad y admitido para satisfacer su sentido de pertenencia? ¿Quién convive bien con situaciones que le parecen injustas y especialmente si le afectan? ¿Quién no se siente herido y salta cuando se siente atacado en su dignidad?

En el siglo XXI, en sociedades como las occidentales, el peso de estas necesidades sociales se hace mayor en la balanza que mide nuestra atención y el consumo de nuestra energía. Queremos ser respetados, y ser alguien entre los nuestros, sentirnos libres y que nadie nos maneje, y buscamos la seguridad a largo plazo, que en gran medida asociamos a esa acumulación de poder, conocimiento o dinero. Y todo esto nos inquieta o preocupa, porque los estómagos los tenemos llenos. Y si nuestros mecanismos cerebrales no se ocupan de la comida y de la seguridad física ¿de qué se ocupa nuestra máquina de energía, nuestro pensamiento, nuestro deambuleo o agitación mental? Sencillamente a buscar y hacerse un hueco para una buena supervivencia social satisfaciendo las necesidades sociales.

Sin duda uno de los mecanismos de mayor relevancia en la evolución del ser humano es el llamado *wandering*, deambuleo mental o pensamiento por defecto. En virtud del mismo, cuando no estamos con la atención en alguna tarea o entretenidos con algún estímulo, nuestro sistema de pensamiento por defecto se despierta, con mayor o menor intensidad, para preguntarse por cuestiones que le afectan y para analizar y plantearse alternativas de actuación futura, para someter a juicio a otros o a uno mismo, y en definitiva a aspectos relacionados con su acoplamiento en la sociedad y el sentido de sus actuaciones y existencia. Es probablemente una de las grandes diferencias que tenemos con un perro, pues cuando este está alimentado y no tiene nada que hacer sencillamente descansa o contempla lo que ocurre a su alrededor sin más preocupaciones. Los humanos sin embargo raramente nos permitimos estar con la cabeza parada, sin darle vueltas a algo o sin inquietarnos o torturarnos pensando cómo salir de un posible problema futuro o sencillamente en cómo mantener lo que tenemos. Es un sistema de pensamiento que seguramente crea muchas inquietudes y desasosiegos y dificulta la paz interior, pero constituye a su vez una maquinaria extraordinaria de supervivencia al estar permanentemente ocupada en idear nuevas soluciones para conseguir cosas, defenderse de peligros, mejorar nuestra vida...

Cada vez más nuestros psicólogos y sociólogos observan que, más allá de la satisfacción de las necesidades primarias o básicas, existen una serie de cosas (llamémosles necesidades o como queramos) que resultan más y más imprescindibles para garantizar nuestra sana supervivencia. ¿Por qué si no son las sociedades más ricas y avanzadas las que mayor índice tienen de suicidios, anorexias, enfermedades relacionadas con la ansiedad, depresiones...? Aun a riesgo de ser tachado de simplista, me atrevo a decir que quien inevitablemente está picando piedra o recogiendo fruta en el campo todo el día para comer no puede permitirse el lujo de dedicar el tiempo a hacerse pajas mentales sobre su propósito en la vida, el sentido de esta y dar vueltas a su nivel de encaje o aceptación social. Y es en este terreno, más allá de las ineludibles necesidades biológicas para evitar perder la vida en el corto plazo, donde comienza el mundo de lo relativo, de las apreciaciones de cada uno, de las distintas perspectivas, de las discusiones políticas e ideológicas sobre lo que es o no es una necesidad y sobre en qué principios se debe asentar la justicia en torno a ello. Es también el terreno en el que desarrollamos internamente las exigencias de autonomía personal, de un trato digno, de la aceptación en el grupo social al que deseamos pertenecer etc. y lleva a muchos a convertirse en creadores de causas y reivindicaciones, y a otros a hacerse seguidores suyos.

Mal de muchos, consuelo de listos

En Occidente vivimos muy instalados en un sistema que construye efímera y falsamente la satisfacción de sus individuos sobre bases comparativas. Es decir, estoy satisfecho con lo que tengo, con lo que soy, con el trato que recibo, con la libertad que tengo en la medida en que, comparándolo con los demás, me parezca que estoy en buen lugar, en el lugar que me corresponde. Por ello en nuestro fuero interno las cosas no son buenas ni malas o suficientes o insuficientes si no es en relación o por comparación con lo que hay en nuestro entorno. Esto resulta igualmente fundamental para entender el comportamiento humano y consecuentemente los fenómenos sociales que vivimos.

Mi coche no es bueno o malo de por sí sino en relación con el parque móvil de cada momento. Cuando solo los privilegiados podían practicar determinados deportes el hecho de no practicarlos no resultaba un problema o motivo de insatisfacción. Cuando nadie tenía coche nada pasaba por no tenerlo, pero cuando todos lo tienen, uno puede sentirse mal por el hecho de no tenerlo. Cuando solo los privilegiados podían hacer viajes fuera de España, nadie sentía la necesidad de hacer esos viajes de cuando en cuando. Ahora que se ha masificado la industria del viaje parece que sentimos la necesidad de hacerlo. Cuando todo el mundo a nuestro alrededor tiene dinero para ir a buenos restaurantes puede resultar un problema para quien no lo tiene el no poder seguir el plan de quienes le rodean, de sus amigos de siempre. Por ello también cuando una crisis azota de manera generalizada a toda la población la disminución de nuestro nivel de vida se hace mucho más llevadera al ser algo compartido con las personas que nos rodean. Parece todos que nos acoplamos a niveles inferiores de vida sin que se generen los problemas de las diferencias.

En definitiva, en general en nuestra sociedad la medición del nivel de satisfacción con lo que somos o tenemos o con nuestro ámbito de libertad está muy relacionada con lo que tienen los demás en nuestro entorno físico y también virtual, a través de lo que vemos en los medios de comunicación y las redes sociales. Lo que no se ve no se quiere, pero lo que nuestro vecino tiene se convierte en objeto de deseo.

Resulta particularmente interesante en este sentido observar cómo cuando a uno le suben el sueldo la felicidad se suele convertir en frustración si conocemos que nuestro compañero ha tenido una subida mayor. No es tanto la cantidad de dinero (o de bienes que puedo comprar con el incremento salarial) sino la percepción de la consideración que la empresa tiene de mí. Y por ello con las comparaciones nos vienen pensamientos del tipo «es injusto», «no hay derecho», «con todo lo que yo trabajo y aporto...» «que ahora venga fulanito y se lleve los mayores premios...».

También podemos observar la relevancia de lo relativo para la satisfacción en nuestra sociedad cuando presenciamos un reparto general de regalos. El día de Reyes, cuando reciben sus regalos, la atención de los niños tras un primer instante se fija más en escrutar los regalos de los demás que en disfrutar de los suyos. A veces o en alguna medida no es por tanto el regalo lo que les procura la felicidad sino la satisfacción de ver que los suyos son mejores.

Es también evidente que el valor de quien en un grupo recibe un reconocimiento o condecoración por algún logro extraordinario se perderá si para consolar a todos los demás miembros del grupo se les concede también un reconocimiento a ellos. El reconocimiento pierde su esencia.

Y siguiendo con los ejemplos, si preguntamos cómo de bueno es un coche, solo podremos contestar si lo relacionamos con los coches de la época y el entorno. Todos los coches de hoy, si los comparamos con los de hace cuarenta años, son una maravilla de la tecnología y la industria, y son realmente máquinas formidables, silenciosas, con gran potencia y velocidad, que aguantan kilómetros y kilómetros sin dar problemas, con todo tipo de ayudas y asistencias de confort y seguridad. Ahora bien, si los comparamos con otros coches de hoy habrá que empezar a ser más selectivos, y así, quien tiene un coche de gama media de hace ocho o diez años es posible que pueda pensar que su coche ya no es un buen coche, que está obsoleto o tiene un diseño que ya no es actual y no puede aparcar automáticamente como otros. Y ello puede suscitar la necesidad de cambiar de coche para no destacar por tener un vehículo viejo o poco atractivo, aun cuando nuestro nivel de satisfacción con las prescripciones objetivas del coche sea alto. Al fin y al cabo vivimos en gran medida sometidos a la tiranía de la renovación de los artículos socialmente visibles como son los coches, la ropa, las cafeteras en casa para ofrecer un café a los invitados, y cientos y cientos de cosas más.

¿Son eso necesidades? Y la respuesta solo puede ser depende, en función del rigor con que usemos el término, pero en gran medida podría decirse que lo son si uno quiere situarse o no descolgarse de un determinado entorno social al que está acostumbrado o al que se encuentra apegado. Quienes reprochan el que ver las cosas así es algo muy superficial y que solo aplica a personas poco profundas que viven para la imagen quizá tengan razón, pero la realidad es que en mayor o menor medida todos sufrimos un poco o mucho de esto y cada vez la presión para no descolgarse es mayor. Y este fenómeno de obsolescencia psicológica se produce cada vez a mayor velocidad, fruto, como veremos, de las dinámicas de nuestra sociedad de consumo.

Los fenómenos asociados a la desigualdad no son solo de nuestro tiempo pues son más bien propios de nuestra naturaleza animal. Vivimos en una sociedad crecientemente consumista en la que, para sobrevivir, se encuentra muy presente una cierta exigencia a destacar, de ser alguien o ser aceptado en la sociedad, buscando esa distinción a través de las muestras de un tipo u otro de consumo. Buscamos nuestra supervivencia o posición social a través de estar a la altura en el campo del consumo, de la moda, de la realización viajes y planes atractivos. Una buena muestra de ello es la extendida práctica de los *selfis* para demostrar al mundo lo atractivos que somos por las cosas que tenemos o por los originales y envidiables planes que hacemos. Todo ello tiene el riesgo de llevarnos a sentirnos permanentemente necesitados de estar a la altura para no ser o sentirnos excluidos y a vivir más un rol o personaje aparentemente atractivo que lo que verdaderamente somos. Y con estas actitudes tan propias de nuestro tiempo son más y más las ocasiones en las que podemos sentirnos restregados en las diferencias. Los medios de comunicación, la publicidad machacona y creadora de estímulos para mejorar nuestro estatus y hacernos distinguidos, sin duda van calando poco a poco en nuestra forma de pensar y sentir haciéndose más oprimente la presión psicológica del miedo a quedarse atrás.

Por ello, aunque estas reflexiones sobre las diferencias son atemporales, las consecuencias se hacen especialmente graves en sociedades muy materialistas como la occidental pues sin duda en otras con mayor cultivo del espíritu, la satisfacción de las personas está mucho menos relacionada con la mirada que unos y otros reciben de los demás. Lo que los demás tienen, la forma en la que nos miran o lo que piensan de nosotros resultará menos relevante cuanto mayor sea el cultivo de nuestro interior y del espíritu.

Seguro que muchos pensamos que a nosotros eso no nos ocurre y sentimos rechazo ante ello por considerar que el ser humano no puede tener como condición propia de él algo que suena tan contrario a los principios morales y religiosos con los que nos hemos criado. Pero, aunque nos cueste, resulta imprescindible comprender y aceptar nuestra forma profunda de preferencias si queremos entender por qué nos pasan las cosas que nos pasan en nuestra convivencia y en la sociedad. Se trata de realidades que conforman nuestro sistema de sentimientos y emociones a través de programaciones neuronales que traemos en los genes y que son muestra de la impresionante inteligencia espontánea de supervivencia, que solo se atenúan ligeramente en la superficie como fruto de la educación.

En relación a ello, especialmente en lo que se refiere a las exigencias de equidad, resulta especialmente interesante el experimento realizado por los doctores Frans de Waal y Sarah Brosnan con monos babuinos. En dicho experimento con dos monos se muestra como los dos están satisfechos recibiendo como premio un trozo de pepino cada vez que cumplen bien una tarea. Sin embargo, cuando el entrenador decide mejorarle el premio a uno de ellos entregándole una uva (el alimento preferido de los babuinos), el otro entra en cólera cuando ve que a él le siguen dando pepino por hacer la misma tarea[3]. ¿No es algo parecido a los que nos pasa cuando a nuestro compañero le suben más el sueldo que a nosotros? ¿No habrá también algo de esto en algunos movimientos sociales de activistas disconformes con la forma de reparto del bienestar? Iremos desgranando más estas ideas para tratar de comprender el porqué de nuestro mundo.

---

3   Sugiero al lector que vea el breve vídeo sobre ello disponible en YouTube (¡No es justo! - Experimento con monos - YouTube)

Cada uno en busca de su hueco

Las grandes desigualdades que siguen existiendo, unidas al hecho de vivir con los estómagos llenos y a la creciente dificultad de las personas para encontrar trabajos dignos que las mantengan entretenidas lleva precisamente a quienes no tienen su hueco a buscarlo o crearlo como puedan. Surgen así todo tipo de ideas para buscarse la vida. Unos lo harán ciberatacando, otros aferrándose a absurdas posiciones profesionales que ya no tienen más razón de ser que el mantenimiento del empleo, como ocurre con muchas posiciones de funcionarios. Otros buscarán el hueco consiguiendo absurdas hazañas o récords deportivos o de otro tipo a cualquier precio, incluso el de la salud y la integridad física. Otros crearán discursos y se agruparán corporativamente para defender el mantenimiento de la obligatoriedad de ciertos registros, certificaciones, legalizaciones etc. o para convertir ciertas cosas en obligatorias como la ITVs y similares figuras, otros gritarán y agitarán para crear movimientos («ismos»), hacer reivindicaciones y hacerse representantes de las causas que defienden. Se generarán con ello nuevas actividades y se ocuparán el tiempo y la energía con las que contamos mientras perseguimos (y a veces conseguimos) unos ingresos asociados a ello, o al menos el reconocimiento social (e incluso poder) por la actividad desarrollada. ¿No es algo así lo que ocurre con ciertas funciones notariales o registrales, con la necesidad de hacer trámites para renovar permisos o con la creación de nuevos ministerios con originales denominaciones que muchas veces no se sabe muy bien para qué sirven más allá de para dar empleo a un nuevo ministro y a todo su ejército de funcionarios?

Hoy la discusión y la confrontación son una de las grandes fuentes de creación de actividad. Unos y otros encuentran en la confrontación su hueco, o al menos mantienen la posición que ya tenían, aunque ya no tenga sentido. La necesidad de sentirnos alguien y con utilidad en la sociedad nos lleva a buscar ese hueco y muchas veces la confrontación (aun siendo creadora de cargas o de ineficiencias) cumple la función de crear o mantener actividades. Donde no es necesario que haya nadie decidiendo, si se crea pelea se consiguen dos posiciones de actividad que se sostienen precisamente en la confrontación. Es sin duda un incentivo para la politización de más y más aspectos, incluso insignificantes, de nuestras vidas.

Todas esas actividades o huecos que se crean necesitan ser revestidos de legitimidad, pues a nadie le gusta sentirse un parásito, lo que lleva a la construcción de relatos a veces sofisticados e incluso irritantes y provocadores cuando lo que buscan es derrocar lo establecido. Es, precisamente así como funcionan los populismos, ya sean de un color u otro, creando discursos con un supuesto relato legitimador detrás, pero expresados de forma irritante para llamar la atención y generar rechazo e indignación. ¿Cuántos políticos no se hacen hoy su hueco a base de decir deliberadamente cosas incendiarias? ¿Y cuánta actividad genera la ineficiente realidad de encontrarnos la mitad de la sociedad peleando con la otra mitad? ¿Qué pasaría si no hubiera tanta discusión y nos entendiéramos entre nosotros fácilmente? ¿Sobraríamos todavía más personas en el mercado laboral? ¿Dónde se ubicarían los que hoy se dedican a reivindicar, pelear o defender intereses corporativos supuestamente anacrónicos?

Sin los esquemas y marcos mentales que todavía se mantienen arraigados en la sociedad sobraríamos muchos más del grupo de las clases activas de la sociedad. Y por ello, en una sociedad tan competitiva y utilitarista, la búsqueda de hueco para sobrevivir se hace casi una exigencia para quien no quiere ser excluido.

La necesidad de actuar legítimamente

Ante todos estos fenómenos y actuaciones de unos y otros no soy capaz de liberarme de mi forma de sentir o reaccionar, y en definitiva de juzgar. Para bien o para mal, mi sistema de emociones, sentimientos y valores está dentro y pegado a mí y condiciona mi forma de ver e interpretar los comportamientos de los demás llevándome a enjuiciarlos. En mi actuar espontáneo no puedo alterar ese sistema que llevo en mi mochila emocional, si bien en ocasiones, una vez se han producido reacciones emocionales internas, sí puedo controlar mi comportamiento e incluso doblegar la insistencia interna de ciertos mensajes emocionales. Pero intelectualmente soy plenamente consciente del condicionante y sesgo que para mí supone mi mochila, donde llevo mi historia que, en definitiva, da forma a mi ideología y preferencias.

En paralelo necesito sentir que mi actuar es legítimo, y me sirvo de mis capacidades intelectuales para construir los relatos que me llevan a encajar legítimamente lo que hago, mis preferencias, intereses y forma de actuar en mi sistema de creencias, en lo moral y lo ético, pues a todos nos incomoda sentir que nuestras actuaciones son injustas o reprochables. Cualquier cosa puede reivindicarse o alegarse si se hace con un discurso apropiado y con un lenguaje con las connotaciones adecuadas para conquistar a los destinatarios de los mensajes. Pues cualquier líder que pretenda tener seguidores para su causa necesita dar legitimidad a la misma como elemento indispensable de ese liderazgo para obtener apoyo y reconocimiento para sus pretensiones.

Esto hace que exista un enorme desarrollo y gama de creación de relatos (explícitos o a través de gestos) que legitiman las pretensiones de unos y otros individuos y grupos, a la vez que se acrecienta el uso de más y más maniobras para provocar las reacciones y enfados de aquellos a quienes queremos construir como enemigos, y no tanto porque lo sean, sino porque ello nos sirve para que se unan a nuestra causa personas que pueden tener un rechazo a esos supuestos enemigos. Con esa finalidad las historias son construidas y relatadas utilizando palabras, giros, proclamas etc. que conecten con las personas y despierten su adhesión por el sentimiento de compartir enemigo. Pues nada une tanto a las personas como tener un enemigo común, y tan es así que solo un enemigo común, en una causa de mayor calado, puede eliminar la relación inicial de enemistad que hasta entonces existía entre dos personas.

Es imprescindible ser conscientes de que las argumentaciones de unos y otros se construyen mucho más sobre emociones y percepciones, o impresiones de los receptores de los mensajes, que sobre argumentos y datos. El uso de datos o informaciones objetivas pretende dar un supuesto respaldo al relato, pero es crecientemente manipulativo por existir sesgos en la elección de los mismos y por su deliberada falta de contextualización o coherencia en la aplicación al caso. Son datos que se utilizan cuando sirven para impresionar o atemorizar, pero que carecen de rigor o de ponderación de su relevancia. Tan es así que la muerte de una persona cada veinticinco años por una caída de árbol puede ser utilizada como excusa para cerrar un parque cada vez que hace viento, con gran aceptación del público en general. Según el relato, la medida de cierre se apoya en el interés de proteger la seguridad de los ciudadanos, cuando la verdadera razón es el afán de prohibición, unido al de proteger a los funcionarios de responsabilidad en caso de un accidente fortuito. Posiblemente las personas que no puedan asistir al parque mientras este permanece cerrado estarán desarrollando actividades que estadísticamente revisten mayor peligrosidad que dar un paseíto por el parque. Seguramente la estadística, si se trabajara, nos llevaría a concluir que pasear por las calles de la ciudad, o incluso permanecer en casa tiene más riesgo que el derivado de la caída de un árbol en los parques incluso en días de viento.

Reprochamos a los demás lo que nosotros también hacemos

Se dice que los chinos nos espían, que quieren controlar la tecnología, y en definitiva que son una amenaza en términos generales. Y se dice en tono de reproche, como si nuestras sociedades occidentales lideradas por Estados Unidos no tuvieran servicios de espionaje, no quisieran dominar económicamente el mundo y manejar las instituciones multilaterales que siempre han dominado. Parece que los chinos son muy malos y nosotros, como bloque occidental, somos unos santos que nunca hemos conquistado un país ni establecido y defendido aranceles y reglas del comercio mundial al servicio de nuestros intereses.

Pero más allá de estas tensiones de bloques mundiales, los mismos fenómenos se reproducen en el interior de nuestras sociedades entre seguidores de partidos políticos de distinto color, entre empresarios y trabajadores o entre privilegiados y grupos más desfavorecidos. Los comportamientos criticables los vemos mucho más fácilmente en los contrarios que en nosotros mismos. Es consecuencia de un sistema innato de defensa de lo nuestro, de nuestra forma de ser y vivir frente a quienes consideramos que son los otros o incluso nuestros enemigos.

Aun siendo algo propio del ser humano desde siempre, este fenómeno se encuentra actualmente muy arraigado dentro de todas nuestras sociedades, y de alguna forma la ignorancia o falta de conciencia acerca de ello nos aleja de su comprensión. Los miedos a perder lo que tenemos, lo que hemos sido y nuestra forma de vivir secuestran nuestra mirada y la distorsionan, impidiéndonos ver y entender las cosas como realmente son. Por ello solo podremos comprender nuestra sociedad si tomamos conciencia de estas cosas y salimos del analfabetismo socioemocional que nos impide observar en nosotros lo mismo que les reprochamos a los demás. Y quizá un día comprendiéndonos unos a otros un poco más podremos entendernos y convivir con un poco más de amabilidad y encaje.

Lo justo frente a lo que me conviene

La reflexión anterior me trae a la cabeza el extendido vicio de equiparar el concepto de lo justo a lo que nos conviene a través de sesgadas e interesadas reflexiones y racionalizaciones. En general solemos pensar que aquello que me conviene es además justo. Ello ocurre con una serie de preguntas o cuestiones que, dependiendo de nuestra historia personal y de en qué lugar nos encontremos socialmente, tenderemos a responder en un sentido u otro:

- ¿Somos merecedores de lo que creemos merecer o la justicia debería equilibrar la desigualdad de oportunidades en las que nos coloca el azar del nacimiento y la vida?
- ¿Reparte mejor justicia la izquierda, o quizá lo hace mejor la derecha?
- ¿Es mejor ser competitivo o es mejor ser cooperador?
- ¿Es lo nuevo mejor que lo viejo? ¿Debemos romper o preservar lo establecido?

Es difícil analizar y responder a estas cuestiones fría y racionalmente si no es con un discurso largo y complejo. Por ello, y porque quizá la respuesta desde una supuesta objetividad científica no nos convendría, la realidad es que profundizamos y reflexionamos muy poco para determinar lo que es justo y lo que no. La sociedad como tal casi no conversa sobre estas cuestiones, pero sin embargo todos tendemos, como acabamos de ver y sin darnos cuenta, a ser activos en defender nuestra visión como justa. Defendemos las cosas como justas o injustas, pero siempre desde nuestros limitados y encasillados marcos mentales y sin hacer prácticamente reflexión alguna para describir los ingredientes que componen la justicia. En definitiva, solemos pensar o creer que es justo lo que me conviene que sea justo.

Reduciendo mucho el análisis y utilizando las denostadas generalizaciones, creo que en un supuesto debate respecto de lo que es justo me aventuraría a pensar y dividir a las personas en dos grupos, cuya descripción hago marcando las posiciones más extremas:

- Unos que creen en la importancia del mérito, y por ello en la necesidad de que existan desigualdades con los privilegios que unos tienen como justo fruto de sus esfuerzos. Estos construyen sus argumentos sobre un supuesto realismo y pragmatismo argumentando que, de no ser así, el mundo no funcionaría y acabaríamos pobres de solemnidad. La falta de diferencias en las recompensas eliminaría la motivación para el esfuerzo necesario o aconsejable para el bienestar y el progreso de la sociedad. Muy en el fondo asimilan el concepto de justicia a un principio de utilidad. Para que funcionen las cosas tiene que haber un sistema de premios y castigos pues la naturaleza humana lo necesita para funcionar bien en sociedad, y esta es la única forma de luchar contra la proliferación de los que pretenden vivir del cuento. De alguna forma esta mirada de la justicia legitima el uso de unas personas por otras al servicio de la utilidad de las segundas y suele pecar de asociar el bienestar humano a la riqueza material, con cierto desprecio de los factores psicológicos del bienestar relacionados con las necesidades sociales como las ya mencionadas de estatus, seguridad, autonomía, sentido de pertenencia. Es común que los establecidos en esta visión pertenezcan a posiciones de alguna forma privilegiadas, sin ser demasiado conscientes de su suerte, y tengan dificultades o resistencias para apreciar las menores oportunidades de quienes no pertenecen a la clase más privilegiada. Nos referiremos en lo sucesivo a estas ideas como las creencias o ideologías propias de los privilegiados, de los de derechas o los conservadores.

- El otro grupo, en el extremo, se representa poniendo de forma permanente el peso en la necesidad de igualdad y en el mundo de los derechos. De forma expresa o tácita considera que las diferencias son equivalentes a injusticia y justifican sus argumentos atribuyendo los logros de otros a las ventajas de partida con las que han contado quienes han conseguido alcanzar posiciones privilegiadas. Viven estimando que tienen el mismo derecho a disfrutar de lo que pueden disfrutar otros. Pueden tender a mirar a los más privilegiados con cierto resentimiento e incluso reproche por haberse apropiado de las ventajas de un orden establecido favorable para ellos y por someter a los más desfavorecidos. Argumentan que los más necesitados deben recibir ayuda o compensación de quienes más tienen, no por compasión sino por tener pleno derecho a ello, y por ser lo justo, y consideran que cooperando se producen mayores frutos y bienestar que compitiendo. En general este bloque se siente de mejor condición moral, a la vez que rehuye hacer un análisis de las consecuencias para la sociedad y su desarrollo del hecho de mantener este principio durante largo tiempo. De alguna forma parece que para ellos la riqueza se asocia a explotación o especulación, que son generadoras del sufrimiento que provocan las injustas diferencias. Por último, admiten mejor el prohibir lo que siempre se ha podido hacer y la mayor presencia del Estado en la ordenación de nuestras vidas. Nos referiremos en lo sucesivo a quienes encarnan estas ideas, creencias o ideologías como más de izquierdas, progresistas, reivindicadores o gritones.

Dentro de esta simplificación, me atrevo a decir que cada una de esas posturas impregna la ideología y forma de pensar de las posiciones polarizadas que en muchos aspectos existen en nuestra sociedad en relación con las libertades individuales, el nivel de impuestos adecuado, las exigencias de renta mínima y solidaridad, los niveles de desigualdad tolerables o las formas de relacionarse con lo políticamente correcto. Entre medias de estas posiciones extremas y simplificadas se encuentran versiones moderadas, intermedias, combinadas y equilibradas con todo tipo de matices. Cada una de ellas es fruto de nuestra educación, moral, costumbres, y en definitiva de los principios aceptados o rechazados de nuestro contrato social. Y cada una de estas variantes modula las creencias y visiones de una y otra de las dos posturas, contribuyendo con ello a la creación de múltiples grupos o colectivos de personas que nacen y se desarrollan en torno a las distintas visiones en relación con unos y otros temas sociales. Y con esas distintas visiones vemos la vida con uno u otro color.

Cada una de estas visiones tiene sus atractivos y sus riesgos de degeneración si no tienen contrapesos, y por ello el mundo solo podrá sobrevivir con una lucha permanente en el tiempo entre una y otra visión sin que ninguna de ellas pueda quedar impuesta de forma definitiva sin caer en una u otra forma de degenerante tiranía. Esperemos que esa lucha sea siempre mínimamente civilizada.

La confusión entre «comprender» y «aceptar». Lo que no nos interesa no somos capaces de verlo o comprenderlo

Cuando leemos o escuchamos las reflexiones que vengo haciendo sobre la sociedad y el ser humano es muy posible que se despierte en nosotros cierto rechazo. La visión ideologizada de unos y otros puede impedirnos comprenderlas adecuadamente. En general a los privilegiados les cuesta entender y aceptar que lo son y el hándicap que sufren los que no lo son para disfrutar y hacer efectivas las mismas oportunidades. Seguramente sienten que el hecho de comprender la posición de los menos privilegiados y entender sus opiniones respecto a determinados temas les obliga a compartirlas, con el riesgo de contribuir con ello a la pérdida del privilegio. En otras palabras, parece que quien es un privilegiado y reconoce las ventajas de serlo frente a los que no lo son en la carrera de la vida debe ceder y renunciar a sus beneficios al sentirse incómodo ante una injusticia o desequilibrio. Y es que en cierto modo la toma de conciencia que surge en nuestro interior al visualizar las ventajas de ser un privilegiado nos produce una incomodidad. Recordemos que nos negamos a aceptarnos como seres interesados y ello exige ciertas dosis de autoengaño para creernos los relatos legitimadores de nuestra ideología. Dicho de otra forma, preferimos mantener la ignorancia y no comprender al desfavorecido para evitar el incómodo dilema moral que nos produce la comprensión.

Por su parte, los gritones y reivindicadores y los que representan las causas de los menos favorecidos rehuyen de forma consciente o inconsciente el análisis o debate sobre las consecuencias de aplicar los principios de justicia que representan pues saben que de hacerlo tendrían que aceptar que esos principios, aun siendo muy atractivos moralmente y en el plano humano, están faltos de realismo. Se niegan a ver que su visión buenista y algo naif muy posiblemente llevaría a la sociedad a una reducción de la eficacia y de la creación de riqueza, pudiendo degenerar en su no funcionamiento. Piensan en gran medida que los ricos son más felices, sin comprender que su grado de satisfacción está relacionado con su trayectoria y con el nivel de bienestar material al que están acostumbrados, precisamente porque no entienden que el disfrute de la riqueza y el sentimiento de riqueza es en gran medida relativo.

Son esas dificultades de unos para comprender las posturas de los otros y viceversa las que llevan a la dificultad de entender con normalidad el inevitable comportamiento del ser humano en la sociedad, y consiguientemente el funcionamiento de los distintos fenómenos que nos llevan en la sociedad a la complejidad actual, a la indignación, al caos y a fricciones internas y externas.

Pero si miráramos todo desde Marte, como extraterrestres sin interés o implicación alguna en los asuntos de la Tierra que estamos estudiando, seguramente todos estaríamos de acuerdo en admitir con normalidad y sin fricciones las explicaciones de lo que mueve al ser humano, y veríamos como normales o comprensibles los fenómenos y en cierto modo el caos y complejidad actuales de nuestra sociedad.

Es precisamente nuestra implicación, nuestro lugar en el mundo, nuestra historia, y en definitiva nuestra posición relativa en él respecto a la posición de los demás (de nuevo haciendo una simplificación), lo que condiciona y más bien limita nuestra capacidad de comprender las cosas y admitir con normalidad que otros que viven en diferentes contextos y circunstancias se comporten como lo hacen, aunque no nos guste. Es muy posible que no podamos comprender que un «okupa» se meta en una casa que no es suya, pero ello es así porque damos por incuestionable nuestro sistema de principios, reglas y leyes de respeto a lo establecido y a la propiedad. En definitiva, porque, en sentido genérico, quienes así pensamos somos más bien conservadores privilegiados, ya que tenemos mucho que conservar frente a muchos otros que no pueden hacerlo pues poco tienen que les merezca la pena conservar en el ámbito material o de los privilegios.

Espontánea y emocionalmente me enerva cada vez que escucho alguna noticia sobre «okupas» y sobre cuál es el tratamiento que en nuestra sociedad se da a ello con la débil protección para el propietario. Y esa emocionalidad condiciona mi limpia mirada y mi reflexión y me impide poder comprender a los «okupantes». Pero, si lo miro con serenidad, la realidad es que mi dificultad no es tanto para comprender que en sus circunstancias y en nuestro contexto social «okupen» inmuebles; lo que me cuesta y soy incapaz de hacer es aceptarlo por no convenirme aquello a lo que puede llevar esa aceptación. En general, lo que no conviene a nuestros intereses lo convertimos en incomprensible y nos hace desarrollar estrategias de defensa de nuestra posición que supuestamente se apoyan en razones objetivas, pero que,en realidad se sustentan en nuestra capacidad de crear relatos legitimadores de la posición que más nos conviene. Por ello, cuando nos convertimos en extraterrestres y nos liberamos de nuestra mochila ideológica y de la historia vivida podemos comprender sin problema el que los «okupas» se busquen la vida entrando en casas y «okupándolas» como viviendas temporales de forma gratuita.

No tengo amigos «okupas», pero supongo que pensarán y sentirán, desde su perspectiva, que hay una casa vacía y que quizá no sea justo que unos tengan tanto y otros tan poco.

Ello les permite crear un relato que les otorga una sentida o artificial legitimidad para llevar a cabo la «okupación», aun sabiendo que ello tiene el riesgo de la aplicación de una ley con unas penas para quien lo hace. Pero estoy convencido de que, muy por encima de la motivación utilitarista de encontrar un alojamiento, pesa más el hecho de ejercer de rebelde y luchador contra el sistema establecido con la posibilidad incluso de salir en la tele como un bravo revolucionario. Y en lo que se refiere a la aceptación consciente de cometer actos ilegales, seguramente el comportamiento de los «okupas» no difiera mucho del que, de una u otra forma, defrauda impuestos. En ambos casos una persona realiza un acto que sabe que es ilegal, que puede causar un perjuicio a uno o varios terceros, y lo hace asumiendo el riesgo de que el peso de la ley, si es pillado, le lleve a sufrir una pena.

Pero creo que similar repugnancia a la que nos produce a muchos observar una «okupación», les producirá a los «okupas» el oír que alguien se apropia mercantilmente de algo que no le corresponde, o que no ha pagado parte de sus impuestos aun cuando lo haga con sofisticados argumentos y apoyos legales que pretendan justificarlo. Más allá de que uno sienta mayor o menor cercanía con la gente que cae en uno u otro comportamiento, ¿hay intelectual y conceptualmente alguna diferencia de ambas prácticas? Ambas implican el incumplimiento de leyes, ambas tienen castigos asociados y ambas causan importante daño patrimonial y al funcionamiento de la sociedad. De nuevo, y haciendo una simplificación, lo que ocurre es que unas las cometen principalmente algunos miembros de los de un lado (conservadores, de derechas, privilegiados...) y perjudican más a los más necesitados del otro (clases más de izquierdas, humildes, desfavorecidos...), mientras que otras, por el contrario, las cometen principalmente algunos de los segundos y las sufren los primeros.

Por naturaleza el ser humano tiende a ser cómodo y a rehuir el esfuerzo salvo que haya una buena motivación para ello. Soy de los muchos que piensa, como los de derechas, que una sociedad sin esfuerzo por parte de sus miembros es una sociedad tendente a la degeneración antes o después. Considero que una sociedad que ofrece a las personas todo lo que necesitan para vivir sin exigir cierta contribución a la misma, o al menos cierto acoplamiento y comportamiento social para recibir, genera un efecto llamada hacia esa degenerante comodidad. Pero esta afirmación es perfectamente compatible con mi firme creencia de que hoy resulta demasiado difícil o imposible para muchos encontrar un hueco mínimamente digno en la sociedad acorde con su nivel de desarrollo y con el nivel del entorno en el que uno vive. Y la frustración que genera esa dificultad explica el enfado de quienes teniendo carrera, máster e idiomas, no son capaces de encontrar trabajo o de superar los 900 euros de sueldo tras muchos años de trabajo. Estas frustraciones se convierten en comprensible rebeldía y en un rechazo del orden establecido revestido de una legitimidad verdaderamente sentida por quienes las padecen. A veces pienso que si estuviera en la piel de quien sufre esos problemas viviría probablemente irritado y enfadado con la sociedad y encontraría argumentos, uno detrás de otro, para calificar a la sociedad de injusta y de explotadores a quienes acumulan tanta ganancia o riqueza por exprimir las cadenas de producción de bienes y servicios.

La realidad es que en el mundo hay vagos y personas mal acostumbradas que llegan incluso a morder la mano de la sociedad que les da de comer. Pero también es verdad que estructuralmente hoy la sociedad no deja hueco digno para todos, como veremos al hablar de algunas consecuencias de los paradigmas e inercias en las que se asienta un sistema basado en la necesidad de continuas mejoras de productividad y crecimiento. Los que estamos en un lado y otro debemos tener cuidado de no vernos cegados por una excesiva y desequilibrada defensa y protección de nuestros intereses. Tenemos y debemos evitar el riesgo tan humano de no ver lo que no nos interesa o conviene por más evidente que sea. Pues esta ceguera o distorsión de nuestra capacidad de observación hace muy difícil comprender las dinámicas sociales y contribuye a la confrontación, la polarización, y en definitiva a la enorme y caótica complejidad de la sociedad que hoy vivimos en la que todo vale.

Y para concluir esta reflexión, nada como traer a Adam Smith con su frase: «La mejor manera de satisfacer los intereses propios es cuidando los intereses de aquellos que tienen lo que uno quiere». Conforme a ello, cualquiera que sea nuestro grupo de pertenencia, nada es más importante que comprender a los otros, pues solo conociendo sus verdaderos intereses podremos trabajar en satisfacerlos, y con ello satisfacer los nuestros.

La confusión de lo útil y lo realista con lo justo

Uno de los principales reproches de las «derechas» a las ideologías de «izquierdas» se centra en gran medida en la creencia de que estas últimas tienden a perjudicar el buen funcionamiento de la sociedad en lo que se refiere a su capacidad de generar riqueza. Se dice que provocan el acomodamiento de quien siente que vive en un mundo de derechos sin las correspondientes obligaciones y en el que el esfuerzo no tiene recompensa al existir una justicia igualadora. Consideran que es poco inteligente basar una sociedad en principios que llevan a un empobrecimiento de todos en términos absolutos. Personalmente comparto plenamente dicho planteamiento pues me parece claro que el progreso de la humanidad se construye sobre el esfuerzo de unos y de otros, y que las personas, de una u otra forma, necesitamos recompensas (del tipo que sea) para realizar nuestro esfuerzo. Pienso que incluso quienes se sienten pertenecientes al grupo ideológico de «izquierdas» suscribirán esta observación pues posiblemente resulta constatable en sus versiones extremas con la evolución de los comportamientos y experiencias pasadas en las distintas sociedades. Quizá no se atrevan o permitan compartir la observación abiertamente, pero estoy convencido de que si se colocan en Marte para tener una posición sin implicación, hasta los más extremos podrán advertir esta tendencia si no reniegan de la realidad del funcionamiento de nuestro sistema basado en una u otra forma de egoísmo de supervivencia.

Pero lo anterior no debe llevarnos a pensar que las actuaciones de quienes a todas horas gritan y reivindican derechos, que parecen ir contra el reconocimiento y la compensación del esfuerzo y del mérito, no resultan también inteligentes y útiles. Pues sin duda casi todos esos gritos y reivindicaciones acaban produciendo su fruto en el medio y largo plazo. Es claro que muchas de esas reivindicaciones hacen daño a la economía, al empleo o a ciertas condiciones de nuestro bienestar social en el corto plazo. Pero en el largo plazo han extendido un alto nivel de bienestar a más y más población. Cada vez que hoy alguien habla de subir un impuesto, los empresarios, con buen criterio, dirán que ello reducirá la inversión y restará atractivo a nuestro país para inversores extranjeros. Si se habla de subir el salario mínimo, dirán que ello generará más paro, y seguramente sea cierto en el corto plazo, pero me parece también indudable que si los menos favorecidos de nuestra sociedad hubieran esperado a que los empresarios encontraran un momento bueno para subir los impuestos o el salario mínimo estarían todavía con salarios de hambre y sometidos a unas condiciones que hoy nos resultarían absolutamente inaceptables.

No pretendo entrar ahora en el debate de cuál es la mejor forma de funcionamiento social y económico para nuestro mundo, pero he querido poner estos ejemplos para hacer visible como, para los desfavorecidos, los gritos y reivindicaciones que efectúan, cuando se hacen de forma inteligente, producen frutos que no se habrían producido de otra manera. Y aunque a veces nos produzcan un gran rechazo e indignación (como el fenómeno de los «okupas») parece claro que tales batallas van sembrando y regando a la sociedad con un tinte protector y comprensivo de las necesidades de los menos favorecidos que consiguen impregnar el comportamiento social y generar medidas orientadas a la protección de los menos privilegiados. Es a la conclusión a la que llego con la simple observación de la evolución de las cosas a lo largo del tiempo.

Para comprender las dinámicas sociales es importante empezar por aceptar que las reivindicaciones y los gritos han sido en general muy útiles a lo largo de la historia y que la realidad de la evolución de una sociedad es el resultado de las luchas y fuerzas comentadas en una y otra dirección. Argumentar que los que gritan y reivindican, los que se hacen «okupantes» o hacen «escraches» para evitar desahucios no juegan inteligentemente pues perjudican el buen funcionamiento del sistema está bien para quienes juegan en el equipo de defensa de lo establecido. Pero quien quiera comprender hoy la complejidad y las casi caóticas dinámicas del funcionamiento de la sociedad deberá desprenderse de la camiseta de uno y otro equipo, y observar que tales reivindicaciones van dejando un poso en nuestra evolución social favorable a los menos favorecidos. Se trata de un poso que no quiero calificar de bueno ni de malo, y ni siquiera de progreso (término que parece tener connotaciones positivas), pues ese juicio será distinto para unos y otros según ganen o pierdan posición relativa en la sociedad. Y desde la observación de ello, sin camiseta alguna, seguro que seremos mucho más capaces de comprender lo que ocurre, como pretende mostrar este libro, sin llevarnos las manos a la cabeza.

El afán de poder e influencia

La búsqueda de poder siempre ha sido una constante en el hombre. De alguna forma es una estrategia que utilizan muchos para reforzar o proteger su supervivencia. Unos buscan poder en un amplio nivel social y otros en un pequeño ámbito dentro de lo que es su minisistema de relaciones. Pero de una u otra forma todos contamos con este potencial recurso para hacernos más fuertes. Todos somos conocedores de esta tendencia eternamente asociada al ser humano, y por tanto parecería innecesario traerlo aquí como idea poco tenida en cuenta a la hora de analizar y comprender nuestra sociedad. Pero me ha parecido importante mencionarla por el hecho de que quizá hoy, ante la extraordinaria importancia que se otorga al dinero, podamos confundir la búsqueda de poder con la búsqueda de dinero o riqueza. La búsqueda de riqueza es una vía para la búsqueda de poder, pero existen también, de forma creciente, estrategias con las que se busca directamente poder como medio de vida. En cada vez más ocasiones podemos observar el camino de los gritones y extremistas capaces de cualquier cosa por llamar la atención, aunque sea para ser insultados, para generar a los seguidores que les hacen poderosos (influyentes) y les otorgan un medio de vida.

El poder procura una doble consecución: la falsa ilusión de ser queridos y seguridad. Por una parte, queremos ser poderosos para ser queridos, creándonos la ilusión de que, si tengo poder, la gente me querrá más. Probablemente lo correcto sería pensar no tanto que por mi poder me querrán más sino que a quienes tienen poder se les hace más caso, lo que refuerza la posición del poderoso en la sociedad. Consiguen así los poderosos que los aguanten, que les rían las gracias y resultar más atractivos... Pero el amor no deriva del poder sino de otras variables relacionadas con intangibles humanos y espirituales tales como nuestra autenticidad, nuestra sinceridad, nuestra capacidad de querer a los demás, y en definitiva con nuestra alma. Por otra parte, la búsqueda de poder está asociada a la búsqueda de seguridad y autonomía. Pensamos que mientras seamos poderosos tendremos más posibilidades de conseguir, en el presente y en el futuro, aquello que necesitaremos sin depender de los demás.

Y está búsqueda de poder con esa doble finalidad perseguida por muchas personas de forma consciente o inconsciente nos hace tratar de colocarnos en posiciones superiores a las de los que nos rodean para poder influir, someter o disponer de las personas cuando sea necesario de una forma sana o malsana. El poder nos puede hacer sentir superiores y más fuertes para sobrevivir en nuestra compleja y exigente sociedad en lo que se refiere al esfuerzo requerido para satisfacer las necesidades sociales. Aunque el poder puede crear una falsa ilusión de aquietamiento de los miedos y desasosiegos existenciales del hombre, solo a través del desarrollo o crecimiento personal y de una espiritualidad bien vivida se pueden aplacar nuestros temores y consiguientemente la búsqueda de poder. Pero lo que es una realidad es que el poder, por posición o por tener influencia, cada vez más se ha convertido también en una fuente de búsqueda de nuestro sustento económico.

Una de las vías de búsqueda de poder propia de nuestra época es la de convertirse en el líder de causas y reivindicaciones basadas en la crítica por la crítica y en la denuncia de injusticias que identifican enemigos culpables de los resentimientos y padecimientos de aquellas víctimas a las que se quiere reclutar. Sin duda esta vía es una de las que más contribuyen a los altos niveles de agitación y confrontación.

La deslealtad y el conflicto de agencia

A menudo decimos que los políticos lo que buscan es hacer carrera, que los ejecutivos se agarran como lapas a las empresas que lideran, y por supuesto que los partidos políticos colocan la búsqueda del interés de su partido por encima de la búsqueda del bien de las naciones o pueblos donde desarrollan su política. Por ello no descubro nada al afirmar la enorme frecuencia con la que se dan fenómenos de deslealtad por parte de quienes representan unos intereses o una causa, pero se mueven mucho más por sus propios intereses que por los de la causa a la que supuestamente representan.

Se denomina conflicto de agencia a todos los fenómenos en los que esta divergencia se produce en la actuación de los líderes de las organizaciones, partidos políticos, ONGs, etc. En ocasiones las divergencias son plenamente conscientes para quienes las encarnan, pero en otros casos no. El ambiente y la presión del entorno de seguidores que influyen en la creación de contextos y relatos legitimadores de estas actuaciones parece que dan naturalidad a estos fenómenos sin que los afectados sean conscientes. De alguna forma se vive en un ambiente en el que se han hecho tan habituales que se mira con naturalidad y casi parecen comprensibles y excusables. Con el tiempo muchas organizaciones o asociaciones que han nacido con un buen propósito en el que trabajar pierden su razón de ser, y sus líderes se dedican a defender absurdas causas que solo tienen como razón de ser proteger la supervivencia y los puestos de trabajo de tales organizaciones por más que ya no tengan sentido.

Hay dos niveles de deslealtad muy arraigados y extendidos en nuestra sociedad que conviene refrescar y tener muy presentes. Existe por una parte un altísimo coeficiente de deslealtad por parte de las personas líderes en organizaciones respecto de los intereses que representan, por supeditar, en mayor o menor medida, los intereses de la organización respecto de los suyos propios. Los líderes se dejan llevar más por lo que les conviene a ellos que por lo que conviene a las organizaciones a las que representan o lideran. Por otra parte, existe una deslealtad en el nivel institucional por el cual muchas organizaciones que tienen su razón de ser en la defensa y protección de determinados intereses, casi se olvidan de ellos postergándolos de manera manifiesta a la propia supervivencia de la organización en cuestión, y consiguientemente a los intereses conjuntos de quienes la forman. Creo que los partidos políticos hoy son la mejor representación de este fenómeno, aunque sin duda no son los únicos. Haciendo un cierto paralelismo basta observar también la aceptación y tolerancia de muchas prácticas profesionales y empresariales por las que se atrapa al cliente (cuyos intereses se reitera que son lo primero) en relaciones de servicio en las que se busca mucho más la facturación que los intereses de este. A modo de ejemplo, ¿no es acaso desleal el que una empresa dedicada al asesoramiento en soluciones informáticas o productos financieros prime en la oferta a sus clientes aquello en lo que obtiene mejor comisión postergando el interés del cliente aun cuando este contrate a la empresa por la confianza que le merece para solucionar un problema o gestionar una situación? Lamentablemente estamos tan acostumbrados a que esto ocurra que hemos perdido la conciencia de que es una deslealtad inaceptable.

Sin duda no hace falta alertar al lector acerca de la existencia de estos conflictos de agencia o lealtad. Pero si lo hago es porque, cuando discutimos y analizamos interiormente o en conversaciones el desarrollo y las acciones de las personas u organizaciones (y con claridad los partidos políticos), a menudo nos olvidamos de esta arraigada práctica y presumimos un actuar recto de las organizaciones y de las personas al servicio de los intereses que representan. Presencio muchas veces posiciones indignadas de personas incapaces de comprender por qué un partido político adopta una determinada posición. Es habitual oír que el partido (o el líder en cuestión) parece tonto, que no se entera de nada, que está equivocado y que no se puede comprender una determinada actuación. Ello ocurre porque nos olvidamos de los arraigados conflictos de agencia y deslealtades, y asumimos que la decisión se ha tomado en limpio beneficio de la causa o intereses representados. Basta considerar la posibilidad de que se esté produciendo dicha deslealtad para comprender con facilidad que lo que ocurre es que la decisión se ha tomado en base a intereses ocultos o torcidos.

Por ello, aunque no suene bonito, mi recomendación es no asumir que los líderes de organizaciones e instituciones actúan siempre rectamente en defensa de los intereses que representan. Y por ello, cuando no podamos comprender alguna de sus actuaciones por parecernos estúpida, preguntémonos si es estúpida para quien lo que quiere es proteger más sus intereses particulares que los de la institución. Seguramente el simple planteamiento de la pregunta nos dará luz para comprender el porqué de las cosas y dinámicas que se dan en el entramado institucional de la sociedad. No miremos por tanto las cosas con ojos de bien o de mal sino con los ojos realistas de quien conociendo la realidad humana ha podido constatar la extendida práctica de estas deslealtades, a menudo poco conscientes por parte de quien las practica.

Ya hemos visto que nos cuesta aceptar e integrar en nuestro pensamiento espontáneo el egoísta comportamiento humano propio de nuestra sutil programación para la supervivencia, que en un momento dado es lo que nos puede también llevar a la deslealtad y al conflicto de agencia. Para liberarnos del rechazo que nos puede producir el pensar mal del ser humano, recordemos que el objetivo de este libro no es hacer un juicio ni posicionarnos en uno u otro sentido, sino ayudar a observar y descifrar las fuerzas que mueven nuestro sistema para hacerlo lo más comprensible posible. Solo después entrará la conciencia de cada uno para actuar de una u otra forma en esa complejidad comprendida. Y ya, libres de cualquier ingenuidad buenista y con la sociedad mejor conocida, volver a actitudes positivas que den más peso a la bondad humana que a la maldad, que es mi opción de mirada al mundo y que creo que es también la elegida por parte de la mayoría de las personas.

Las personas encontramos satisfacción en la ayuda «desinteresada»

Pasemos a hablar de motivaciones humanas mucho más admirables y elevadas. Existe otra gran fuerza que mueve al hombre y de la que se suele hablar menos. Se trata de la ayuda o el servicio a los demás como factor de motivación y satisfacción. Es en gran medida una fuerza eclipsada por las múltiples muestras de voracidad consumista, de conquista y acaparamiento de riqueza, así como por nuestra educación, demasiado escorada en la práctica hacia estrategias para la competitividad frente a las dirigidas a la cooperación. Occidente combate sus miedos existenciales y temores sobre el futuro mediante la acumulación de dinero y tratando de ser mejor y más competitivo que los que nos rodean. Hemos sido educados de esa manera. Pero la ayuda a los demás como factor causante de muchas de las actuaciones del hombre es algo indiscutible e imborrable de nuestro sistema motivacional. Es además una de las más nobles vías de aquietamiento de muchos de nuestros desasosiegos.

Se dice que la vida en las grandes ciudades se ha hecho muy fría y que las personas van a lo suyo con cierta deshumanización de las relaciones. No discuto ese fenómeno como algo muy extendido, y seguramente en el pasado los vecinos en los pueblos y ciudades eran más proclives a compartir los problemas y a prestarse ayuda mutua. Nuestras habituales actitudes utilitaristas y de competitividad y conquista nos llevan a que hoy gran parte de las ayudas que desinteresadamente nos prestamos unos a otros hoy se efectúen a través de sistemas organizados en forma de asociaciones, ONGs, voluntariados, etc., olvidándonos de prestar esa ayuda a nuestro vecino o familiar. Parece que nos gusta ayudar, pero haciéndolo con una etiqueta que nos facilite sentir que lo estamos haciendo desinteresadamente. Es en gran medida, y paradójicamente, el premio que buscamos, pues se trata de un interés más elevado, amoroso y espiritual que hace compatible e integra el bien de unos y otros.

Son crecientes y manifiestas las muestras de acciones e intervenciones humanas basadas en la satisfacción que produce ayudar y servir. Baste para ello ver la felicidad de los misioneros o voluntarios que arriesgan su vida yendo a países peligrosos para educar a sus habitantes o para apoyarlos y procurarles salud, como en el caso de los médicos o personal sanitario. No tengo datos exactos, pero el número de personas que participan en voluntariados dirigidos a una u otra causa es muy creciente y, cada vez más, muchas de las operaciones y movimientos de bienes y servicios del mundo ya no se sustentan en un ánimo de lucro mercantil sino en una filosofía basada en la satisfacción o bienestar interior que nos procura el hecho de prestar ayuda desinteresadamente. Es cada vez mayor la tropa de voluntarios que dedican su tiempo en favor de terceras personas, grupos sociales o incluso el planeta entero (en el caso del tema medioambiental), y parece también incremental el número de ricos que dedican importantes cantidades de dinero a la filantropía.

¿Por qué pienso yo que ocurre esto? Creo que son varios los factores que lo explican:

- El ser humano tiene un lado de bondad y otro de maldad y quiero soñar con que con la evolución humana el lado de la bondad va haciéndose con una mayor proporción del terreno.

- En segundo lugar, la liberación de la energía y esfuerzo que antes dedicábamos a satisfacer y garantizar nuestras necesidades hoy se ha de dedicar a encontrar sentido vital, siendo la ayuda a los demás una gran aplacadora de nuestros desasosiegos mentales y existenciales.

- Cuando ayudamos a los demás, aun cuando sea de forma «desinteresada» se genera una cierta expectativa de recibir agradecimiento y quizá un cierto deber por parte del beneficiado de devolver la ayuda algún día. Se trata también por tanto de una forma de satisfacer nuestra necesidad de ser queridos.

- La búsqueda implícita de reconocimiento que las personas podemos perseguir (consciente o inconscientemente), auto creándonos una imagen de buenos y generosos ayudadores que aplaca las propias dudas respecto a nosotros mismos a la vez que nos crea una buena imagen frente a los demás. Seguramente suponemos que ello contribuirá a ser más reconocidos y queridos. ¿No es eso lo que parece haber detrás de algunas donaciones filantrópicas aireadas o del voluntariado de muchas personas cuando parece que lo hacen más para contarlo?

- Amar y darse a los demás desinteresadamente puede ser parte de los mandamientos de unas y otras religiones. Procura la satisfacción de hacer el bien, además del sentimiento de ser una buena inversión para la entrada en el cielo o para tener una buena reencarnación.

Considero poco discutible la satisfacción que produce a la mayoría de las personas el prestar ayuda de forma desinteresada. Yo mismo puedo confirmarlo. Quizá haya excepciones, pero seguro serán minoritarias. Existen de hecho estudios que demuestran el valor de la satisfacción que produce la ayuda. Así, se ha visto como la entrega de una porción de la remuneración en el ámbito laboral en forma de bono para aplicar necesariamente a causas benéficas produce mayor satisfacción en el tiempo que si la misma cantidad de dinero se hubiera entregado para el gasto por el trabajador. Reconozco que puede ser vidriosa la medición de ese mayor nivel de satisfacción pues soy escéptico respecto a la posibilidad de medir determinados intangibles como el amor o la felicidad. Pero lo que sí resulta curioso es que, cuando los bonos-remuneración de ayuda estaban necesariamente ligados a la involucración y participación del trabajador en la prestación de la ayuda, el nivel de satisfacción resultaba notoriamente superior.

Como he venido explicando, el ser humano irremediablemente, por razones de su configuración y programación genética, se debe a su supervivencia y trascurre por la vida rehuyendo el dolor y buscando el placer o el bienestar, necesitando sin duda el querer y ser querido. Por ello es difícil pensar en un total desinterés en la prestación de ayuda pues la satisfacción alcanzada constituye la mejor motivación y premio para prestarla.

En general (con excepción de personas que podríamos calificar de «santas») se ha visto también que las personas que obtienen gran satisfacción mediante la ayuda a los demás dejan de experimentar esa satisfacción tan pronto los ayudados empiezan a recibirla con actitud de tener derecho a ello. Seguramente se producirá un cambio radical en quien, encontrándose entregado sacrificadamente a la ayuda voluntaria y desinteresada a alguien, de repente observa que el ayudado pasa de agradecer a sentirse con derecho a exigir. Es un cambio que convierte la satisfacción de prestar la ayuda en rechazo y en cierto enfado y reproche frente al ayudado con reflexiones internas del tipo «encima de que le ayudo me exige. Pero este tío qué se ha creído...». Este marcado fenómeno es una muestra más de cómo, consciente o inconscientemente, detrás de la ayuda siempre hay una búsqueda de recibir agradecimiento o reconocimiento por una u otra vía.

Por último, es importante destacar que, en general, el ámbito en el que más nos gusta prestar ayuda es seguramente aquel en el que somos más capaces de dar lo mejor de nosotros mismos por constituir nuestro don natural. Al que sabe cantar le gustará, incluso con sacrificio, entretener a los demás cantando, y quien es un manitas seguramente se sentirá mejor arreglando cosas estropeadas. Pues cuando estamos inmersos en la actividad para la que sentimos haber nacido somos mucho más capaces de darlo todo por los demás. Nos llena hacer aquello para lo que sentimos haber nacido o estar en el mundo, lo que sumado a la satisfacción que procura la ayuda supone un valiosísimo activo para la economía espiritual, que desarrollaré en la segunda parte de este libro.

Entender la presencia, la fuerza y el funcionamiento de la ayuda a los demás como factor movilizador de la conducta humana resulta fundamental para comprender muchos de los fenómenos de la sociedad que vivimos. Por ello, y aunque tengamos tendencia a pensar que las personas van a lo suyo, tengamos presente que existe una búsqueda de satisfacción a través de lo que se ha venido a llamar el egoísmo inteligente y compasivo. Pues, terminologías aparte, a través de este egoísmo inteligente se concilian los hemisferios del bien y del mal del ser humano con pleno respeto tanto de nuestra programación genética para una satisfactoria supervivencia como de las creencias religiosas que uno pueda tener.

QUÉ LÍO ES ESTO DEL DINERO Y LAS FINANZAS

«El mundo es rico, pero seguimos pensando que nuestro problema es de riqueza».

Volvamos a contar otra fábula cuyos hechos se desarrollaron en el hemisferio sur de la Tierra coetáneamente a la civilización de los airis en el norte. Si estos últimos vivían ciegamente perdidos en la acumulación de AER€OS, los lagunos de nuestra nueva fábula fueron la mejor representación de una sociedad altamente competitiva.

La fábula de los habitantes de la Gran Laguna
Una vida para la competitividad

En la misma era de los airis, otra gran colonia poblaba la Gran Laguna que ocupaba todo el hemisferio sur de la Tierra. Era un maravilloso mar de agua dulce, limpia y cristalina. Nadie imaginaba que un día la Gran Laguna pasaría a llamarse la Laguna Seca tras quedar prácticamente sin agua. Allí vivían los lagunos, con sus fuertes cuerpos con forma humana protegidos por una piel de escamas y grandes capacidades para manejarse en el medio submarino, en el que se nutrían de oxígeno al no ser capaces de respirar directamente el oxígeno del aire. Solo las escamas de su piel, con algunas aletas y su sistema respiratorio branquial, les hacía distintos de los humanos de hoy.

Los lagunos habían desarrollado una sociedad muy productiva generadora de gran cantidad de riqueza. Tras unos primeros siglos duros por el derroche de esfuerzo realizado para sobrevivir a las dificultades y alcanzar un buen nivel de vida en una sociedad eficientemente ordenada, vivían en un mar de abundancia que llegó a ser muy compartido por toda la sociedad al desarrollar tecnologías que aplicaron con éxito a la satisfacción de sus necesidades en un mundo lleno de comodidades y entretenimiento. Sabían disfrutar de su riqueza pues la sociedad cuidaba mucho la educación de los lagunos en integridad dedicando mucho esfuerzo no solo al desarrollo de los aspectos relacionados con el «saber ganarse la vida» sino también a los dedicados al autoconocimiento, el crecimientos personal y el mundo de la espiritualidad, que procuraban lo que llamaban el «saber vivir».

Durante largos siglos, los lagunos fueron cuidadores de su cuerpo y su alma. Trabajaron y desarrollaron muy bien el mundo de lo útil para conseguir una industria de bienes y servicios submarinos muy eficiente. Crearon rápidos y cómodos trasportes submarinos y el cultivo de todo tipo de sabrosas algas, que constituían su alimento junto con la captura y cría de otras especies marinas inferiores. A pesar de su vida subacuática, difícil de concebir para nosotros, tenían una gran vida cultural, espectáculos y representaciones teatrales, a las que eran especialmente aficionados con grandes capacidades de comunicación con su propio lenguaje submarino. Cuidaban también mucho el mundo de lo que llamaban «lo inútil», es decir el mundo interior, la estética, la cultura, el arte, con gran presencia de la escultura y las representaciones a base de grandes y coloridas algas, que tanto abundaban, en atractivas combinaciones con rocas marinas llenas de forma y fantasía. Mantenían el cuidado de las relaciones y del alma como uno de los más importantes valores, dedicando a ello al menos tanto esfuerzo e inversión como el empleado en el cuidado de la salud. En definitiva, en paralelo a su eficiencia productiva, eran grandes cuidadores de aquellos aspectos de la vida y la sociedad que no servían para crear riqueza o utilidades materiales pero que contribuían a la serenidad, la plenitud y la satisfacción profunda de sus miembros.

En todas las comunidades existían escuelas dedicadas a formar lagunos empresarios que organizaban la producción y distribución de las riquezas y comodidades. Los sabios y los maestros en disciplinas humanas variadas dedicaban su vida a la formación y desarrollo de los lagunos de las distintas comunidades. Enseñaban a todos a conocerse, pensar, vivir, a tener presente el sentido común, y a saber y respetar los principios y normas de convivencia de la Laguna como algo primordial para asegurar una convivencia pacífica y enriquecedora. Como parte de esa formación, y con respeto al pensar y sentir de cada uno, dedicaban una parte importante de su tiempo a trabajar su faceta espiritual o trascendente.

Con el paso del tiempo un grupo de lagunos que venían trabajando en la «ciencia de la venta» inventó algo que llamaron «publicidad». Se trataba de una ciencia que trabajaba en el conocimiento de los contenidos y las formas para una eficaz presentación de los productos comercializables para despertar el interés de los demás. Su fin era conseguir atraer a los lagunos hacia algo para despertar un deseo y casi un sentimiento de necesidad de disfrutar de ello. Desde su inicio esta nueva ciencia tuvo sus detractores. Algunos estimaban que sería pronto el embrión de una industria de la influencia y manipulación que llevaría a los pobladores de la Laguna por malos derroteros. Pero el bien pensar mayoritario, casi ingenuo, unido las comodidades de la vida con pocos problemas que resolver llevaba a reducir mucho la reflexión profunda y el análisis de los efectos a medio y largo plazo lo que hizo que no existiera una verdadera oposición al comienzo de la explotación económica de esta nueva ciencia. La fuerza de la ambición de quienes querían utilizar la publicidad para vender sus productos era muy superior a la energía y las ganas de oponerse a ello por parte de quienes tenían inquietudes éticas e intelectuales respecto de los efectos a largo plazo de su explotación. Los lagunos en general estimaban que nada ni nadie condicionaría su libertad y que su decisiones siempre quedarían en última instancia bajo su control.

Efectivamente, pronto algunos lagunos dedicados a la producción de bienes y servicios vislumbraron la potencial utilidad de la nueva ciencia de la publicidad para hacer más atractivos sus bienes y servicios e incrementar sus ventas. La inmensa mayoría de los lagunos empresarios rehuyó inicialmente el uso de las artes publicitarias y de venta siendo críticos con quienes sí las utilizaban. Argumentaban que con el paso del tiempo se convertiría en una forma de ir en contra de los principios de lealtad de los empresarios con sus clientes que tan respetados eran hasta entonces en la sociedad, y que ello sería el embrión de la «sociedad de la mentira y la manipulación». Nadie dudaba de que cualquier práctica que abierta u subliminalmente supusiera una manipulación o condicionamiento guiado de los compradores-consumidores, no tanto para su beneficio sino para el enriquecimiento del vendedor, debería ser severamente castigada. La verdad y la lealtad en las relaciones constituía un pilar básico del contrato social de la Gran Laguna como única forma de garantizar la sana y duradera buena relación de sus pobladores.

La utilidad de la publicidad para incrementar las ventas se apreció muy pronto y de forma muy clara tras el comienzo de su utilización. Por un lado, eso supuso un empujón para un enorme y brillante desarrollo de esta ciencia, y por otro provocó que, en general, aunque muy a regañadientes, todos los empresarios se vieran obligados al uso de la publicidad si no querían desaparecer, por más que sus productos pudieran resultar de magnífica calidad. El mundo empresarial constataba que sin artes de venta y publicidad ni el más extraordinario producto sería viable mientras los mercados se inundaban de productos cuyo único mérito era haber sido «bien vendidos» o colocados. La competencia, que hasta entonces conceptualmente nadie había considerado que pudiera ser insana, comenzó a revestir unos niveles de agresividad muy significativos, lo que supuso el abandono o expulsión gradual de la industria empresarial de quienes quisieron permanecer firmes a sus principios éticos y sin violar su lealtad a la comunidad a la que como empresarios servían.

Los pensadores de la sociedad tenían clara la esencia y diagnóstico del problema: entre los empresarios-vendedores se decía que las técnicas publicitarias servían para comunicar de forma más clara las cualidades de los productos y que así los consumidores o usuarios pudieran elegir mejor y tomar mejores decisiones. Pero la realidad es que su utilización iba dirigida principalmente a arrastrar a los lagunos hacia la elección de los productos publicitados con despreocupación por el interés y sentido de las compras por estos. A pesar de que parecía que la oferta de bienes se hacía pensando en los beneficios del comprador, a través de las artes comerciales y publicitarias se convertía a los confiados consumidores en muñecos influidos o manipulados para desear los productos vendidos. Se comunicaban las prestaciones o beneficios concretos utilitaristas para el comprador sin ninguna mención de los efectos en el medio y largo plazo derivados de la utilización de los productos. Los gritos de los detractores calificaban de falsos y endebles los argumentos de defensa de la publicidad basados en la libertad y supuesta madurez y responsabilidad del consumidor alegando que, si ello fuera así, también la venta de drogas y estupefacientes debiera ser libre. Pero estos gritos eran siempre apagados por la creciente voracidad empresarial.

La deslealtad y la mentira siempre habían existido, pero la creciente tolerancia a ello por la sociedad en aras de mejorar las ventas de los empresarios como algo bueno para el empuje de la economía supuso un punto de inflexión en el contrato social, comenzando así la relajación moral y la relativización de la mentira. Inconscientemente comenzaba la aceptación social de la relajación de los principios y la mentira cuando todo ello se encontraba al servicio de lo que se llamaba desarrollo empresarial y económico. Con el paso del tiempo resultaba cada vez más difícil saber lo que estaba bien y lo que estaba mal fruto de la confusión de justificaciones y reivindicaciones bien relatadas y de la creación de argumentos y discursos supuesta y cínicamente basados en el interés común. En general cuando existían dudas sobre la ética de ciertos comportamientos, la balanza se inclinaba a admitir dichas o dudosos comportamientos siempre que su práctica favoreciera la actividad empresarial. Y con el paso del tiempo la reiteración de todas esas dudosas prácticas creó un entorno en el que se hacía imposible luchar contra prácticas empresariales que no parecían ética y moralmente admisibles. Sin darse cuenta la sociedad empezaba a colocar el valor empresarial y económico por encima del valor y el interés laguno-humano.

La eficacia de la publicidad y las artes de seducción para arrastrar a la sociedad de los lagunos a un creciente consumo era extraordinaria. En pocas decenas de años los lagunos se habían convertido en unos «adictos necesitados de la siguiente novedad» y, teniendo colmadas sus necesidades de alimento, dedicaban su energía a mirarse y compararse unos con otros, empujados en gran medida por esa publicidad que incitaba a la distinción social como forma de vida. Parecía que el «más y más y más» era el «leit motiv» para la sociedad, o al menos para quien quería ser alguien. La sabiduría y el sentido común en poco tiempo quedaron eclipsados por la «adicción a lo nuevo» y a lo distinto para enseñarlo a los demás lagunos de la comunidad. Parecía que el tiempo dedicado al consumo y a conseguir como fuera más recursos económicos para incrementar el consumo estaba eliminando el tiempo para la reflexión y el pensamiento, que iban quedando relegados.

Victimas también de este fenómeno, los lagunos empresarios se vieron obligados cada vez más a invertir y dedicar mayores esfuerzos a la invención de nuevos productos y a la creatividad para despertar la tentación o necesidad de los mismos en los lagunos consumidores y poder así venderlos. La lucha por la supervivencia del empresario se hacía también cada vez más dura. La velocidad de cambio era creciente y necesaria la adaptación permanente de los empresarios a las exigencias de los mercados, lo que colocaba el mundo empresarial en permanente riesgo de evolución económica positiva o negativa y de desaparición de unas y otras empresas.

Ante ello comenzaron las apuestas inversoras de algunos lagunos por unas u otras empresas en función de las expectativas que generaban. El dinero que tiempo antes la comunidad laguna había desarrollado como herramienta útil para favorecer el intercambio de bienes y servicios se empezó a convertir en un bien especialmente preciado por su capacidad de acumular riqueza y hacer apuestas de crecimiento para el futuro de una u otra empresa o mercado. Eran apuestas inversoras en las que el objetivo ya no era crear o desarrollar algo que permitiera ofrecer nuevos o mejores productos sino generar mayor dinero con la posterior venta de lo invertido. La rápida proliferación de estas operaciones dio lugar a mercados en los que lo que se ofrecía ya no eran productos sino las propias empresas, generándose importantísimas transacciones. El dinero había pasado de ser un medio o una herramienta a ser un fin en sí mismo. Se había convertido en el objetivo primero de una nueva clase de empresarios financieros en la que los niveles de ambición eran máximos y siempre peligrosamente combinados con ciertos niveles de inteligencia para la especulación. Cuanto más cerca de estos mercados se encontraban los lagunos empresarios, más perdían las formas y los principios con tal de ganar dinero. Cada vez por más y más lagunos se asumía como objetivo vital no tanto buscar la felicidad sino reunir más y más dinero pensando que la acumulación era el camino para la felicidad.

Consecuencia de estos fenómenos y de la acelerada exigencia de adaptación y mejora de la competitividad de los empresarios para innovar y poner en el mercado productos nuevos, diferentes y atractivos, los lagunos empresarios necesitaban dedicar más recursos de los que tenían. Nació así la actividad financiera por la que algunos que acumulaban dinero les prestaban a los empresarios que querían hacer apuestas para crecer comprometiendo su futuro por la obligación de devolver el dinero tomado en préstamo para ello. Cada vez más, el empresario que quería sobrevivir se veía obligado a crecer incrementando los recursos dedicados a ello y en general acumulando préstamos para sostener sus apuestas hacia el crecimiento de sus ventas. Las ventas crecían, pero más crecía la deuda y la necesidad de reinvertir los beneficios según las normas y convenciones de contabilidad que se fueron desarrollando.

Sin darse cuenta, empresarios y consumidores empezaron a verse sometidos a una loca espiral por la que era imprescindible consumir más y más para que las empresas pudieran sobrevivir y cada vez con una mayor velocidad de cambio para sustituir unos bienes y servicios por otros más nuevos o actuales. Además, las exigencias de productividad provocaban la reducción constante de puestos de trabajo sustituyéndolos por máquinas y pequeños laguno-robots que desarrollaban sus funciones sin errores y de forma más económica. Más y más lagunos entraban en una insana inactividad sintiéndose en gran medida inútiles e incluso excluidos de la sociedad. Los lagunos exitosos y privilegiados a su vez necesitaban más y más cosas, planes y actividades para «distinguirse», descuidando cada vez más los aspectos de su vida interior y el valor de lo sencillo e inútil. La sociedad estaba absurdamente secuestrada por la necesidad de incrementar permanentemente el consumo para poder así sostener el crecimiento contable financiero. Como rechazo a ello, nacían más y más grupos de lagunos que se unían a otros grupos de insatisfechos para protestar y desahogarse ante las crecientes diferencias y desigualdades sociales que se percibían.

Al vivir en el agua, en flotación y en esa dinámica de creciente producción, en general las actividades de producción y consumo de los lagunos debían hacerse siempre en movimiento, pues solo así podían controlar su posición sin estar sujetos a los vaivenes de las corrientes y la inestabilidad de la flotación. Al no existir tierra firme en la que sujetarse se apoyaban en lo que llamaban «movimiento firme». Ese «movimiento firme» generaba unos altos niveles de absorción del oxígeno y evaporación del agua en el ecosistema de la Gran Laguna, de forma que poco a poco su calidad se fue deteriorando, si bien los efectos no eran apreciados nada más que por cierta parte de la comunidad científica más preocupada por el medio natural y social que por sus ganancias económicas cortoplacistas.

Aunque algunos lagunos empezaban a levantar sus voces llamando la atención sobre esta espiral destructiva, la necesidad de crecer, la búsqueda de ganancias personales y la superficialidad en la que se había instalado la comunidad hacían muy difícil la toma de una conciencia generalizada ante esta peligrosa evolución. La población general, instalada en la comodidad y sintiendo cada vez más la superioridad e invulnerabilidad de su especie, daba muy poco seguimiento a esas voces.

Era claro el gran desarrollo empresarial y la consecución de unos niveles de riqueza de la población que aseguraba a todos los lagunos el acceso al alimento y a la satisfacción de las demás necesidades fisiológicas. Y en paralelo al desarrollo empresarial, los líderes políticos y los gobernantes de las distintas comunidades de lagunos empezaron a descubrir también la gran utilidad para ellos de la publicidad, que algunos críticos empezaban a llamar propaganda. Pronto se hizo patente que para captar seguidores en el campo político en una sociedad con excesiva información (aunque no siempre de buena calidad) y con una creciente complejidad que hacía difícil la comprensión de las cosas, nada era más eficaz que servirse de los discursos, relatos y técnicas publicitarias en sentido amplio que conectaban emocionalmente con los lagunos para captar su atención y adhesión. En lo que se refiere a lealtad, también estos políticos y gobernantes empezaron a sumirse, con creciente descaro, en dinámicas en las que el interés de la comunidad, cuya protección debía constituir su razón de ser, comenzaba a situarse muy por debajo de la búsqueda y el mantenimiento de esos liderazgos y de las posiciones de poder.

En definitiva, la sociedad aceptaba, sin energía para oponerse a ello, el progresivo deterioro de los principios aplicados a la convivencia, a la vez que caminaba hacia la degradación del medio acuático en el que vivían cuyo oxígeno sufría un constante deterioro por la sobreactividad de los lagunos, haciendo el agua poco respirable para sus branquias.

El contexto era propicio para que algunas empresas organizadas por lagunos, de tanto crecer y exprimir la productividad extrayendo para ellos mismos la riqueza generada por otros, se convirtieran en gigantes imperios empresariales que llamaron «ballenas», cada vez más grandes, poderosas y destructivas por su efecto distorsionador de la armonía social. Las diferencias eran tan grandes que las relaciones sociales se hacían muy complicadas, pues las grandes ballenas no eran capaces de entender que en términos de riqueza la satisfacción de los lagunos no tenía tanta relación con lo que cada uno tenía, sino con la intensidad de sus deseos y con lo que poseían los lagunos del entorno.

La sociedad de la Gran Laguna evolucionaba haciéndose cada vez más grandes las ballenas y cada vez mayor el número de necesidades que se iban creando. De hecho, las grandes ballenas se habían convertido en grandes creadores de necesidades en la comunidad laguna para seguir sosteniendo la actividad económica. Como las necesidades naturales estaban cubiertas, se necesitaba crear nuevas necesidades sociales para despertar la motivación para el consumo. Pero nunca era suficiente y la espiral continuaba provocando crecientes niveles de insatisfacción en la sociedad de los lagunos, que necesitaban cada vez más cosas para vivir como siempre, pero a mucha mayor velocidad y con muchas carencias afectivo-emocionales. El descontento estaba alumbrando una polarización social que era constantemente agitada por políticos y medios de comunicación, los cuales recogían buenos frutos de esa agitación. Los políticos hacían discursos para la creación de enemigos, para agitar y provocar con ellos a sus propios seguidores mientras los medios de comunicación sacaban también mucho más lucro de las malas noticias, de la crítica y de jalear la confrontación entre unos y otros...

El descubrimiento de nuevas tecnologías para escuchar y trasmitir por el agua todas las conversaciones, comunicaciones e información entre los lagunos supuso una aceleración de la normal evolución social. Esta tecnología basada en principios de electrolisis y conductividad del agua fue siendo integrada con gran rapidez por más y más lagunos, creándose en muy pocos años lo que llamaban la «Malla» en la que todo acababa interconectado. En poco tiempo ello provocó una revolución por la posibilidad de acceso por parte de cualquiera a cantidades ingentes de información. Pero lejos de servir de ayuda, la sobreinformación producía una enorme confusión ante la imposibilidad de ser digerida de forma inteligente para su propio bienestar por los lagunos, quienes, sin ser inicialmente conscientes de ello, iban perdiendo su intimidad o privacidad.

Había nacido un nuevo ámbito de competencia en esa feroz lucha por vender más y más, pues la grandes ballenas explotadoras de la «Malla» (las *Big Whales*) competían por atraer por cualquier medio la atención de los lagunos a cada segundo a través de los dispositivos de comunicación que ya todos tenían en la Gran Laguna. Idearon para ello todo tipo de técnicas para tratar de impedir que los usuarios de la «Malla» (que ya eran casi todos los miembros de la comunidad) pudieran desconectarse de sus «dispositivos de conexión», buscando mantenerlos siempre con la atención captada por una u otras vías. Ofrecían cosas gratis, provocaban el cotilleo en nuevas comunidades creadas en la «Malla», difundían «memes», instauraban sistemas de alarma y notificación para que nadie se perdiera nada... Poco a poco, más y más lagunos se fueron haciendo verdaderos adictos a sus dispositivos de conexión, de los cuales no podían prescindir ni siquiera mientras dormían.

Aunque no era fácil de observar, de nuevo eran la publicidad y la necesidad de las empresas de generar actividad económica y vender lo que movía este irracional y desasosegante uso de la red por más y más lagunos. Las ballenas captaban la atención de los usuarios de la «Malla» para vender espacios para publicidad a los lagunos empresarios. También en el ámbito político se iba haciendo un uso creciente de la «Malla» como mecanismo de propaganda, confrontación, aletargamiento y polarización para arrastrar con ello al voto. Parecía que valía todo en la dura y competitiva lucha, la mentira se había hecho de uso generalizado y muchos la utilizaban sin el más mínimo pudor, a la vez que el mundo se veía inundado de las llamadas «fake news» que acabaron haciendo casi imposible saber lo que era verdad y lo que no.

Los lagunos más espirituales que observaban esté fenómeno se estaban haciendo cada vez más convencidos de la insostenibilidad de la vida en la laguna y gritaban para abrir los ojos al mundo y hacer que este despertara para observar la degradación de una sociedad basada en la búsqueda sin límites de riqueza, productividad y seguidores a costa de sacrificar los bienes espirituales y la paz del alma. El agua de la Gran Laguna era cada vez menos respirable y, con la concepción y paradigmas firmemente arraigados en ella, jamás mejoraría sus condiciones. La Gran Laguna, por esa senda tenía muy mal destino.

Ante ello, los lagunos más visionarios y comprometidos con un propósito comenzaron a hacer excursiones fuera de la laguna emergiendo al aire y la tierra seca. A pesar de que desde el interior de la laguna ello parecía inconcebible, poco a poco estos exploradores fueron descubriendo que sus branquias, cuando iban practicando y exponiéndose al aire de la atmósfera, se hacían gradualmente más capaces también de respirar ese aire. Parecía que el limitado mundo de la Gran Laguna podría salir de sus cerrados confines y disponer de un nuevo y gran espacio para su expansión, abandonando las ataduras limitantes y las esclavas miradas y los paradigmas instalados en la laguna. Con cierto entrenamiento las branquias funcionarían como pulmones. Y con esta visión, poco a poco más y más lagunos fueron despertando y creando un movimiento hacia esta nueva realidad, dándose cuenta de que solo este despertar podría salvar su mundo de la degradación y degeneración en las que se veía sumido. Pero la inmensa mayoría de lagunos, que seguía anclada en sus marcos mentales tradicionales y escépticos, jamás creyó que pudiera vivirse fuera de la laguna sin agua como fuente de oxígeno.

Había comenzado el mini éxodo de los más visionarios de la laguna, pero solo una pequeña parte de toda la comunidad de lagunos salió a lo largo de unos años. El resto habían quedado atrapados en el miedo y en su incapacidad de observar la realidad y de luchar para recuperar los valores sociales de la laguna aferrados a la más y más irrespirable agua de la Gran Laguna. Por ese camino solo cabía esperar el conflicto social y su extinción como pueblo ante la creciente evaporación y desecación de la laguna hasta quedar reducida a una laguna seca.

Los lagunos del éxodo pronto fueron perdiendo las escamas que cubrían todo su cuerpo cuando vivían en la laguna y desarrollando órganos y miembros para su perfecto desenvolvimiento en tierra firme. Eran plenamente conscientes de que habían sido creados y que estaban programados genéticamente para mantener las fuerzas del deseo y emocionales que habían llevado a la total destrucción de la vida en la laguna. Pero eran también muy conscientes de que la degeneración se había debido a que todo el ámbito de vida interior espiritual y del cuidado del alma se había perdido en la Gran Laguna, secuestrado por una adicción permanente a lo nuevo, a lo siguiente, a no perderse nada y a la acumulación.

Empezaba por tanto una nueva era para los lagunos del éxodo, quienes yendo en busca de sentido recuperaron la verdad y el respeto de sus viejos principios y valores, incorporando en su vida social y económica nuevas prácticas que permitieran ordenar un verdadero bienestar material y emocional. La economía y el dinero debían volver a ser instrumentos al servicio de la comunidad, y no ser los secuestradores de la misma.

Caminaron y caminaron, buscaron y buscaron. Y un día en su deambular se encontraron con la comunidad de airis que había huido de la Tierra del Aire.

Hablamos mucho de dinero, pero muy poco de lo que significa en nuestra sociedad

Sin duda el sistema económico y los valores sobre los que este se construye condicionan la forma y el estilo de las relaciones sociales. Estas a su vez se ven moldeadas por el sistema de recompensas y castigos imperante en una sociedad. Aquello que funciona para alcanzar nuestros intereses individuales se persigue y se perseguirá siempre, como hacían los lagunos con la publicidad buscando aquello que les permitía conseguir beneficios, o al menos mantener a flote sus empresas.

No creo que exagere si afirmo que los factores que más condicionan nuestra forma de ser como ciudadanos, nuestra atención, el lugar en el que ponemos nuestra energía y en el que fijamos nuestros objetivos, están relacionados con el dinero y con el funcionamiento de nuestro sistema económico financiero. Sin embargo se nos hace difícil entender y establecer las relaciones de causa y efecto que se producen como consecuencia de vivir en un sistema que ensalza la productividad y el crecimiento económico por encima de cualquier otro valor. Es tal la primacía de los valores económicos que el sistema, nuestra sociedad, se ha olvidado de dedicar tiempo y reflexión para determinar cómo debe darse forma al bienestar en una sociedad de ciudadanos con los estómagos llenos y tendiendo a la saturación de bienes y servicios. ¿En qué consiste y cómo podemos conseguir un verdadero bienestar en el que no sea tan dominante la acumulación de bienes y riqueza con descuido de aspectos intangibles, psicológicos y emocionales? Este apartado tiene como propósito provocar la reflexión y el autocuestionamiento en relación con el significado del dinero y sus implicaciones en los valores imperantes en nuestro sistema socioeconómico, que considero que se han quedado anticuados en cuanto a su aplicación.

Del dinero hablamos mucho, pero para ver cuánto valen las cosas, cómo de rica es una persona, cuánto dinero gana un directivo, el importe de una multa... Nos referimos constantemente a él porque es nuestra unidad de medida. Pero ¿cuántas veces nos paramos a pensar, a analizar lo que es el dinero? ¿Cuál es su naturaleza? ¿Qué significado tiene para nosotros? ¿Cómo juega en nuestra sociedad y en nuestras vidas...?

Juan Antonio Marina, junto con Santiago Satrústegui, en su completo libro de reflexiones en torno al dinero (*La creatividad económica*[4]), reconocen que se habla muy poco

---

4   Editorial Ariel, 2013.

del dinero. Es escasa la literatura sobre el concepto y la naturaleza del dinero más allá de sus facetas técnico-financieras. Y desde luego es mucho menor la conversación social sobre ello. Si preguntamos a las personas si se han cuestionado alguna vez lo que es el dinero, la mayoría contestaría que nunca se lo ha planteado. En definitiva, parece que sobre el dinero no se filosofa a pesar de ser en gran medida un falso Dios en nuestra sociedad.

Vivimos por tanto ausentes de la comprensión de lo que es el dinero y del papel que juega en la sociedad, aunque no es difícil de observar que, lo que nació para ser una herramienta o medio al servicio del hombre, hoy se ha convertido en un fin en sí mismo que en gran medida nos somete y a muchos esclaviza. El hecho de vivir con un dinero convertido en fin y sin conocer realmente su naturaleza y significado provoca una ignorancia de la que conviene salir si queremos entender el funcionamiento de nuestra sociedad y observar las distorsiones limitadoras que genera en nuestro mundo.

Por el contrario, se habla constantemente de finanzas, mercados financieros y cuestiones propias de la macroeconomía tradicional. Pero hablar de finanzas tanto como se habla hoy por voces supuestamente expertas en la disciplina financiera, lejos de ayudar a poner luz para entender la complejidad de nuestro mundo nos mantiene anclados en miradas y paradigmas cada vez más obsoletos, impidiéndonos ver nuevas realidades emergentes propias de nuestro tiempo. En general, cuando escucho a los expertos financieros hablar, tengo la impresión de que ignoran la mitad de lo que es un ser humano. Introducen en su ecuación la faceta interesada, lógico-racional y temerosa del ser humano, y se olvidan de que somos seres primordialmente emocionales con múltiples variables relacionadas con el cariño, el amor, las relaciones, el estatus, el sentido de pertenencia, etc., que son las que realmente determinan nuestra verdadera felicidad o bienestar en sentido amplio.

Sin duda la gestión de las finanzas mundiales y de los distintos mercados cumple un papel de gran importancia, que no quiero ni mucho menos despreciar por su contribución (al menos esa es su intención) a una estabilidad socio-económica, evitando los graves conflictos que podrían derivarse de crisis económico-financieras de gran magnitud. Pero quedarse en esa visión y gestión tendente a cortoplacista dificulta la comprensión de las dinámicas que nuestro sistema económico-financiero actual provoca en la vida de las personas y la sociedad. ¿Cuál puede ser la evolución si seguimos anclados en paradigmas que se están convirtiendo ya en obsoletos y poco beneficiosos para el bienestar emocional de la sociedad, o lo que es lo mismo, para su bienestar experimentado?

Por ello, si queremos comprender nuestra sociedad y su funcionamiento, deberemos dedicar un esfuerzo a entender algunos conceptos e instituciones económico-financieras que le dan forma. Y deberá ser un conocimiento no solo superficial o instrumental como meros usuarios, sino lo suficientemente profundo como para comprender su interior, el sistema de motivaciones en el campo económico y las fricciones que en él se producen.

Quizás algunas de las ideas o reflexiones que siguen en este apartado puedan considerarse simples o evidentes, y no dudo que lo sean. Su valor no es otro que el que se deriva de pararnos, hacernos preguntas y mirar lo que son las cosas para interrelacionar unas cosas con otras y establecer vínculos entre ellas, y así mostrar que todas ellas constituyen y son la causa de lo que llamamos nuestro sistema, nos guste más o menos su estado actual.

Pero ¿qué es el dinero?

Todos parecemos saber muy bien lo que es el dinero. Al menos somos expertos en su uso y en gastarlo. Algunos son también expertos en ganarlo y acumularlo. Pero ¿cuántos nos hemos preguntado alguna vez lo que es realmente el dinero, lo que significa para nosotros hoy y cuál es la influencia de nuestra relación con él en nuestras vidas?

Este libro no pretende desde luego profundizar o ser un tratado de lo que es el dinero, ni tampoco hacer la mejor descripción técnica del mismo, pero lo que sí pretende es hacer pensar en lo que es en esencia el dinero para comprender las ficciones o convenciones que hemos creado en torno a él, y que dan carta de naturaleza al importantísimo rol que hoy cumple el dinero en la sociedad. Una vez conocidas podremos tomar conciencia de cómo apoyamos muchísimas de nuestras decisiones y actuaciones en una entelequia como es el dinero, que nació con una clara y útil razón de ser pero que hoy, aun manteniendo esa utilidad inicial, ha tomado otra funcionalidad en nuestras vidas y en el desarrollo socioeconómico que lo hace muchas veces distorsionador de nuestras relaciones. Tan importante es hoy el dinero que resulta casi imposible concebir un mundo sin la existencia del mismo, tal y como ocurría en los últimos tiempos de la civilización de los airis, quienes se sentían incapaces de imaginar un mundo que no estuviera movido por los AER€OS.

Por otra parte, la sociedad a lo largo de los tiempos, y muy especialmente en los últimos siglos, parece haberle dado creciente protagonismo y los aspectos financieros, convirtiendo el dinero en un fin en sí mismo en la vida de muchos. En lugar de desear cosas concretas, lo que parecemos desear es dinero para hacer con él cosas. Y cuando lo tenemos es también común para muchos seguir deseando dinero como si ninguna cantidad fuera suficiente. La búsqueda de más y más dinero parece que es lo que diera sentido a muchas de nuestras vidas.

Solíamos pensar que el dinero son las monedas y billetes con los que podemos comprar las cosas y los servicios. Es cierto que hoy con la electrónica aplicada a los medios de pago cada vez es más evidente que el dinero es algo más que los objetos materiales con los que normalmente se ha representado, pero seguramente no hemos reparado demasiado en preguntarnos realmente lo que es.

Parece claro que en un origen el dinero era un objeto que representaba una cierta cantidad de riqueza concretada en algún determinado cereal o en otros bienes, y con un peso o volumen definido por unidad. Aunque desde mucho tiempo antes se utilizaban metales preciosos como instrumento de pago, el origen del dinero suele situase en el siglo VII antes de Cristo en la zona que hoy es Turquía, donde se crearon las primeras monedas de oro y plata acuñadas con martillo y marcadas para la identificación por la autoridad que las emitía. Probablemente el propio valor material de las monedas justificaba su aceptación y el reconocimiento de su valor. Con el paso del tiempo se fue acuñando con materiales menos nobles y constituyó una representación de una cantidad de oro u otros metales preciosos, de forma que cualquier unidad de dinero tenía asociada la existencia de cierta cantidad de ese bien precioso en alguna reserva o depósito que alguien custodiaba y del que respondía.

Desde su origen, la utilidad del dinero ha sido enorme por la facilitación que el mismo suponía para el intercambio de bienes y servicios. En lugar de tener que apoyar cualquier intercambio de bienes en el trueque, el dinero se convirtió en un instrumento para intercambiar bienes. De esta forma, el herrador que quería comprar patatas en un mercado no hacía falta que llevara unas herraduras de caballo para intercambiarlas, siendo suficiente el llevar unas monedas que había obtenido cuando unos días antes había herrado unos caballos. Sin duda la utilidad era enorme para la creación y el funcionamiento de los mercados de bienes o servicios.

El dinero entonces se apoyaba sobre dos pilares o realidades: por una parte, la confianza, y por otro lado una relación real (patrón) de cada unidad de moneda con un bien apreciado (cereal, sal, oro...).

La confianza fue siempre fundamental, pues para que el dinero pudiera cumplir su función quien lo recibía en pago de algo era necesario que conociera la moneda y se fiara de ella. Esto quiere decir que debía (i) creer que detrás de esa moneda había asociados unos bienes reales que podría obtener en canje de su moneda, (ii) confiar que no era falsa, y (iii) estimar que era útil porque otros comerciantes aceptarían la moneda cuando él quisiera comprarles productos.

Sin duda este resumen del nacimiento y la evolución del dinero es deliberadamente simple para que la complejidad no nos lleve a perder la comprensión de lo que realmente es el dinero, su esencia y el sentido que hay detrás de él. Y con la misma simplicidad podemos decir que con el paso del tiempo el dinero basado en un patrón o contrapartida pasó a convertirse en dinero puramente fiduciario, cuya primera existencia podría atribuirse a China hace ya diez siglos, siendo esta forma de dinero desvinculada del patrón oro (o de cualquier otro patrón como contrapartida) la que actualmente conocemos y que en la época moderna se consolidó con el abandono del patrón oro por las principales monedas del mundo en la segunda mitad del siglo XX. La novedad es que el valor del dinero no se fundamenta en la posibilidad de ser canjeado por unos bienes que constituyen su contrapartida, sino exclusivamente en la confianza. Si antes el dinero tenía dos cimientos, una contrapartida y la confianza, el dinero financiero solo tiene la confianza como cimiento. Y hoy, de alguna manera podríamos decir que es una confianza en el sistema, si bien pueden ser fuerzas dentro del propio sistema las que pueden poner en entredicho su validez o sustitución. ¿No hay algo de eso en el éxito de las criptomonedas?

Mirando por tanto el dinero con perspectiva, y más allá de su funcionamiento como medio útil y operativo para hacer pagos, podemos observar que hoy el dinero se basa solo en la confianza. Básicamente en la confianza de que el que uno recibe va a seguir valiendo para poder después comprar cosas con él. Es decir, que el dinero que yo acepto para cobrar el precio de algo que vendo será aceptado por quien me venda a mí algo en el futuro. Esto hace que cualquier moneda en la que la gente confíe, que sirve y servirá para comprar bienes, se constituye en una forma de dinero, como ocurre por ejemplo con los vales o tarjetas-dinero de El Corte Inglés. En definitiva, una autoridad confiable pone el compromiso o la confianza para que los usuarios sepan y crean que ese dinero se podrá utilizar y sea aceptado en un determinado ámbito: un continente, como el euro en Europa; un país como la libra en el Reino Unido; o simplemente una cadena de grandes almacenes, como los vales-tarjetas de El Corte Inglés.

Analicemos un poco la confianza que el dinero actual o fiduciario requiere:

- Como en el antiguo dinero, se precisa la confianza de que el emisor es serio y responderá (aunque no sepamos bien lo que ello significa). Es la confianza en el emisor.

- Que el que lo acepta en pago de algo tenga confianza en que las personas a quienes les quiera comprar bienes o servicios en el futuro aceptarán también ese dinero. Es la confianza en su general aceptación por el mercado.

- Un cierto nivel de confianza en que su valor no se devaluará, lo que no era preciso con el dinero antiguo, al tener asociada una contrapartida de algún bien o metal. Es la confianza en el mantenimiento de su valor, que sin duda está altamente vinculada a los dos otros ámbitos de confianza.

Para comprender mejor los comportamientos y dinámicas de nuestro mundo es necesario entender la sofisticación de las cuestiones asociadas al dinero de hoy, es decir al fiduciario emitido por bancos centrales o emisores. Y son precisamente los vidriosos aspectos relacionados con la confianza en el emisor y con la confianza en el mantenimiento de su valor variables que se encuentran muy relacionadas entre sí.

¿En qué consiste la confianza en el emisor? ¿En qué debe manifestarse? Dar respuesta a estas preguntas exigiría escribir muchos tratados al respecto, y no es esa mi pretensión pues además no sabría hacerlo. Sin embargo, es importante entender que detrás de la confianza es imprescindible que exista la creencia generalizada de que el emisor y el entramado de instituciones de gobierno de la jurisdicción del mismo van a hacer acertadamente todo lo necesario para que el dinero emitido siga teniendo valor y siga siendo utilizable en los mercados de interés para sus usuarios, a la vez que se va a mantener como convertible en otras divisas. Esto exige una adecuada gestión coordinada de:

- Los aspectos presupuestarios de la jurisdicción que comparta moneda para evitar un exceso de gasto público. El gasto público crea movimiento económico, empleo, y supuestamente ayuda a distribuir la riqueza existente, pero tiene el peligro de generar una deuda creciente que indirectamente es deuda de todos los contribuyentes de la jurisdicción.

- El nivel de déficit relacionado con la gestión presupuestaria, pues un elevado déficit acaba llevando a una desproporción entre lo que el país o jurisdicción genera como ingresos y las obligaciones de pago de sus gastos corrientes y de devolución del principal y pago de intereses de la deuda contraída. Si un país incrementa mucho su déficit llegará un día en que solamente generando más deuda podrá seguir atendiendo el pago de sus compromisos, lo que exigirá aceptar cada vez mayores tipos de interés (prima de riesgo) hasta llegar a una situación insostenible en la que los mercados financieros se negarán a dar mayores préstamos o a comprar la deuda pública emitida por el país o jurisdicción financiera en cuestión. Haciendo un símil, el exceso de déficit sería como el que teniendo un salario anual de 100.000 euros gastara 150.000 euros cada año. Para sostener ese nivel de vida a lo largo del tiempo le resultará necesario (si no cuenta con ahorros) obtener permanentemente préstamos para financiar su exceso de gasto. El exceso de gasto se irá acumulando en más y más deuda, que generará a su vez mayores tipos de interés y mayor pago de intereses por los préstamos, y ello hasta que la situación se haga insostenible al llegar a unos niveles de endeudamiento tales que ningún financiador le quiera dar préstamos. Esto mismo es lo que pasa en un país que se excede continuadamente en el gasto, y de alguna manera es lo que los países austeros como Alemania les reprochan a otros más gastones como España.

- La cantidad de dinero que se emite y la liquidez que se libera al mercado, pues ello puede incentivar o desincentivar los niveles de inversión y actividad económica, pero a su vez está íntimamente relacionado con el mantenimiento del valor de la moneda en lo que se refiere al poder adquisitivo de cada unidad de moneda, o lo que es lo mismo, con la inflación. Simplificando mucho con un símil podríamos decir que si en un país en el año uno hubiera un único bien que fuera un tomate y un único euro, el tomate valdría un euro. Si el año siguiente el banco emisor emite otro euro, pero no se ha incrementado el número de tomates, el único tomate existente pasaría a tener un valor de 2 euros. Siempre que las cuestiones financieras funcionaran con base en la racionalidad, debería ocurrir algo muy parecido en los países, aunque es algo mucho más difícil de observar en el corto plazo. No obstante, la realidad demuestra que en gran medida esto no ocurre y aunque los supuestos expertos busquen y ofrezcan explicaciones, en mi opinión nadie sabe muy bien por qué.

- La política fiscal del país, pues el nivel de impuestos y la incentivación fiscal de unas u otras inversiones condicionarán significativamente la creación de riqueza, la atracción de inversores, y en definitiva el valor y la aceptación de una moneda.

Si he incluido estas reflexiones no es porque tengan especial valor en el plano de la macroeconomía. Sin embargo, es importante observar de forma simple estos fenómenos para entender cómo, de todo el juego que los países o emisores hacen de estas variables, se derivan unos efectos muy significativos que condicionan el nivel de riqueza real del país y su distribución o reparto entre sus habitantes. Y son los mercados financieros a través de los agentes, bancos, empresas e inversores que intervienen en ellos los que juegan un papel importante para la creación de una especie de reglas de Monopoly o casino a través de las cuales se acaba repartiendo la riqueza real que se crea en los ámbitos de la llamada economía real, que es la única riqueza verdaderamente disfrutable de manera directa. Frente a esta economía real la economía financiera es un juego de apuestas para ver cómo se reparte la riqueza disfrutable o verdaderamente generada.

Sin duda hoy las grandes magnitudes de riqueza se ganan y se pierden en los mercados financieros. Estos constituyen a su vez un incentivo o desincentivo para la puesta en marcha de actividades productivas de bienes y servicios reales y de consumo, pues los mercados financieros premian y castigan unas u otras iniciativas y actuaciones. Es imprescindible por ello tener una mínima comprensión de estos aspectos macroeconómicos para entender los fenómenos y la deriva en la que nuestro sistema se encuentra. Especialmente cuando sabemos que las reglas de esos mercados financieros de apuestas las pueden cambiar las autoridades y países emisores con unas u otras políticas presupuestarias, fiscales y de liquidez.

¿Son justos los desplazamientos de riqueza real de unos a otros que se generan con esas políticas y sus cambios? ¿Estará la sociedad con este funcionamiento promoviendo todo tipo de prácticas para arrimarse al poder que decide las políticas y sus cambios? ¿Es sana una sociedad que genera con tanta rapidez ganadores y perdedores en lugar de propiciar carreras más estables y sólidas? ¿Será a la larga pacíficamente sostenible una sociedad que a quienes más premia es a los que juegan bien en esos Monopolys o mercados de apuestas y en sus entornos succionando la riqueza que otros generan con sus inventos, creatividad o con su trabajo? Son preguntas que no tienen una sola respuesta pero que nos deben hacer pensar, como haremos en las siguientes páginas, pues la reflexión nos ayudará a entender a quienes sienten una gran injusticia respecto a todo ello.

¿Qué funciones juega hoy el dinero?

Creemos que el dinero es simplemente un instrumento o herramienta para facilitar el intercambio de bienes y servicios, pero sin duda su rol en nuestras vidas excede con mucho esa función. Tan es así que, en gran medida, para muchos se ha convertido más en un fin que en un medio. ¿Cuánta gente hay que teniendo mucho dinero para vivir varias vidas continúa dedicada a ganar más? Sin duda el dinero representa muchas cosas que marcan enormemente nuestro funcionamiento y el de nuestras relaciones. Resumamos por ello una serie de funciones que el dinero cumple en nuestra sociedad y en las que muchas veces no hemos reparado:

- Instrumento para el intercambio: es claro y no requiere ninguna explicación.

- Unidad de medida: además de usarse en el intercambio lo utilizamos para poner precio a las cosas en el cruce de la oferta y demanda de bienes. Nos sirve también para poner y medir el valor de las cosas y poder hacer cálculos que tengan que ver con operaciones económicas, comenzando por la contabilidad, cuyo lenguaje está basado en las unidades de moneda.

- Depósito o hucha de valor: cualquiera cree o piensa que acumular dinero es acumular valor o riqueza, aunque se trata de una creencia basada en la confianza en que la gente va a seguir reconociendo nuestra moneda o forma de dinero como medio de pago y que la responsabilidad del banco o país se va a ejercer de tal manera que se conseguirá mantener el valor de la moneda y su aceptación. Por tanto, es una hucha de probable valor, mayor o menor, en función de cómo se desarrollen las cosas por parte del emisor y por los otros emisores que juegan en distintas jurisdicciones.

- Función motivadora: en la sociedad en que vivimos motivamos a la gente ofreciéndole dinero. Compramos los servicios y la voluntad o compañía de las personas. Reclutamos trabajadores haciéndoles buenas ofertas económicas, otorgamos premios de contenido económico e incluso cuando el premio no es dinero sino algún bien, los anuncios suelen incluir la leyenda «valorado en... euros» .

- Instrumento de castigo o coerción: el dinero es también usado como vía de castigo para quien no se comporta como debe. Al niño se le deja sin paga cuando no es bueno, al empleado se le quita el bonus cuando no cumple y en las negociaciones la negativa a pagar algo que se debe, aunque no esté en discusión, constituye una forma muy utilizada de forzar el acuerdo.

- Instrumento de redención: el dinero nos sirve para compensar nuestras faltas pagando simplemente las penas por nuestras faltas. De hecho, nuestro sistema legal penaliza las malas conductas con multas económicas, como las de tráfico, e incluso las asociadas a la comisión de algunos delitos.

- Mecanismo para la autodisciplina y el compromiso: ¿cuántas personas se apuntan a una clase de gimnasia o a un curso para dejar de fumar o adelgazar pagando una cantidad de dinero como vía para conseguirlo? Parece que el dinero nos importa tanto que damos más valor al coste económico que al logro de dejar de fumar, hacer ejercicio o adelgazar.

- Mecanismo de compensación de todo tipo de daños, incluidos los llamados daños morales, ataques a la intimidad...

- Fuente de poder: es claro que el dinero otorga poder y capacidad de comprar el tiempo, la voluntad y los favores de las personas. Una palabra o consejo dado por un rico parece que tiene mayor influencia que lo mismo dicho por quien no tiene dinero. Parece que la sociedad atribuye a los ricos, por serlo, una especie de mayor inteligencia o criterio en las opiniones.

- Fuente de atractivo y reconocimiento social: es fácilmente apreciable que incluso los más sosos y aburridos, cuando son ricos tienen siempre alrededor personas que les ríen las gracias.

- Factor de éxito: me atrevo a decir que la forma más extendida de reconocer el éxito en nuestra sociedad es mediante el dinero. Quien ha ganado mucho dinero suele ser considerado una persona exitosa, mientras que otros que han hecho grandes obras, logros, inventos... pero sin generación de ingresos pueden considerarse unos pobrecillos, sin gozar del justo reconocimiento y ensalzamiento social.

- Factor de seguridad psicológica: de alguna forma, psicológicamente solemos asociar la acumulación de dinero a nuestra futura seguridad. Es cierto que esta dinámica se convierte muchas veces en perversa pues, cuanto más dinero acumulamos mayor es la cantidad que necesitamos para poder sentirnos seguros. ¿Cuántas personas conocemos que tienen dinero acumulado para cinco vidas y sin embargo sienten la necesidad de acumular más para sentirse seguros?

- Función liberadora de la ansiedad: pegarse lujos medidos en dinero y comprar por comprar es una forma liberadora para muchos para aquietar agitaciones mentales o para sentirse alguien durante un rato. Parece que gastando dinero unos se desahogan, otros se sienten dueños de sus circunstancias decidiendo que «hoy me compro esto o aquello, me doy este lujo o sencillamente gasto lo que sea» . A veces incluso parece que salir y gastar es como una medicina temporal para el abatimiento personal o la depresión.

- Objetivo vital: para muchos, ganar más y más dinero se convierte en un objetivo vital. Ello puede comprenderse a la vista de las variadas funciones y el poder que acabamos de ver que proporciona el dinero, además de la independencia y autonomía que un buen uso de él puede procurarnos. Lo que resulta llamativo es que todas esas cosas buenas se busquen perdiendo la consciencia de que muchas veces la vía del dinero como objetivo vital se convierte en una esclavitud de la que resulta muy difícil salir y nos aleja de buscar la verdadera felicidad por otros medios.

- El dinero como estupefaciente social: el consuelo y la confianza que los creyentes encontramos en Dios muchos parecen buscarlo en el dinero, si bien con gran frustración pues, como ocurre con las drogas y los estupefacientes, el arreglo de nuestros temores y desasosiegos con ellos no lleva sino a una espiral de creciente e insana dependencia causante de una gran infelicidad.

Sin duda el dinero en un maravilloso instrumento que ha contribuido a lo largo de la historia a la creación de gran cantidad de riqueza como instrumento facilitador de los intercambios mercantiles. Pero hoy, de forma muy extendida en nuestra sociedad, parece que es en el dinero donde escondemos y aparcamos todas nuestros deseos de felicidad, inquietudes, miedos, objetivos y frustraciones. De una u otra forma, y cada uno en su nivel, de modo muy extendido el dinero hoy en nuestra agresiva sociedad de consumo nos tiene excesivamente sometidos o secuestrados. Cuanto más tenemos más tenemos que conservar y más parecemos necesitar.

El dinero es por tanto mucho más relevante en nuestra vidas de lo que pensamos, si bien no tanto por su valor instrumental sino por la sacralización que de él hacemos. Sin la referencia del dinero parece que no sabemos vivir y nuestra relación con él encierra misterios difícilmente explicables con la razón, pero que son muestra de esa sacralización. Baste como botón de muestra un hecho que ha sido objeto de estudio en relación con las pequeñas apropiaciones indebidas en las empresas: la gente en general considera de menor gravedad coger para llevarse a su casa de la empresa donde trabaja un paquete folios (de cuatro euros de valor) que coger tres euros en metálico para el autobús. Tan es así que, en general, cuando alguien coge tres euros suele dejar una nota de que los ha cogido para devolverlos, pero pocos la dejan con ánimo de retornar el paquete de folios. ¿Es que los cuatro euros del paquete de folios son menos valiosos que los tres euros en monedas? Son muchos los sesgos de este tipo en nuestra racionalidad estudiados por la llamada economía conductual o del comportamiento, muchos de los cuales se concretan en absurdas relaciones con el dinero.

Una mala relación con el dinero como las que abundan en la sociedad nubla la visión de la realidad y nos priva del teórico beneficio de tener excedentes de dinero. Ocurre muchas veces por ello que una negativa a despegarnos del dinero, a pagar a alguien cantidades que son irrelevantes para nuestra economía y que quizás sean merecidas nos llevan a fuertes y absurdos enconamientos y conflictos, que sin duda afectan gravemente a nuestras relaciones, nuestro bienestar y sosiego emocional, a pesar de que nos cueste admitirlo. Tan es así que me gusta reiterar que tanto el dinero como la razón (como capacidad de razonar), que debieran estar siempre al servicio de nuestra felicidad, a menudo se convierten en los mayores destructores de nuestra paz. Nuestros apegos al dinero y a tener razón, muy relacionados con nuestros miedos y orgullos, nos privan absurdamente del uso inteligente y a nuestro servicio de nuestro dinero o nuestra razón. Como observadores seguro que todos hemos podido contemplar situaciones de personas que siendo muy ricas deterioran seriamente su relación con su excónyuge e hijos por no ofrecer una pensión más generosa, cuyo pago resulta irrelevante mirado con perspectiva, causándoles con ello un verdadero sufrimiento durante muchos años. Y me atrevo a decir que casi todos, en alguna medida y cada uno en nuestro nivel, tenemos el riesgo de caer en esta patológica relación con el dinero por ser este el representante de nuestro ego.

¿Puede alguien imaginarse a una persona con una caja de herramientas utilizando la misma para darse martillazos en la cabeza y clavarse el destornillador en la tripa? No es fácil de concebir. Pero con el dinero vemos muchas veces como, en lugar de que nos sirva y utilizarlo en nuestro beneficio, nos ciega y limita haciendo un uso de él muy contrario a nuestros verdaderos intereses y preferencias. De hecho, tener dinero es una fuente de riesgo en muchas relaciones o ruptura de relaciones y causante de mucho sufrimiento del que no somos capaces de liberarnos haciendo un uso inteligente del mismo mediante la renuncia a una parte de él. Por nuestro apego al dinero pasamos de ser usuarios del mismo a esclavos a su servicio.

Crecimiento y productividad

Como algo muy vinculado a las últimas reflexiones me gustaría convertirme en observador de las dinámicas y fenómenos que se dan en nuestra sociedad precisamente por lo que considero una degenerada actitud social en torno al dinero, las finanzas, la economía y la relajación de principios que se practica y tolera al servicio del crecimiento empresarial, financiero o del PIB. La sobre-financiarización de nuestro mundo nos hace perder la perspectiva de lo que ocurre, asimilando excesivamente el concepto de bienestar a un mayor nivel de riqueza, limitando esta a la riqueza material y muy basada en sistemas de medición financieros. Se trata de un fenómeno que recuerda mucho a la degeneración del sistema que sufrieron los airis al final de su era, provocado precisamente por su idolatría a los AER€OS a pesar de haberse convertido ya en un mundo excedentario en aire respirable.

Vivimos en una sociedad que, según manifiestan categóricamente los líderes financieros, empresariales y políticos, necesita crecimiento económico. Parece un hecho que, con los principios y paradigmas de funcionamiento socio-económico actuales, la falta de crecimiento provoca problemas de presupuesto, incremento del paro, mayor nivel de pobreza, y en general insatisfacción y conflicto social. Personalmente comparto esas opiniones de los expertos en tanto en cuanto permanezcamos anclados en obsoletos paradigmas que equiparan el bienestar humano al nivel de riqueza material. Sin embargo, lo que sí cuestiono es que esos paradigmas sigan siendo los adecuados para sostener el sistema socioeconómico de nuestro tiempo. Como veremos, son ya muchas las declaraciones de grandes líderes con gran credibilidad en el mundo empresarial que muestran una necesidad de evolución de nuestros rancios paradigmas y marcos mentales.

Considerando la preeminencia de ese crecimiento económico en la sociedad como solución aparente para casi todo, hoy parecemos girar en torno a la consecución del mismo. Todo (o casi todo) se mueve con el lenguaje del dinero, y las empresas para sobrevivir en este contexto necesitan apoyarse en tres principales palancas que se encuentran interrelacionadas y cuyo funcionamiento es determinante de nuestro funcionamiento social: la productividad, el arte de vender y la creación de nuevas necesidades. Sin duda ellas están hoy moviendo el mundo y son responsables de muchas de las cosas que nos cuesta entender.

La productividad

A veces con ironía digo que parece que la productividad es el valor supremo de Occidente por encima de cualquier otro. Existe una productividad sana y encomiable que se basa en la aplicación de la inteligencia y el conocimiento a los procesos para mejorar la calidad, el coste y el tiempo de producción. En un mundo que necesita vender más y más, una vía es la de conseguir vender más barato. Abaratando precios más personas podrán comprar más veces cualquier producto o servicio, facilitando el incremento de ventas conforme a la ley de la oferta y la demanda, si bien con los límites propios de la saturación. Pero como ocurre con todas las cosas, la productividad tiene efectos paralelos o colaterales que la sociedad como conjunto debe tratar de observar para evitar caminar y progresar de una forma que a largo plazo sea nociva.

Hoy en día la exigencia de productividad es enorme y resulta muy difícil, si no imposible, para cualquier empresa sobrevivir si sus ritmos de mejora de la misma no son suficientemente altos. La productividad se consigue en su mayor parte mediante la automatización de los procesos y la instalación de maquinaria y equipos electrónicos que sustituyen al ser humano. Pocas dudas hay de que la capacidad de procesar datos o de ejecutar tareas repetitivas es muy superior en la máquina que en el hombre. Además, las máquinas nunca se quejan. El hombre no puede competir con la máquina ni con la electrónica. Por ello, en las últimas décadas la búsqueda de productividad ha provocado y sigue provocando la eliminación de puestos de trabajo o su conversión en trabajos de muy poca calidad, como los repartidores del comercio *online* o *riders*. Ante el excedente de mano de obra educada y formada que ello genera se produce también en quienes sí consiguen sus trabajos una tendencia marcada a la congelación de salarios en niveles prácticamente de becario durante muchos años. Las empresas se defienden diciendo que no les queda más remedio que hacerlo para poder sobrevivir ante la dura competencia y los escasos márgenes que no permiten incrementar los costes salariales. Y con ello, por primera vez en la historia de la humanidad, la maquinaria socioeconómica ha pasado de ser creadora de clases medias a trasferir a más y más gente de la clase media a las clases bajas. Y si no corregimos esto el fenómeno acabará siendo insostenible con cuatro gatos sentados en los sillones de las élites y el resto del rebaño degradado a vivir de la subvención social o de míseros salarios.

Puede discutirse si los empleos finalmente podrán ser sustituidos por nuevos empleos que sean más humanos y de mejor calidad, y ojalá sea sí. Pero ello solo ocurrirá en la medida en que se quiera otorgar mayor valor a aspectos no utilitaristas de los trabajos reduciendo significativamente la supremacía del valor productividad. Pero esto exigiría un cambio o evolución de nuestros paradigmas en el ámbito socioeconómico, pues los clásicos se están quedando obsoletos. Aunque algunos quieran permanecer anclados en visiones tradicionales, la realidad es que para la producción y la generación de los bienes y servicios verdaderamente disfrutables por el ser humano hoy ya no somos necesarios todos los seres humanos ni muchísimo menos. Desde un punto de vista utilitarista, como el que hoy impera, las máquinas y los ordenadores son mucho más eficaces que los humanos, y por supuesto más baratos y además no se quejan. Por ello es posible que la riqueza continúe incrementándose con una mayor mecanización, y que de alguna manera todos podamos aumentar nuestro nivel absoluto de riqueza disponible, si bien en un entorno psicológico social vivido o sentido como de caída y pérdida de relevancia, falta de trabajo, etc. Lo último que he visto en la dinámica de sustituir personas por máquinas es la experimentación con perros-robot con sus cuatro patas para hacer la función de perros pastores como los perros de verdad. ¿Puede alguien imaginarse al pastor silbando al perro-robot para que se acerque a él y poder acariciarlo? Cuesta hacerlo, pero todo llegará si seguimos por la senda de priorizar la productividad por encima de todo. Y que se anden con ojo los propios pastores, pues entre perros-robot y drones seguro que acabarán perdiendo su medio de vida. Seguro que perderán su empleo para la generación de más riqueza nacional aunque no sé si ello será consuelo para el pastor que pase a estar en paro.

¿Vale la pena una sociedad en la que hay mucha riqueza pero con muchas personas sin tener algo que hacer que les dé sentido? ¿Queremos tener mayor PIB, pero con una gran parte de la población sintiéndose pobre por las desigualdades y la falta de actividad digna? ¿O quizá sea mejor ser un poco menos ricos, pero que la inmensa mayoría de personas viva con la sensación y la satisfacción de sentirse relevantes en la sociedad y de disfrutar de un buen nivel de vida? ¿Es mejor ser rico o sentirse rico?

Como ahora estamos simplemente observando lo que ocurre en nuestra sociedad quedémonos con la contundente afirmación de que la búsqueda de productividad está provocando una reducción de empleos, y especialmente de los generadores o sostenedores de clase media.

La mejora del arte de vender

Informar de lo que es un producto para facilitar su conocimiento a un potencial cliente es sin duda una buena práctica. Pero todos sabemos que las artes de venta no se quedan ahí, sino que buscan su efectividad conectando o despertando deseos en los potenciales compradores mediante la mención de los rasgos atractivos de los productos omitiendo los aspectos que no lo son tanto. Todos sabemos que la publicidad y las promesas que las empresas hacen al ofrecer sus productos son poco de fiar, pero a pesar de ello los empresarios saben que la publicidad buena resulta efectiva.

Las artes comerciales consiguen también incrementar significativamente las ventas, aunque es sabido que a menudo no existe gran lealtad del vendedor respecto a los intereses de su cliente.

Hay muchísimo engaño, de mayor o menor grado, detrás de la publicidad o de muchas prácticas de venta, aunque quizá más que de engaño deberíamos hablar de deslealtad, entendiendo esta como la aplicación de una clara subordinación de los intereses del cliente a los del vendedor. El vendedor actúa a menudo como si fuera un asesor fiable del potencial comprador, pero en realidad lo que busca es su propio beneficio con clara preeminencia sobre el del comprador. Se trata no obstante de una deslealtad que ya no consideramos criticable o reprochable porque se ha convertido en una parte de nuestra práctica empresarial hasta el punto de que cada vez más en los últimos tiempos parece que el que no la practica no sobrevive en un mundo de agresivos competidores. Eso sí, siempre debe hacerse con la máxima elegancia e hipocresía para evitar el reproche social y el consiguiente daño reputacional, que hoy constituye casi el único freno.

Aunque el engaño siempre ha existido, hemos llegado a asimilar con normalidad (aunque particularmente no es mi caso) que para vender algo podemos dejar de ser nobles con el comprador. Parece que podemos anteponer nuestros intereses a los de aquel a quien se supone que le estamos informando o asesorando. Y esto, con independencia del rechazo moral que pueda producir a una parte de la población, lo que es indudable es que contribuye a normalizar el engaño en todos los ámbitos que se encuentran relacionados con la vida empresarial, profesional o laboral. ¿No es esto lo que desde un principio denunciaron los lagunos sabios ante el nacimiento de la publicidad en nuestra fábula de los habitantes de la Gran Laguna?

La creciente importancia de vender hace que cada vez se hagan más importantes las capacidades comerciales que las de producción. Hoy es más importante saber vender un producto que producirlo. Y desde luego me atrevo a afirmar que en gran medida existe un fenómeno extendido por el cual gana más dinero quien vende un producto que quien lo produce. Dicho de otra forma, en muchos ámbitos de nuestro entorno socioeconómico quien tiene el cliente es el rey y el que produce es un obrero fácilmente sustituible cuando no se pliega a las condiciones. Y sin duda hoy, el que vive de la labia tiene más éxito que el que sabe producir.

Está búsqueda tan agresiva de la venta es también la causante en enorme medida de los extendidos fenómenos del mundo de Internet por los que se nos tiene permanentemente sometidos a la interacción de una u otra forma de publicidad u oferta comercial. En ese contexto, el conocimiento de nuestras preferencias y prácticas se ha convertido en crucial para poder ofrecer a cada uno aquello que el algoritmo sabe que los tentará. Y ello provoca la creciente y agresiva invasión de nuestra privacidad que padecemos y la lucha de los operadores de Internet para captar nuestra atención por la vía que sea para generar tráfico y poder venderlo. Para muchos, atrapados en el enganche de Internet, resulta ya casi imposible desprenderse un minuto del móvil, el mejor espacio hoy para realizar ofertas publicitarias.

Es de nuevo esa necesidad de vender más y más lo que provoca muchos de los males que sufrimos sin saber bien cómo controlarlos. ¿No es también eso lo que ocurrió con la «Malla» y las llamadas ballenas en el mundo de los lagunos?

La creación de nuevas necesidades

Otra palanca clara de incremento de las ventas es la creación de nuevas necesidades. La sociedad en general, al encontrarse sometida a la necesidad de crecer económicamente, no tiene más remedio que crear más y más necesidades. Se trata muchas veces de necesidades derivadas de la implantación de nuevos inventos y artefactos de los que con el paso del tiempo resulta imposible prescindir. Basta con ver la necesidad hoy de tener un teléfono, un ordenador, wifi y muchísimas más cosas. Se trata en muchos casos de cosas que nos hacen más productivos y eficaces, y que supuestamente (como la publicidad se encarga de resaltar) nos liberarán tiempo para el ocio o para hacernos más competitivos en nuestras empresas o profesiones. La necesaria búsqueda de mayor productividad, junto con la presión de crecimiento de las empresas, hace que la implantación de los nuevos productos tecnológicos o de innovación por las empresas ocurra con enorme rapidez y su uso se generalice en muy poco tiempo. Las prometidas ventajas competitivas quedan anuladas de forma casi inmediata convirtiendo las promesas de diferenciación en una esclavizante necesidad de permanente adaptación para evitar quedar fuera de juego.

En el campo social y de los consumidores el fenómeno comparte similitudes. Las promesas de diferenciación de los vendedores ofreciendo exclusividad y distinción para llenar la búsqueda de estatus caen muy pronto en la categoría de lo vulgar o muy extendido. El fenómeno de «la novedad de ayer ya no marca diferencia hoy» se produce cada vez a mayor velocidad sin que nos podamos liberar de seguir el ritmo de consumo de lo nuevo aun cuando no nos guste realmente. Los trabajadores se convierten en cuasi robots que ya no piensan, pues aplican protocolos y metodologías para la eficacia productiva. Es un mundo de especialistas en cambiantes disciplinas de conocimiento y práctica que quedan rápidamente obsoletas para ser sustituidas por lo siguiente. O nos adaptamos a estar incorporando nuevos productos, servicios, aplicaciones, formación profesional, etc. a nuestras vidas o pronto quedaremos excluidos, lo que a la mayoría de las personas les produce gran temor.

Las nuevas necesidades no solo se consiguen implantar mediante la incorporación de nuevos productos o servicios tecnológicos. Recordemos lo expuesto sobre el paso de vivir preocupados por las necesidades biológicas a hacerlo con el foco en la satisfacción de las llamadas necesidades sociales (estatus, seguridad, autonomía, sentido de pertenencia, necesidad de novedades...). El temor a no satisfacer esas necesidades nos provoca internamente un fenómeno de miedo o ansiedad similar al que puede provocar la amenaza de nuestras necesidades biológicas. Los mecanismos cerebrales y las respuestas que se activan son comunes para todo tipo de necesidades, y ante la tranquilidad de sentir que de hambre no nos moriremos, el miedo a no estar a la altura, a no ser nadie, a ser excluidos, a perder estatus etc. se convierte en el protagonista de nuestras angustias.

Por ello, al tratar de entender la importancia de esta palanca debemos considerar tanto las necesidades nuevas creadas por operatividad (teléfonos u ordenadores), como aquellas que se crean en gran medida con la publicidad y la comunicación de las empresas relacionadas con el estatus social. Y todo ello complementado y alimentado con el altavoz de los medios de comunicación y las redes sociales, que contribuyen a dar gran importancia a nuestra imagen y fachada y a aupar a quienes consiguen hacerse atractivos. Necesitamos más y más estar a la altura y no perdernos nada, lo que nos lleva a ritmos de vida acelerados e imparables con gran presencia del síndrome del FOM (o *Fear of Missing* en inglés) como diagnóstico psicológico o psiquiátrico cada vez más extendido.

Como hemos hechos en los apartados anteriores, aparquemos el juicio o la simpatía respecto de estas prácticas y observémoslas únicamente como fenómenos característicos de nuestro tiempo, lo que ayuda, junto con la observación de otros fenómenos que estamos viendo, a tener una mejor comprensión de nuestra compleja sociedad como sistema de interacciones humanas individuales y grupales.

Como resumen, me pregunto si será que muchos sobramos como trabajadores pero seguimos siendo imprescindibles como consumidores. Esta sociedad, con un motor económico basado en el crecimiento y la búsqueda de rentabilidad financiera, con el dinero como factor principal de motivación y como camino indirecto para la consecución de nuestros fines, provoca necesariamente varios fenómenos:

1. La eliminación creciente de personas (formadas y educadas) con trabajos de clase media por la de o su conversión en trabajos de muy baja calidad y salario. Esto

provoca más y más insatisfechos, y las frustraciones propias de quien reduce su relevancia social al caer de nivel profesional o quedar excluido. Supone a su vez un factor importante de agitación si se tiene en cuenta que la sumisión que hasta hace pocas decenas de años se daba en los asalariados que tragaban con todo ya no se produce, pues el alimento podemos decir que está asegurado con independencia de la dignidad o indignidad (caridad, albergues...) de los cauces para conseguirlo. Ello genera, como veremos, un ejército de más y más personas buscándose la vida a través de vías, que lejos de contribuir al bienestar de la sociedad, lo que hacen es crear cargas, ruido, confusión, rozamiento, confrontación, molestia y la necesidad de defendernos de ellos.

2. Una espiral de exigencias crecientes de consumo para no quedar excluidos: si las empresas tienen que vender mucho y de forma creciente, las personas tenemos que comprar también más y más. Y para seguir el ritmo, la sociedad nos obliga (y nos obligamos nosotros mismos como parte de esa sociedad) a ir con la lengua fuera para no perder el ritmo y bajar de nivel para seguir estando en nuestro ambiente social y mantener nuestro estatus. Y los que no pueden seguir el ritmo sienten cada vez mayor frustración y exclusión. Pues si bien antes podíamos vivir satisfechos con alimento, transporte, escuela, ropa y poco más, hoy la lista de necesidades para ser una persona normal es larguísima. La publicidad contribuye enormemente a este fenómeno y la creciente expansión de esta a través de Internet está provocando la híper intromisión en nuestras vidas y una lucha permanente por nuestra atención, que sin duda dificulta una vida sosegada y acelera la degenerativa espiral.

Estas son hoy las consecuencias de poner la riqueza material en el podio de los objetivos de una sociedad como consecuencia de una invasiva presencia de actitudes competitivas, con casi total exclusión de miradas y actitudes más colaborativas en las esferas de poder que permitirían un mejor encaje de las personas y un propósito social.

Las redes sociales y los medios de comunicación luchan encarnizadamente por nuestra atención

La lucha por la atención en nuestra sociedad se ha hecho tremenda y produce un altísimo nivel de invasión de los operadores de Internet en nuestras vidas. Todo vale para conseguir llamar nuestra atención y hacer que miremos el teléfono una y mil veces para ver qué noticia, *meme* o gracia nos ha llegado. Cabe para ello explotar la simple curiosidad y el miedo a perderse algo, generar la necesidad de estar informado de algo para no descolgarse del grupo, sembrar odio y repulsa, para producir adhesiones frente a los contrarios, explotar sistemas de alarmas y avisos... En fin, todo tipo de prácticas para mantenernos lo más permanentemente conectados y convertirnos en carne de cañón para ser destinatarios de publicidad bajo una u otra forma.

La atención es muy valiosa pues permite hacer negocio vendiendo publicidad para colocar productos y servicios a quien mira su teléfono u ordenador, o a quien estando navegando le salta un anuncio especialísimamente dirigido a él. Se trata además de publicidad absolutamente personalizada y dirigida a quien es el usuario del teléfono, PC o *Tablet*. ¿No es esto lo que ocurría con la «Malla» en la fábula de los lagunos?

De nuevo estamos ante prácticas de invasión de nuestra privacidad, a la vez que de creación de auténticas dependencias o adicciones a estar conectados, provocadas por la necesidad de las empresas de adaptar sus estrategias a todo lo disponible para seguir vendiendo sus productos y servicios en una frenética y eterna carrera para sobrevivir a la dura y agresiva dinámica competitiva. Y lo mismo ocurre en el plano político cuando lo que se busca es eficacia para atrapar votos. Por ello, mientras los valores de eficacia, competitividad y productividad para conseguir nuestros fines o vender más y más estén colocados como valores supremos en nuestra escala de valores en la sociedad, los fenómenos descritos serán incorregibles por más que puedan disimularse y hacerse por vías más sutiles que, si cabe, son más peligrosas. Y de ahí el que la tentación de las grandes compañías tecnológicas por controlar hasta el último resquicio de nuestra privacidad o intimidad sea irrefrenable, con los efectos que ello tiene en nuestras vidas.

Una sociedad financiero-céntrica

El paso de los años o siglos acrecentando los fenómenos que acabo de describir ha ido poco a poco creando un monstruo del que ya no resulta fácil liberarnos. Es el monstruo de la economía financiera que tiene sometidas a la sociedad y a la economía real a sus dictados.

Las actividades tradicionales de financiación son parte de la economía real. Como cualquier otro servicio, participan en esa cadena de actividades para acabar produciendo bienes o servicios disfrutables de verdad. Sería un error negar que las empresas financieras (bancos y similares) han supuesto a lo largo de la historia una enorme contribución para impulsar la creación de riqueza o, lo que es lo mismo, de la economía real. Las posibilidades de financiar apuestas inversoras y el aumento del crédito al consumo sin duda han sido grandes acicates. Las empresas necesitan financiación, como necesitan locales para desarrollar su actividad, materias primas, asesores, etc. El dinero tomado en préstamo, en la medida en que es un recurso más en el mundo empresarial, podríamos situarlo dentro de la economía real.

Pero desde el nacimiento del dinero fiduciario, con la introducción de unas u otras formas de hacer políticas monetarias y fiscales por los emisores y el nacimiento de mercados de productos financieros, se ha ido creando ese monstruo a modo de economía virtual o paralela que constituye hoy el campo de juego donde se reparten el poder y la riqueza. En esencia esta economía, la financiera, es una especie de casino o de Monopoly. Los agentes que en él participan se juegan su dinero en apuestas permanentes, para lo que se nutren de informaciones más o menos privilegiadas e influencias y presiones sobre los reguladores para provocar políticas alineadas con sus apuestas y para recibir autorizaciones para comercializar complejos productos financieros que acaban vendiendo a los ignorantes inversores movidos por su ambición de obtener más y más dinero. La verdadera riqueza no se genera en la economía financiera, pero es la que la reparte y decide quién la disfruta.

Pero resulta que, sin darnos cuenta, ese casino o casa de apuestas ha conquistado los despachos del poder y es el que marca las principales acciones. Al final, hoy todos los que tenemos algún ahorro, de una u otra forma tenemos apuestas hechas en ese casino en forma de inversiones de un tipo u otro. Nuestra seguridad y nuestras capacidades de compra futura las tenemos puestas en él. Como en la ruleta, unos apuestan al blanco o al negro con poco riesgo en el largo plazo, pero otros apuestan a un solo número a la espera de grandes rentabilidades, si bien asumiendo grandes riesgos.

En el desarrollo empresarial como economía real las capacidades más valiosas o clave son las que nos permiten hacer mejor y más eficientemente los productos o servicios, optimizando calidad y coste para los consumidores o destinatarios de los mismos. Sin embargo, en el campo profesional de la economía financiera las claves se centran en acertar con nuestras apuestas, captando información antes que el resto y desarrollando tejidos de relaciones y actividades de influencia o *lobby* para conocer información valiosa sobre el negocio de las empresas e influir, o al menos conocer con prioridad las políticas y medidas que se van a adoptar para así ir cambiando las apuestas. En la economía financiera se compra algo con la esperanza de que luego va a valer más, con independencia de su utilidad real en última instancia para unos u otros ciudadanos. Y se gana dinero porque otro lo pierde, si bien es cierto que en ocasiones esa economía financiera es un estimulante para el desarrollo y la generación de riqueza precisamente por regar con liquidez y tentaciones a los consumidores, que acaban por hacer bola con la deuda que van acumulando y provocan las crisis cuando el agua les llega al cuello. Se producen crisis y burbujas que se crean con la voracidad y la droga del dinero, a las que contribuyen los ciudadanos ordinarios con sus consumos poco medidos o jugando en su dimensión especuladora en el casino de apuestas inversoras. Cierto es que en el camino de creación de las burbujas se producen grandes empujones a la tecnología, el desarrollo de productividad, etc.. por la competencia que generan, lo que sin duda va dejando incrementos de riqueza disfrutable, aunque con el precio del sometimiento a la espiral de creciente velocidad y nivel de necesidades.

Hasta hace nada han sido las personas que explotaban o vivían de los negocios relacionados con la economía financiera en sentido amplio quienes más riqueza eran capaces de acumular. Hoy el mundo de la tecnología les disputa el podio, si bien las grandes cantidades de dinero que se generan en las cuentas corrientes de unos y otros no provienen tanto de la acumulación de dividendos sino de los beneficios obtenidos de las operaciones y apuestas exitosas en el mercado de compraventa de valores y productos financieros de todo tipo.

La comida, la ropa, el transporte, la música, el cine, el mobiliario de nuestras casas y todo lo que se nos pueda ocurrir, que es de una u otra forma disfrutable por el ser humano de forma directa, corresponde a la economía real. Es una economía austera, de pocos márgenes, mucho más humana en sus tejidos internos que la financiera. Las relaciones internas en las empresas industriales o productivas suelen ser de mayor calidad, y en general en ellas la realidad tiene más peso que las apariencias.

Todos buscamos la felicidad y esta se encuentra con una combinación de consecuciones en aspectos materiales y personales, emocionales, espirituales... Pero hoy el protagonismo del dinero es tan importante que, en lugar de perseguir la felicidad de forma directa perseguimos el dinero para que sea este el que nos procure la felicidad, olvidando que, en muchos casos, cuando hemos saltado a la siguiente escala de dinero nuestro objetivo cambia para saltar a la siguiente y rodearnos de quienes están en ese siguiente nivel. Ello ocurre a costa de obviar o postergar el autoconocimiento personal y descuidar la gestión de nuestros ámbitos emocionales, sentimentales, de sentido y espirituales. En definitiva, olvidando la gestión de nuestra felicidad y plenitud mientras nos mantenemos muy ocupados en la búsqueda de dinero como vía para alcanzar una falsa seguridad que supuestamente nos traerá la felicidad.

Tratando de mirar con los menores sesgos la cuestión, podría decirse que nuestra sociedad financiero y dinero céntrica ha contribuido sin duda a la generación de gran cantidad de riqueza y al desarrollo material, pero también ha provocado un gran desenfoque en el camino de buscar la felicidad, la serenidad y la plenitud, y es posiblemente la causante de muchas de las enfermedades de sentido tan crecientes en nuestra sociedad tales como la ansiedad, la depresión, la anorexia o el incremento de suicidios.

La importancia de la trayectoria y la relevancia

Se dice con buen criterio que la felicidad se basa en la gestión de expectativas y en la capacidad de aceptación o gestión de la frustración cuando lo que conseguimos no alcanza lo esperado o bien cuando perdemos lo que considerábamos que íbamos a conservar toda la vida. Se trata de un principio que, tomado en consideración para observar nuestra sociedad, nos revela información muy interesante para comprenderla.

Quien ha vivido siempre rodeado de privilegios y comodidades necesita de esas comodidades y privilegios para mantenerse en una normalidad de ánimo. Perderlos le causará dolor y la añoranza de lo perdido. Podrá acostumbrarse a vivir con muchas cosas perdidas, pero seguro que no se olvidará de los estándares de lo que fue su normalidad, que siempre echará de menos en alguna medida. Tan es así que se repiten los casos de personas que habiendo sido ricas se suicidan al entrar en una crisis económica o quiebra que les impide mantener el nivel mínimo de vida que necesitan por haberse acostumbrado a él. Ello les lleva a tal insatisfacción, dolor o miedo que en algunos casos los empuja incluso a acabar con su propia vida. Y seguramente el nivel material de vida de esas personas, aun en quiebra, sería envidiado por quienes provienen y se mantienen entre las clases más humildes.

Pero no pensemos solo en los niveles de riqueza o dinero que marcan nuestras trayectorias, pues ello es fácilmente visible. Una de las formas de ser privilegiado en la sociedad es tener relevancia, ser alguien dentro de ella, ser escuchado y tenido en cuenta, poder influir. Pues bien, otro de los fenómenos que marcan hoy el devenir de nuestra sociedad y que riega la misma con insatisfacción es la marcada tendencia por la que muchas clases sociales, gremios, ciudades o regiones pierden la relevancia que antes habían tenido. Tan es así que, sociológicamente, fenómenos como el Brexit se explican por los expertos precisamente por la pérdida de relevancia de colectivos o regiones que antes eran y se sentían importantes en el país o en el mundo por tener cierta voz y estar colocados en una posición superior de relevancia de las voces de unos y otros en el panorama de nuestro entorno regional, nacional o mundial.

La insatisfacción que se observa en quien pierde relevancia o baja de nivel solemos explicarla con una supuesta crisis económica o de falta de medios o recursos. Pero no nos damos cuenta de que no es que su riqueza haya caído, sino que es la relevancia lo que ha disminuido. La subida de relevancia de unos por incremento de su poder económico, cultural o de otro tipo lleva irremediablemente a la reducción de la cuota de relevancia de otros. Y eso, cuando nos afecta, no nos gusta nada y nos irrita, pues sentimos que hemos perdido categoría o posición, que ya no estamos a la altura de antes, que ya no nos distinguimos y que ya no se nos hará tanto caso. En definitiva, que hemos perdido relevancia o posición en el contexto mental en el que nos movamos. Entonces se produce insatisfacción, frustración, pérdida de sentido, y no tanto porque nos haya ido mal, sino porque a otros les ha ido mejor y han reducido distancia con nosotros.

Este fenómeno que se produce en cada individuo multiplica su resonancia cuando es compartido por los de un mismo gremio, ciudad o región, provocando grandes voces de insatisfacción social y reacciones que llevan a incrementar la emocionalidad del voto y favorecen los populismos. ¿No habrá también algo de eso en las iras nacionalistas catalanas al ir constatando a lo largo de los años el incremento de autogobierno de las otras regiones y por tanto la dilución de su situación diferencial?

En el plano individual la prudente gestión de nuestra trayectoria controlando la incorporación a nuestras vidas de más y más necesidades de las que luego dependemos resulta clave para prevenir el dolor de la pérdida. Pues perder aquello que conforma nuestra vida normal nos lleva a menudo, no solo a la insatisfacción y frustración, sino también a relajar nuestros valores para la consecución de aquello que consideramos que necesitamos, precisamente por haberse convertido en necesidad. En definitiva, la mala gestión de nuestras trayectorias contribuye de forma muy marcada al «todo vale» que tanto ha arraigado en la sociedad. Y por ello en el plano público y social la atenuación de las alteraciones bruscas en las trayectorias de vida de las personas y los grupos contribuiría a la armonía social.

Nuestro modelo de sociedad, con los pilares sobre los que se apoya, somete nuestras vidas a un exceso de volatilidad respecto a cómo de bien o mal nos va en el campo económico y profesional. Las reglas del Monopoly financiero y de los mercados, junto con la necesidad de permanente y vertiginoso cambio son una máquina de crear ganadores, pero cada vez con más perdedores que deterioran rápidamente su posición y experimentan gran frustración, exclusión, insatisfacción, resentimiento... Hasta hace poco tiempo, las trayectorias prolongadas en el tiempo, sólidas, labrando cada uno su camino, eran el camino habitual y aparentemente saludable para prevenir dolorosos altibajos profesionales y económicos. Hoy estamos muy sujetos a los vaivenes y el azar de los mercados, las finanzas, las corrientes y las modas de forma que dónde estamos cuando pasan las cosas se ha convertido en algo muy relevante y en gran medida dependiente de la fortuna. Trabajar con éxito una trayectoria vital en el campo profesional y económico se hace cada vez más difícil.

¿Cuál es para nuestra sociedad el valor de lo inútil?

Lamentablemente nuestros comportamientos y las fuerzas que mueven la actividad humano-económica tienen en poca consideración lo inútil. Aquello que no produce nada material o servicio ni es objeto de negocio se desecha rápidamente y tiende a ser abandonado. Las cosas sencillas que no son objeto de comercio parecen carecer de valor. Valor y dinero se han unido en muchos casos en un tóxico matrimonio.

Las empresas, aunque lo disimulan, no hacen o no compran nada que no puedan traducir de una u otra forma en búsqueda de rentabilidad. Por eso los consultores, cuando quieren vender algún servicio a las empresas, incluso en el ámbito del bienestar del empleado, siempre han de encontrar el buen argumento que convierta lo ofrecido en rentabilidad. Si no redunda en rentabilidad las empresas no lo quieren, no es vendible. Puede ser rentabilidad directa en forma de salario emocional (más barato que el pecuniario), o instrumento para la retención o captación de talento. Y algo similar ocurre con las inversiones de las que tanto hablan las empresas en los ámbitos encuadrables dentro de la llamada sostenibilidad.

Las cosas bien hechas sin más se valoran poco o nada. Lo que las empresas y la gente compra es lo eficaz, lo que es productivo en el corto plazo. El que trata de pensar se convierte en una molestia en casi todas las esferas del mundo productivo. Lo que se exige es hacer las tareas de forma que produzcan resultado, y ello aunque el juicio se haga con una mirada muy limitada y cortoplacista. Todo está orientado al resultado medible y cortoplacista, si bien es cierto que las presiones sociales y de inversores con mirada hacia adelante están imponiendo cada vez más el incremento de las miradas de largo plazo. Pero hoy por hoy es por imposición, y siempre como exigencia ineludible para la supervivencia de las empresas, es decir, con un tinte o perspectiva utilitarista.

Por otra parte, las maravillosas y tontorronas actividades como las partidas de dominó o de mus van encontrando más difícil su hueco. Parecen ser demasiado poco productivas y su supervivencia se encuentra en entredicho. Son poco productivas o útiles para la maquinaria socioeconómica pues no generan consumo, contribuyen poco a la producción y no necesitan innovación. Pero además son poco productivas o útiles para los jugadores de dominó pues, en una sociedad que vive más para la galería que para vivir de verdad, la experiencia contada de una partida de dominó o de una simple partida de cartas parece poco atractiva. ¿Qué va a contar el pobre jugador de mus cuando salga con sus amigos y estos le cuenten los maravillosos viajes que hacen, las experiencias culinarias con el chef de moda, el masaje de última generación que uno se ha dado, el divertido *paintball*, o la clase de meditación...? Seguramente, mientras le sigan invitando a las cenas tendrá que limitarse a escuchar pues dudo mucho que interesen las anécdotas del dominó en una sociedad en la que se vive mucho para ser un personaje socialmente atractivo y poco para encarnar una vida auténticamente vivida.

¿Cuánto vale ser capaces de contemplar una tarde el fuego de una chimenea? ¿Cuánto vale una buena charleta de amigos o en familia sin más utilidad que la de participar en ella y compartir el rato con los demás? ¿Cuánto nos permitimos hacer cosas que no nos reportan ninguna utilidad? ¿Cuánto nos dejamos llevar para disfrutar de la vida y del espíritu sin más pretensión que el gozo de lo sencillo? ¿Por qué no somos capaces como sociedad de parar un poco y saborear el momento presente sin necesidad de estar secuestrados por el aprovechamiento del tiempo? El sostenimiento de nuestra maquinaria socioeconómica no se lo puede permitir y con su efectivo, sibilino y constante discurso parece que quiere impedírselo a los individuos.

¿Quién no se ha sentido víctima del síndrome del «miedo a perderse algo» o FOM? Nuestra sociedad es una sociedad estresada. Necesita aprovechar el tiempo, aprovechar los recursos, suprimir lo ineficiente, lo que no es productivo. La necesidad de crecimiento económico lleva a inversiones en efectividad productiva y de los procesos, que a la vez requieren de más y más consumos de bienes y servicios vendibles. Y lo que no es efectivo y productivo no tiene cabida.

Y más allá de que nuestro sistema económico no pueda sostenerse si todos nos dedicáramos durante el tiempo libre a jugar a la petanca, la realidad es que somos nosotros los que individualmente no podemos permitírnoslo. Ante el miedo a perder nuestro hueco, a descolgarnos y dejar de ser alguien ¿quién no se ha sentido sometido a la obligación de convertir una parte importante de su ocio en algo útil? ¿Cuánto tiempo tenemos que dedicar de nuestro tiempo, supuestamente libre, a actualizar nuestro ordenador, a renovar alguno de nuestros aparatos electrónicos, a formarnos en algún contenido de utilidad profesional, a adaptar nuestros perfiles en redes sociales y socializar en ellas, a leer artículos o revistas de interés profesional para no sentirnos descolgados? ¿Lo hacemos porque queremos, o más bien porque sentimos que no podemos perder ese tiempo?

En congruencia con todos estos interrogantes podemos constatar el escaso valor que le damos hoy a la sabiduría, al sentido común, a la capacidad de pensar... La sociedad les otorga poco valor pues no parecen tener una utilidad que se pueda observar de forma directa y en resultados medibles. Y mucho menos si lo que queremos son resultados en el corto plazo. Por ello hoy su valor es escaso, si no nulo. ¿Cuánto se valoran la experiencia, el buen criterio, la serenidad y la amabilidad de las personas ya maduras para su incorporación al tejido productivo? Poco o nada, pues resultan más útiles los jóvenes, que tienen una formación más enfocada a tareas concretas de los procesos económicos y resultan más productivos y baratos. Piensan menos y aplican los procedimientos y técnicas vigentes en cada momento para cada funcionalidad. Se parecen cada vez más a robots candidatos a ser sustituidos por robots.

Pensar y actuar mirando más allá del utilitarismo cortoplacista admirando la calidad humana del camino hacia un futuro mejor es algo limitado a héroes o valientes y excepcionales visionarios. Pero la presión de los resultados medibles y a corto plazo impide al mundo empresarial y político actuar conforme a lo que dictarían criterios sabios para nuestra sociedad integrando en ellos valores no utilitaristas que aportarían calidad (no material) y plenitud a nuestras vidas.

De alguna forma hemos perdido la capacidad de apreciar y respetar lo que es importante. Ante ello hoy nacen muchos movimientos, fundaciones o iniciativas dirigidas a despertar conciencia acerca de las cosas que son verdaderamente valiosas para las personas, de lo que es importante. Me viene a la cabeza la fundación Lo Que de Verdad Importa, o la reiterada frase del conferenciante Víctor Küppers que dice que «lo importante es saber lo que es importante». Son sin duda iniciativas o movimientos que buscan ensalzar lo que es importante y luchar contra la inercia materialista en la que la sociedad está instalada. De alguna forma muestran que existen cosas que son valiosas al margen de toda utilidad y que son igualmente accesibles para todos con independencia de la clase o condición social.

Parece que sufrimos una creciente adicción que nos arrastra hacia la siguiente novedad, a hacer cosas para poder contarlas, a necesitar la ropa de moda o el teléfono de última generación (que durará como última generación solamente un par de meses). Esa adicción nos impide ver y apreciar las virtudes de una vida bien vivida sin más, pero desde la paz y el aprecio de lo sencillo, de la compañía de aquellos a los que queremos, de la serenidad, con una velocidad y ritmo adecuados. Si a todo ello le añadimos una actividad encajada en nuestros talentos, dones o preferencias naturales que nos proporcione sentido alcanzaremos posiblemente la vida más gozosa y plena a la que se puede aspirar.

Pero una vida tranquila poca gente se la permite en un contexto social tan utilitarista. Parece que pocos pueden permitirse el lujo de perder el tiempo sin aprovecharlo para algo que dé fruto. Y la presión socio-consumista nos hace creer que ello es tirar o desaprovechar la vida. Y nada es más equivocado, pues lo que verdaderamente nos lleva a desaprovechar la vida es nuestro afán de escondernos de nosotros mismos y, desde el personaje social que nos hemos creado, huir de ella buscando ser más y más, y queriendo hacer más y más cosas para acumular experiencias a la lista o currículum socio vital como si con ello estuviéramos comprando entradas para una vida posterior que luego nunca llega. Quien verdaderamente vive y aprovecha la vida es quien no vive para contarla y simplemente vive y saborea con plena presencia la suma de los pequeños momentos que la constituyen.

El utilitarismo vital lleva a las personas a destinar su dinero a consumir o comprar bienes o servicios que les reportan utilidad, prestaciones, rentabilidad, productividad. Y aquello inmaterial como la paz y la serenidad parece que no merece la inversión de nuestro dinero, salvo que nos convierta en atractivos y podamos contarlo. ¿No ocurre algo de eso hoy con el yoga, la meditación con nombre inglés (*mindfulness*) y otras prácticas de origen oriental que, siendo maravillosas, esconden en muchos casos la búsqueda de estar en la onda? Estas actitudes acaban mercantilizando incluso la espiritualidad y contribuyen a una competitividad excesiva que nos dificulta vivir en la sencillez de nuestras vidas. Y es en gran medida esa presión competitiva y de eficacia, de inmediatez en la satisfacción de nuestros deseos que exige nuestra sociedad, la que aniquila la paz, la serenidad, el respeto a las personas, el trato humano, y en definitiva el respeto a nuestros valores y a lo maravilloso de lo sencillo.

Intento siempre poder hablar con una persona cuando llamo a una empresa proveedora de servicios básicos que todos tenemos como la luz, el gas o el teléfono, el wifi o seguros de coche, pero pocas veces lo consigo pues en general es una máquina la que contesta a mi llamada diciendo que elija entre ciertas opciones que me da para resolver mi problema. «Si quiere contratar una línea, pulse 1, si necesita algo relacionado con sus facturas pulse 2, y si quiere...». La tecnología y la robotización están consiguiendo la deshumanización de muchas de nuestras relaciones. Es una deshumanización disimulada, pues los robots son entrenados para parecer amables, cuando la amabilidad no es algo electrónico sino un sentimiento humano que va más allá de los fenómenos de la física propios de la informática. Se impone una vez más la máquina pues es más útil que una persona. La máquina no tiene que descansar, no hay que cuidarla, es más barata, no se equivoca... Y una vez más el pragmatismo, la utilidad sacrifica el valor de una relación humana, que como tal no reviste utilidad.

Supongo que algún día el robot telefonista será de nuevo sustituido por una persona amable para atender las llamadas de los clientes cuando, con criterios de utilidad, las empresas demuestren que los robots no son útiles porque les llevan a perder clientes insatisfechos con el trato y la falta de humanidad de las máquinas contestadoras. Ello conducirá quizá a la recontratación de personas, pero de nuevo será porque entonces las personas resultarán útiles para evitar la pérdida de clientes.

Nada tengo en contra de la eficacia, la utilidad, la automatización de procesos. Pero lo que no llevo bien es que ello se haga sin consideración a otras variables intangibles relacionadas precisamente con la humanidad de las personas, la relación, su dignidad, su satisfacción, el cuidado de su sentido de pertenencia... Me gustaría, aunque sea un sueño, que el mundo invirtiera más en las personas y en su cuidado, mimo y respeto, y no solo porque ello sea rentable sino sencillamente porque esa, y no otra, tiene que constituir la razón de ser de nuestro sistema socioeconómico, y especialmente cuando las necesidades biológicas las tenemos aseguradas. Lo útil y lo eficaz está muy bien, pero no a costa de imponerse y sacrificar valores humanos intangibles como la paz, la serenidad, el equilibrio y en definitiva la satisfacción de las personas.

Lo de siempre, si no contribuye a la economía, debe abandonarse

Todos tenemos unas rosquillas de la abuela que nos encantan, un lugar en alguna casa en la que hemos pasado mucho tiempo que nos hace sentir en nuestro sitio, un bar en el que nos sentimos muy a gusto, una partida de mus o de petanca con amigos que nos encanta, un periódico o revista que nos gusta leer cuando estamos tranquilos... Nada hay más maravilloso que disfrutar de nuestras cosas de siempre (el «de siempre» de cada uno) y que, en general, no responden a patrones de utilidad.

Es indudable que leer un periódico en papel es menos práctico que leerlo en una *Tablet*. El periódico de papel exige una imprenta, el transporte de los ejemplares al quiosco o la tienda, el viaje del lector al quiosco para comprarlo, el depósito del ejemplar en el contenedor de reciclado de papel tras su lectura, la gestión de la retirada del quiosco de los ejemplares no vendidos y el reciclado o reprocesamiento del papel en una planta creada para ello. En definitiva, es lo más ineficiente que hay. Pero a mí me gusta, me relaja sentarme a leer un periódico de papel, aunque me resulta cada vez más difícil comprarlo pues ya casi no hay quioscos. Es una pena. Y como ello me gusta comprar pimentón a granel en el pueblo sin que me lo prohíban las normas de Sanidad que están al servicio de quienes venden productos envasados industriales. Y como eso muchas más cosas...

Muchos pensarán que todo esto es una tontería y que hay que avanzar con los tiempos. No pretendo frenar el progreso, pero si consideramos todo eso una estupidez la vida en sí es una estupidez. Pues nada hay más inteligente que saber disfrutar y saborear de las cosas sencillas, de siempre, inútiles o incluso estúpidas. Son precisamente esas cosas sencillas, esas cosas que hacemos cuando el tiempo es nuestro y no tenemos que dar cuentas de nada. Es cuando agarramos la vida para vivirla con cosas que nos gustan porque son nuestras cosas de siempre que no requieren análisis o valoración. Nos gustan porque son de siempre.

Sin embargo, muchos piensan que da igual eliminar las cosas de siempre de cada uno cuando se sustituyen por otras que son más útiles y eficientes. Con ello están dando más valor a la eficacia que al disfrute de la vida, o bien entienden que disfrutar la vida es consumir más y mejores y distintas prestaciones de los productos y servicios. Son personas que justifican la pérdida de lo de siempre porque a la larga el mundo mejora, funcionará mejor, y nos dará acceso a más y más cosas. Pero quienes así piensan se olvidan de que la vida no se vive a la larga sino a la corta o, lo que es lo mismo, lo que se vive es solo el presente. Vivir a la espera de un futuro mejor con más cosas, que funcionan mejor, con más prestaciones, sacrificando nuestras cosas de hoy es sencillamente olvidarse de vivir y pasar a dedicarnos a sobrevivir.

El hombre es resistente al cambio, le gustan sus cosas, sus costumbres, sus rutinas, y en definitiva aquello que le hace sentirse seguro y en su sitio, en actividades que conoce o domina, y sin más pretensión que vivir o estar entretenido mientras disfruta de practicar esas costumbres o rutinas. Por ello, cuando analizamos el impacto de la innovación y el cambio en nuestra sociedad deberíamos no solo poner en la ecuación los aspectos positivos, las prestaciones, la utilidad, sino también los aspectos negativos asociados a las fricciones, pérdidas o sufrimientos que pueden generarles a las personas. La maquinaria socioeconómica y el posicionamiento de la productividad y eficiencia como valores supremos en su *ranking* de valores está degradando o desconsiderando el valor de las maravillosas, sencillas e inútiles prácticas y experiencias de las personas, que son las que de verdad dan carta de naturaleza a la vida. Pues vivir la vida no es transitar por ella consumiendo y recibiendo más y más prestaciones que nos hagan cada vez más eficaces y eficientes.

Lo nuevo está muy bien, un cierto cambio es bueno y necesario para el hombre. Pero la estabilidad y el mantenimiento de nuestras formas de ser y vivir de siempre también están muy bien. Liberémonos por tanto del sometimiento de atractivos mensajes publicitarios de nuestro sistema socioeconómico que a todas horas nos dicen que salgamos de nuestra zona de confort y que lo único permanente es el cambio. ¿Por qué el empeño de esta sociedad de sacar a todos de donde estamos cómodos? ¿Es que estar cómodos es malo? ¿Por qué decimos para justificar el cambio que con ello creamos valor? ¿Qué valor es el que se crea, en qué consiste, es solo económico, es PIB...? ¿Quién se beneficia de ese valor? ¿En qué se traduce y cómo lo experimentamos?

Me pregunto muchas veces si deberíamos tomar perspectiva y conciencia de estas reflexiones y respetar, en un sano equilibrio, las voces y preferencias internas que nos invitan a mantener aquello que sentimos como nuestro, nuestras cosas, nuestra forma de vivir. Y si la respuesta es afirmativa y, para ser congruentes con ella, si debiéramos ejercer cierta rebelión sobre la constante necesidad de tener que aprender a vivir de forma diferente cada día, sin que ello tuviera que suponer un freno a unas razonables dosis de novedad y cambio. Creo que eso de estar todo el día saliendo de la zona de confort está muy bien como poético eslogan, pero constituye una de las más claras manifestaciones de encontrarnos sometidos al monstruo socioeconómico que hemos creado.

Ignoramos lo que ignoramos en el campo económico-financiero. Un mundo lleno de miradas contradictorias y distorsionadas

Los financieros tradicionales, y en general las personas establecidas en el poder, están cada vez más despistados y no pueden comprender el funcionamiento de nuestro sistema de fuerzas socioeconómicas. Parece que con el tiempo se han despegado de la realidad de la vida, la actividad y la motivación de las personas, y se han anclado en el juego o casino virtual de la economía y las finanzas tratando de encontrar explicaciones a las cosas sin considerar cómo funcionamos los humanos y lo que significa el dinero para nosotros. Por otra parte, fenómenos como la inflación, los tipos de interés, el crecimiento de la deuda, las devaluaciones de moneda... aunque los explican a toro pasado siempre con frases muy similares que cualquiera podría repetir, la realidad es que no tienen explicación ni previsión de cómo será el mundo en unos años en relación a todo ello. La irrupción de las criptomonedas ha propinado otro duro golpe a quienes creían dominar el mundo de la economía y las finanzas.

Lo que antes eran verdades o paradigmas que funcionaban de forma incuestionable hoy ya no lo son. Así, si durante siglos el fin perseguido y declarado de las empresas era ganar dinero, hoy vemos que los fines sociales deben coexistir con la búsqueda de rentabilidad. Si nos preguntamos si la deuda algún día se podrá pagar por las empresas o los Estados, la respuesta sensata es que no, pero pocos parecen cuestionarse con suficiente interés o preocupación si esa dinámica de creciente creación de deuda a nivel general es sostenible. ¿A dónde nos llevará y qué es lo que hay realmente detrás de todos esos movimientos de administración de la deuda, la liquidez, etc.? Las excesivas miradas al corto plazo nos impiden comprender los efectos a largo y nos llevan a despreciar medidas que seguramente serían buenas para la generalidad de intereses de los ciudadanos.

He dedicado tiempo a pensar e identificar algunas de las múltiples confusiones o contradicciones que existen generalmente arraigadas o aceptadas en relación a temas vinculados al dinero y las finanzas. Constituyen ejemplos de cómo nuestra sociedad vive muy despistada e instalada en un lenguaje y un sistema de relaciones basado en el dinero y las finanzas, cuya observación nos da muestras de la debilidad de nuestro sistema de principios y reglas económico-financieras para contribuir a un mundo mejor. Más bien al contrario; son creencias que nos nublan e impiden que observemos con una mirada amplia y completa lo que verdaderamente ocurre. La limitación de nuestras miradas nos impide ver e integrar fenómenos que como lluvia fina se van produciendo cada vez más en nuestra sociedad. Nuestro lenguaje económico-financiero es determinante de nuestra concepción de las cosas y vive todavía instalado en un mundo de escasez cuando nuestro mundo se define mucho mejor como un mundo de abundancia. Esa mirada equivocada nos lleva a perder la confianza en el futuro, en la capacidad de continuar generando riqueza, y en definitiva nos impide apartar nuestros miedos económicos hacia el futuro que tanto condicionan y limitan nuestra vida plena en el presente.

Anticipo al lector que no pretenda encontrar un vínculo y ni siquiera un orden integrador de todas las siguientes reflexiones, pues no son sino una suma aleatoria de consideraciones y perspectivas en torno al dinero y las finanzas. Observar desde nuevas perspectivas, algunas incluso con sarcasmo, o darnos cuenta de falsas creencias nos llevará a hacernos más conscientes de la ignorancia generalizada en estos campos, y quizá tras ello podamos colocarnos en disposición de buscar nuevas formas, principios o paradigmas que sean más útiles y acoplados para nuestra sociedad con los niveles de desarrollo y evolución alcanzados. Es importante tener presente que las reflexiones que siguen no son aplicables singularmente a España ni a ninguna sociedad occidental individualizada sino al bloque o conjunto de lo que llamamos sociedades occidentales u occidentalizadas. Solo así serán correctas algunas de las reflexiones sabiendo que los distintos parámetros de evaluación y problemáticas singulares dentro del mega bloque occidental los países o jurisdicciones oscilarán con los altibajos económicos que a todos nos afectan.

Me propongo por tanto recrearme seguidamente con algunas de esas falsas creencias o contradicciones con el objetivo de hacer pensar y tratar de abrir más los ojos a muchas personas. Con ello podremos pasar de ignorar lo que ignoramos a identificarlo, y tras ello poner empeño en desarrollar un nuevo conocimiento o innovación en el campo socioeconómico que nos conduzca a una sociedad todavía mejor que la que tenemos.

Nuestros hijos vivirán peor que nosotros

Decimos a menudo que estamos empeñando la vida de nuestros hijos, que tendrán que pagar todos nuestros excesos y lujos. Es quizá posible que en el campo medioambiental las actuaciones del hombre hasta hoy puedan haber creado daños irreversibles que afecten a las condiciones climáticas y ambientales del futuro. Pero en el campo económico y de la riqueza creo que es absurdo decir que la siguiente generación vivirá peor que la anterior y que la dejaremos cargada con la tremenda deuda que hemos asumido.

Nada más lejos de la realidad. Dejando a salvo las cargas por deuda de una jurisdicción, país o continente con otro, cada generación cuenta con sus plataformas de conocimiento, tecnología e infraestructuras, y con ellas deberá seguir viviendo en el presente y resolviendo su futuro. Nuestros hijos vivirán de forma distinta a nosotros, pero no peor. Dispondrán sin duda de mayor cantidad de bienes y servicios de los que disfrutar pues la capacidad de la sociedad de crear riqueza es enorme, siempre y cuando no lo impidamos con guerras y conflictos internos. Desde luego muchos de los que hoy son privilegiados perderán parte de sus privilegios, y quienes disponen de personas a su servicio tendrán más difícil el mantenerlas, pero la calidad y el nivel de consecuciones materiales y acceso a servicios de los ciudadanos en general en el largo plazo se mantendrá creciente si no nos peleamos entre nosotros.

La capacidad de nuestra sociedad de generar riqueza es inmensa. Como explicaba más extensamente en mi libro *Rousseau no usa bitcoins*[5], el dinero y las finanzas han contribuido como factor estimulante, impulsor y motivador a la creación de mucho conocimiento, riqueza y desarrollo tec-

---

5   Editorial Kolima, 2018.

nológico. Pero hoy día la capacidad de generar esa riqueza y de continuar mejorando en las cadenas de producción no tiene ninguna relación con el dinero y las finanzas, más allá de la capacidad de motivación atribuida al dinero. Viendo las cosas con objetividad, y al margen de los factores motivacionales, la capacidad de creación de riqueza de una sociedad se sustenta sobre los siguientes pilares:

1. El conocimiento existente, ordenado y estructurado: hoy existe mucho conocimiento, muy extendido y con grandes curvas de aprendizaje recorridas para su aplicación práctica. Poco riesgo hay de que el conocimiento se pierda, salvo por destrucción causada por gravísimos conflictos.

2. Activos estructurales sobre los que desarrollar la riqueza, tales como las carreteras, las instalaciones de generación de energía, vehículos, máquinas, infraestructuras de telecomunicaciones, etc. Existen, y salvo por destrucción por conflictos, parece difícil que no puedan mantenerse y mejorarse.

3. Materias primas e insumos para introducir en las cadenas de producción de bienes y servicios: también existen y nuestra historia ha probado que cuando alguna es escasa se idean formas o usos de nuevos materiales. Las energías verdes, aunque a mitad de camino, son muestra de este fenómeno.

4. Personas dispuestas a trabajar en la maquinaria de creación de riqueza. No parece que haya ni vaya a haber escasez de personas para trabajar, pues incluso en muchos casos el trabajo humano podrá ser sustituido por robots. Se habla de que algunos trabajos son menos atractivos y

que no hay mucha gente dispuesta a hacerlos. Pero será una cuestión de establecer las oportunas compensaciones y motivaciones para aquellos que trabajen en lo menos deseable y no pueda ser absorbido por el trabajo de los robots. Y me atrevo a decir que serán pocas las cosas que las máquinas no sean capaces de hacer dentro de unos pocos años.

Podría alguien decir, y con razón, que en esa lista de elementos o factores falta la motivación o, lo que es lo mismo, que por qué la gente se va a prestar a trabajar en la maquinaria de producción de riqueza si no es por dinero. Y es cierto, pues las personas solo se prestarán a trabajar en la medida en que por una u otra razón se sientan motivadas a hacerlo, algo de lo que hablaremos en la segunda parte de este libro. Pero es claro que esa motivación no tiene necesariamente que estar vinculada al dinero como hoy lo concebimos. Más bien al contrario: considero que el excesivo peso del factor dinero en nuestro sistema actual de motivación es el que a la larga constituirá una de las mayores fuentes de insatisfacción y conflicto si no lo compensamos o equilibramos con factores relacionados con el propósito y el sentido de las mismas. Si continuamos por esta senda llenaremos el mundo de reivindicaciones y lamentaciones crecientes de quienes se sienten menos favorecidos, vacíos y llenos de frustración. Y son conflictos que no ayudan a generar riqueza, sino que la limitan. ¿No es verdad que fue algo de eso lo que llevó a algunos airis a despertar y huir ante la degeneración destructiva que suponía un mundo centrado en la acumulación de AER€OS, que permanecía ciego e incapaz de concebir un mundo no sometido a su secuestro limitador?

Lo mismo ocurre con nuestra ignorancia para instaurar nuevos sistemas de compensación y motivación humana para contribuir a la maquinaria de producción y sostenimiento del mundo. Esta ignorancia puede hacer que nuestro mundo sea en el futuro más pobre y que lleguemos vivir peor materialmente hablando. Pues el mundo puede seguir siendo rico y abundante siempre que los insatisfechos no se empeñen en impedirlo y en poner palos en las ruedas para evitar un suave y eficiente funcionamiento de la maquinaria socioeconómica. Y son palos en las ruedas los escraches, los excesos de reivindicaciones, la omnipresente confrontación y polarización, los abusos de derecho, y en general los activismos extremos y sin fundamento que rompen los equilibrios y desalientan a quienes tienen que hacer que la maquinaria productiva funcione, que son los empresarios, provocando inseguridad jurídica, retroactividad de normas, cargas insostenibles para ellos y los productores... Son también palos en las ruedas los frenos a la robotización y la automatización de tareas. Pues una sana y amable robotización, con el cuidado de las personas afectadas por una u otra cuestión (sustitución de actividades, apoyo para readaptaciones...), redundaría sin duda en mayores niveles de riqueza material.

Leí hace muchos años unas declaraciones del fundador de Google, Larry Page, que decía que el mundo sería mucho más rico si solo trabajara un pequeño porcentaje de la población y se pudieran automatizar las tareas. Si efectivamente es así ¿no deberíamos automatizarlo todo y prejubilarnos a todos a los cuarenta años? Es solo una pregunta lanzada con el ánimo de ayudar a ver las cosas desde otros marcos mentales para mostrarnos que los problemas no son de capacidad de generar riqueza sino de falta de criterios para administrar o distribuirla intergeneracionalmente, así como de falta de preparación de la sociedad para encajar el tiempo de ocio de manera armoniosa.

Por todo ello, en el ámbito de las economías occidentalizadas como conjunto, nuestros hijos no vivirán peor en lo que se refiere a nivel de riqueza material. Y si ello llegara a ocurrir, a la larga no será nuestro nivel de endeudamiento el que pueda causar una menor riqueza sino la falta de progresión ordenada en desmontar, diluir o hacer *write off* del exceso de riqueza nominal financiera en manos de los acreedores de un tipo u otro, la falta de sistema de motivación y colaboración para re-encajar nuestra actividad diaria como personas, y por supuesto el riesgo de incremento de desigualdades y del número de insatisfechos.

Nos preocupa que nuestros jóvenes no tengan trabajo en el futuro, pues lo asumirán las máquinas y los robots, pero en paralelo se dice que nuestro sistema de pensiones no será sostenible por la falta de cotizantes por baja natalidad, lo que nos llevará a su colapso. Curiosamente, esta doble afirmación es común oírla de forma casi simultánea a unas y otras personas supuestamente expertas. Son expertas, pero con mirada de silo y muy limitada a la tradicional y caduca ciencia económica sin observar las realidades subyacentes que dan sentido a la economía, el dinero y las finanzas. Nuestro encasillamiento, como lo el de los airis, nos lleva a no ser siquiera capaces de preguntarnos qué es lo que quiero tener en el futuro: ¿una buena pensión o más bien poder continuar disfrutando de mi casa, tener un medio de trasporte, alimentos que pueda elegir, un fisio para cuando me molesta la espalda...? Me quedo con la segunda opción, pues la pensión no es más que un medio para conseguir lo segundo. ¿Habrá otros medios alternativos o compartidos con la recepción de una pensión financiera? Seguro que encajar con sentido a las personas en actividades profesionales, laborales o sociales contribuiría mucho a ello.

En el futuro cada vez seremos menos los requeridos para trabajar en la producción de la riqueza que hoy necesitamos pues el trabajo que hoy hacemos las personas lo harán cada vez más las máquinas, los ordenadores o los robots. Pero si un robot es capaz de hacer lo mismo que hacía una persona, el problema no estará en la falta de la riqueza sino en cómo se distribuye la mayor cantidad de riqueza que genera un robot. ¿No podría asignársenos a todos al nacer un robot para que hiciera nuestras funciones laborales sin dar guerra ni reivindicar? Al margen de la broma ¿no es cierto que esto nos hace pensar y ver que los problemas no son de cantidad de riqueza sino de reparto de la misma?

También en el libro *Rousseau no usa bitcoins* declaraba y explicaba que el mundo es una máquina de crear innecesarios. En los últimos años observamos que más y más personas son excluidas de la maquinaria económico-productiva, o bien situadas en ella con una bajísima calidad de empleo. Muchos dicen que, con seguridad, surgirán nuevas actividades humanas que permitirían absorber algunos de los empleos que las máquinas quitan a los humanos, pero:

- ¿Serán suficientes? Posiblemente no, salvo que se creen actividades que no estén relacionadas con la productividad sino con la amabilidad y la humanización de nuestras relaciones.

- ¿Serán empleos propios de una sociedad que progresa (más allá del progreso material financiero), o más bien se tratará de empleos tumorosos? Hoy es cierto que hay empleos nuevos relacionados con la tecnología y las nuevas formas y procesos para competir y defenderse en la dura lucha competitiva de las empresas por mantenerse en el mercado. Pero si observamos en qué ámbitos se producen, una grandísima parte de los nuevos empleos podremos ver que son tumorosos, es decir empleos que no aportan nada bueno a la sociedad (más allá de crear empleos) y que nacen precisamente para defendernos del propio progreso. Son empleos que la sociedad tiene que sufrir más que beneficiarse de ellos, tales como los asociados a cumplir las obligaciones en materia de protección de datos, blanqueo de dinero, los servicios de seguridad para evitar «okupas», ciberseguridad, el *compliance*, las leyes de protección a los inversores (MFFID), los servicios de desarrollo e instalación de antivirus, los derivados de la permanente confrontación y otros muchos... Recientemente he leído un *tweet* de Antonio Villareal (@bajoelbillete) en el que decía «de la polarización vive ya más gente que del turismo». Sea exactamente cierto o no, lo que muestra es la realidad de cómo y para qué se están creando muchísimos de los nuevos empleos. Volveremos a este tema más adelante precisamente cuando hablemos de las fábricas de actividad humana como necesidad prioritaria de nuestra sociedad.

El análisis de esta contradicción nos muestra de nuevo nuestra nebulosa visión e interpretación de las cosas, pues una sociedad que sobreviva a costa de crear más y más empleos tumorosos sin duda nos llevará a una vida peor, pero no tanto por falta de riqueza sino por nuestra incapacidad de sustituir el dinero (con sus esquemas y funcionamiento actuales) por sistemas alternativos de motivación, compensación, colaboración y sentido que nos lleven a una mayor satisfacción.

Retrasemos la jubilación como solución para las pensiones

En cada momento de la vida de la sociedad hay una cierta cantidad de empleos necesarios, lo que permite que igual número de personas asuman los mismos. Es cierto que el número de empleos puede variar con motivo del surgimiento de nuevas necesidades, la iniciativa empresarial y la mayor o menor alegría consumista en función de una serie de circunstancias relacionadas con la liquidez y el clima social de optimismo o pesimismo ante el futuro. Pero esos nuevos empleos que se pueden generar los podrán asumir jóvenes o mayores, pero nunca los dos a la vez. Luego, de por sí el hecho de retrasar la jubilación no contribuye en realidad a las arcas de las pensiones, pues lo hace a costa de mayores cantidades dedicadas al paro de los jóvenes en tanto en cuanto haya personas que no pueden ser absorbidas por la maquinaria económica de creación de empleo. En realidad es la riqueza real disfrutable en prestaciones de un tipo u otro que un país genera o tiene a su disposición la que puede alimentar y procurar bienes y servicios a sus ciudadanos, ya se llegue a ello a través del dinero generado por sueldos o beneficios de los autónomos o a través de pensiones o prestaciones de paro. Lo que ocurre es que la mirada financiera nos hace olvidarnos de la economía real y de la maquinaria productiva, impidiéndonos ver, una vez más, que el problema no es de cantidad de riqueza sino de la organización de su reparto entre los mayores y los jóvenes en un mundo lleno de innecesarios, pues ambos quieren tanto comer como desarrollar actividades que los llenen y entretengan. Muchos jóvenes de treinta años viven hoy gracias a las ayudas de sus padres de sesenta. En la medida en que solo haya empleo para uno ¿no sería más lógico que fueran el joven quien trabajara? Seguro que depende de a quién se pregunte.

No es por ello el reto darle la vuelta a la tortilla y que sean los jóvenes quienes sustenten a los más mayores, sino evolucionar socialmente hacia formas de reencauzamiento de la riqueza y la organización del trabajo y las actividades humanas de forma que no frenen la creación de riqueza y permitan una sociedad con actividades dignas y motivadoras para todos.

En épocas de crisis hay que ser austeros

Nada me parece más equivocado que esta afirmación. En tanto en cuanto en un país haya desigualdades y carencias en momentos de crisis, el ahorro y la austeridad reducen la actividad económica provocando una reducción del empleo y de la actividad humana. Por ello mover el dinero a través del consumo ayudará al necesario dinamismo económico. Es cierto que esta reflexión, como en general todas las referidas a la economía, debe ajustarse en relación con las interacciones que existen entre una economía y un mercado de trabajo y las otras economías del entorno o del mundo con una economía tan abierta. Pero el consumo en época de crisis siempre ayudará a la actividad y dará oportunidades a otros en situación menos favorecida, ya se encuentren en nuestro país o en otro cualquiera del mundo. De hecho, recientemente he escuchado y leído sobre el uso de lo que podría llamarse «dinero con fecha de caducidad», que fue utilizado en alguna ciudad austriaca en los siguientes años tras la crisis de 1929 mediante la entrega de dinero a familias con grandes carencias y que iba sellado con fecha de validez (o caducidad) para fomentar el consumo e impedir que se destinara a ser acumulado. Su idea se atribuye al economista Jean Silvio Gessel.

Es indecente que alguien se gaste 10.000 euros en un bolso

Además de los impuestos, la manera más directa de repartir hoy la riqueza excedentaria del mundo es la generosidad y la contribución de los más ricos a los más desfavorecidos a través de donaciones a fundaciones, ONGs, instituciones de caridad, etc. Pero ello llega hasta donde llega y teniendo en cuenta el lado de nuestra condición humana, que busca sobresalir, distinguirse y cuidar su estatus social, etc., la vía del consumo de lujo es una de las formas naturales y libres de generar redistribución, por más que a algunos les moleste. Por ello, y por similares razones a las expuestas en el punto anterior sobre la austeridad, la mejor manera de repartir la riqueza es que quienes más tienen hagan gasto, aunque sea tan absurdo aparentemente como pagar 10.000 euros por un bolso o cenar en el restaurante más caro del mundo por 1.000 euros para poderlo contar. Todos los euros gastados de esta forma se distribuyen en la cadena de producción y empleo yendo a quien explota la tienda, a los intermediarios, a quien fabrica el bolso, a quien elabora el cuero y a quien cría la vaca. De no producirse ese gasto, todo ese dinero no se repartiría aguas arriba, sino que quedaría en las manos del rico, perdiéndose esa parte del pastel para la generación de actividad humana y la redistribución.

Por ello no debemos confundir los problemas o dilemas de la estética social y la condena de lo suntuoso con su clara contribución al reparto de riqueza.

Nos sobran un millón de funcionarios que restan efectividad al servicio público, pero no se puede asumir su reducción

Todos hemos oído muchas veces este tipo de frases aplicadas a funcionarios de todo tipo. Yo he dicho un millón simplemente por decir una cifra importante y redonda. Personalmente no tengo duda de que en nuestro país hay muchos más empleados públicos de los que en un sistema eficiente serían necesarios. El excedente no hace sino crear rozamiento para la agilidad de las labores de los que verdaderamente son necesarios. Y esto me lleva a la reflexión de que los funcionarios excedentes cuestan al país mucho más que el importe de sus sueldos.

Sin embargo, cuando en una conversación, con cierto ánimo de provocación, dices que sería más rentable prescindir de ellos y que se quedaran en su casa pero pagándoles el sueldo, la reacción automática es que eso no se puede asumir porque sería carísimo y no sostenible en los presupuestos generales. ¿Es que todavía esas personas que así reaccionan (que diría que prácticamente todas) no se han dado cuenta de que es mucho más caro pagarles el sueldo y que estén produciendo rozamiento o en la ineficacia en el trabajo de quienes sí son necesarios? Al margen de otras consideraciones, mantener a los funcionarios excedentarios en su casa pagándoles su sueldo sería económicamente mucho más eficiente pues se tendrían los siguientes ahorros:

- El menor coste de la prestación real de servicios funcionariales, al eliminarse la contribución negativa a la eficacia de los excedentarios, que tienen que participar innecesariamente en los procesos para no estar con los brazos caídos, o bien por hacer tareas que bien podrían hacer los ordenadores.
- El coste del espacio de oficinas que dejarían de ocupar los funcionarios excedentarios, incluyendo la calefacción y gastos de mantenimiento, etc.
- Los consumibles como el papel, bolígrafos, material de limpieza, teléfono, energía, agua...
- El coste de desplazamiento diario del funcionario a la oficina, que idealmente bien podría repartirse (mitad para el funcionario y mitad para el Estado).

¿Qué solución es entonces más asumible financieramente para un Estado: tener a los funcionarios innecesarios trabajando o que estén en su casa cobrando lo mismo? No pretendo ni mucho menos decir que de un día para otro deba prescindirse de esos funcionarios y que se queden en su casa. Lo único que quiero es señalar cómo nuestros marcos mentales, dominados por confusas visiones financieras, nos impiden ver que esto no es un problema financiero. Aunque financieramente se pudiera mantener a millones de personas ociosas pagándoles el sueldo, nacerían otras problemáticas e insatisfacciones derivadas de la inactividad y la falta de satisfacción de las necesidades sociales de las personas afectadas. Veamos por tanto esos otros ángulos pues quizá así salgamos de otro caso de ceguera producido por nuestro sometimiento a una concepción financiera de la sociedad.

Los bitcoins son un bluf

Cuando el lector llegue a este apartado, con toda probabilidad las reflexiones siguientes se habrán quedado obsoletas pues es trepidante la velocidad a la que en este campo se están produciendo los acontecimientos. Por ello pido al lector que las evalúe como muestra de la velocidad de la disrupción de nuestros viejos paradigmas financieros y del cambio del orden establecido.

No hace mucho se oían frases de ese estilo. Algunos lo creían de verdad, pero muchos temían o temen que se pueda producir un trasvase de la riqueza cifrada en dinero tradicional hacia quienes la consiguen por la vía de acumular las peculiares y todavía muy desconocidas criptomonedas. Y sin duda la emergencia de este tipo de monedas ha añadido al campo de juego del mundo de la representación de la riqueza, del poder y del dinero un nuevo ingrediente que despista a cualquiera.

No pretendo hacer una defensa del bitcoin o de las criptomonedas, pero ya son una realidad difícil de echar marcha atrás. Desde el punto de vista de su esencia como instrumento son lo mismo que el dinero fiduciario emitido por los bancos, con la diferencia de que no existe un emisor del que haya que fiarse. A la vista de lo que más arriba he descrito como funciones del dinero, el bitcoin, o mejor dicho las criptomonedas, cumplen las mismas funciones, si bien tienen como bondad teórica la imposibilidad de que sean manejadas arbitrariamente y a conveniencia de unas y otras jurisdicciones de emisores a través de los mecanismos de política monetaria que tanta incertidumbre provocan en el mundo en lo que se refiere a la gestión y reparto de riqueza. Cualquier medida de un emisor o regulador puede suponer un trasvase de riqueza de unos bolsillos a otros sin ninguna culpa ni merecimiento. Decir hoy si las criptomonedas serán algo bueno o malo para nuestro sistema sería algo pretencioso. Sin embargo es claro que son una realidad que funciona a pesar de que a algunos poderes establecidos les habría gustado impedirlo por ver peligrar su posición. Al fin y al cabo, hoy alguien es rico porque tiene dinero financiero, y es acreedor de una u otra forma del sistema con las reglas del dinero tradicional. Pero si la gente empieza a desechar el dinero tradicional y a valorar más y más las monedas virtuales, los ricos deberán re-encauzar su posición privilegiada hacia esa nueva economía basada en dinero virtual. Y los trasvases como siempre tienen el serio peligro de que de no saber hacerse se puede perder mucho en el camino, y especialmente cuando todavía no se conocen cuáles serán las reglas de implantación y funcionamiento de las criptomonedas en la sociedad.

Por ello mi conclusión es que los argumentos que se oyen en contra del bitcoin o de las criptomonedas, y los reproches a quienes con ellos se lucran como especuladores, serían igualmente aplicables al funcionamiento y prácticas habituales que se dan en los mercados financieros tradicionales. Y si existen muchos argumentos en contra considero que es por ese miedo a que las criptomonedas desmonten la actual titularidad de la riqueza. Es verdad que hoy el bitcoin puede dar amparo a actividades ilegales que el dinero ordinario no permite, pero ello no tiene tanto que ver con la esencia del dinero virtual sino con su falta actual de transparencia y control.

Mirado con perspectiva, el desarrollo creciente de las criptomonedas no es sino una muestra de la auto-corrección de nuestro sistema con la puesta en entredicho de la credibilidad y justicia de nuestros sistemas financieros oficiales en los que muchas personas se encuentran asentadas en grandes privilegios. Las paradojas y contradicciones que estoy exponiendo se ven precisamente reforzadas por la emergencia de estas monedas, que no son sino otras unidades de medida y mecanismos de intercambio al margen del sistema establecido tan cuestionado por muchos.

Con estas reflexiones encima de la mesa, la metáfora del casino y el Monopoly se nos queda corta, y quizá debiéramos hablar de un casino de casinos o de un mercado de Monopolys. ¿No es esto algo ya demasiado despegado de nuestra realidad tangible que nos hace vivir en un entorno de permanentes arenas movedizas en el que se reparten la riqueza y el poder?

La deuda de las empresas y de los países jamás se pagará

Leamos el titular de cabecera de un diario de hace solo unos meses: «El virus deja el mundo sobre un barril de pólvora con 68 billones de deuda pública».

¿Qué quiere decir esto? ¿Alguien sabe cuáles son las implicaciones? ¿A quién debe el mundo el dinero? ¿Piensa alguien que esta deuda será alguna vez pagada?

La cantidad de deuda que acumulan la mayor parte de las grandes empresas o los Estados en Occidente será impagable si se echan cálculos basados en las proyecciones de caja que las empresas pueden generar para pagarla. Aun cuando las empresas tengan beneficios, las necesidades de reinversión son crecientes para sobrevivir, y por ello en los balances se va acumulando una supuesta riqueza en forma de activos valorados y fondos de comercio que sostienen los niveles de recursos propios o patrimonio neto de las compañías. Pero los recursos propios no permiten repagar la deuda, pues es la generación de caja la que la puede pagar. De alguna forma existe una convención o asunción macroeconómica por la que la deuda puede ir creciendo siempre que no lo haga más de la cuenta. Y ello aunque todos sepamos que no se podrá nunca pagar pues los beneficios que generan las inversiones nacen secuestrados por la necesidad de más y más inversiones sin que se puedan dedicar suficientes fondos a la amortización de la creciente deuda. Son esas convenciones contables relacionadas con el tratamiento de los fondos de comercio, los criterios de amortización y valoración, y el deterioro de activos los que permiten sostener esa ficción que contribuye a la espiral en la que el mundo está sumido por la necesidad de las empresas de seguir creciendo, sin darnos cuenta de que todo lo que gira muy rápido durante mucho tiempo se acaba pasando de vueltas. Y pasarse de vueltas, en el ámbito de los excesos de deuda, es equivalente a provocar crisis que suponen el injusto trasvase de riqueza de unos bolsillos a otros a través de la fiscalidad, la inflación, devaluaciones...

Prestar dinero cuesta dinero

Es sorprendente que llevemos mucho tiempo con tipos de interés negativos en muchos ámbitos de los movimientos y transacciones financieras. Hace unos días, una vez más, leía que las empresas tienen ya que pagar un interés, a un tipo no despreciable, por mantener sus depósitos. Sin duda los tipos pueden fluctuar, pero al margen de sus posibles oscilaciones, los tipos negativos pueden ser muestra de una o varias de las siguientes cosas:

- El dinero es excedentario y ya no representa debidamente la riqueza. Existe un decalaje entre dinero y riqueza.

- Los que tienen dinero ya no encuentran prestatarios de fiar y por ello tienen que colocarlo en forma de depósito en entidades de las que creen que se pueden fiar y que tienen solvencia suficiente para devolverlo, pagando por ello el correspondiente precio en forma de intereses negativos.

- El dinero está dejando de ser una fuente de generación de riqueza, aunque mantiene la posibilidad de ser disfrutado disponiendo de él. Otorga capacidad de compra a quien lo tiene, pero tiene un coste de mantenimiento. Podría recordar a lo que ocurre con quien tiene un barco del que puede disfrutar, pero tiene que asumir los costes e impuestos asociados a su tenencia y mantenimiento.

- De perpetuarse esta tendencia, la única forma de evitar la dilución del valor del dinero será tenerlo invertido de una u otra forma en actividades empresariales o especulativas, lo que a su vez contribuirá a la espiral de más y más actividad económico-financiera, mayor productividad, mayor capacidad de vender productos y la consiguiente creación de necesidades para generar consumo e inversión.

Desde luego es cierto que un recorte de la liquidez por parte de los bancos emisores quizá pueda darle la vuelta a esta tendencia y permitir de nuevo a quien tiene dinero vivir de las rentas. Pero ¿es viable hacerlo? ¿Qué consecuencias tendría ese recorte en un mundo tan endeudado y sumido en una espiral de imparable y creciente velocidad de cambio? Las respuestas son todavía un misterio pendiente de resolver.

¿Qué pasaría si les regaláramos a todos los ciudadanos un millón de euros?

A priori parecería que debería ser algo bueno y pacífico. Sin embargo, ello provocaría el empobrecimiento relativo de quienes más dinero tienen. Desde luego para quienes tienen grandes ahorros de 100 o 1.000 millones de euros sería tremendamente distorsionador. Los trabajadores dejarían de obedecer y muchos abandonarían sus trabajos. Otros muchos quizá seguirían trabajando, pero exigirían mucho mayor sueldo u otras formas de compensación para que les mereciera la pena continuar en sus trabajos. Y otros, quizá los más sabios, aprovecharían la circunstancia para buscar un trabajo de mejor encaje para ellos, de mayor calidad, no ya por la compensación económica sino por el sentido que para ellos se derivara de su actividad como factor de mayor peso que el salario.

Ante el incremento de la demanda general de productos y servicios que se originaría por la gran cantidad de dinero disponible se produciría una rápida inflación y las cosas costarían mucho más. El dinero ahorrado previamente tendría por tanto menor valor, empobreciéndose quienes fueran acreedores de cantidades debidas por otros.

Estas reflexiones son una forma sencilla de explicar lo que es la inflación y nos muestran a su vez cómo cuando se regala en igual proporción a todos, quienes más lo sufren son lo que más tienen, pues su capacidad de controlar, de comprar o someter a los demás con el dinero disminuye. Es también una forma de ver cómo el dinero hoy, con nuestros marcos mentales, es todavía imprescindible para la regulación de los comportamientos humanos.

Aunque de forma menos explícita, en nuestra sociedad el fenómeno de regalar dinero es cada vez más habitual. El sistema económico parece cada vez más inestable y se está acostumbrando y vive cada vez más necesitado de rescates, programas de ayuda, inyecciones de liquidez, recompras de deuda... y otras figuras que no son sino formas de regalar liquidez de esa que realmente nunca se devuelve y que es generadora de una dilución de la riqueza financiera por parte de quienes no son beneficiarios de tales programas. Y casi siempre son los que más responsabilidad han tenido en la provocación de las crisis los que más ayudas o condonaciones reciben.

Cuando esto es percibido, se provoca la lógica indignación en la sociedad, que piensa que tales inversores o empresarios de la intermediación de un tipo u otro no reparten sus grandes beneficios cuando los tienen, pero sin embargo sí socializan sus pérdidas cada vez que las sufren a gran escala como colectivo.

¿Cuánto tiempo va a seguir tolerando la sociedad estos movimientos que distorsionan el normal desarrollo de la gestión de la riqueza de cada uno basada en principios comprensibles y que nos parezcan justos? ¿Hay alguna forma de ayudar a quienes de verdad empujan y crean el movimiento económico empresarial generador de actividad humana y riqueza sin caer en estas prácticas tan irritantes que a quien más benefician es a los jugadores de apuestas y especuladores? ¿Hay alguna forma de hacer que esas ayudas o regalos de las distintas políticas financieras y fiscales premien más el honrado esfuerzo y el trabajo que la ambición?

¿Durante cuánto tiempo va a tener valor el oro?

A veces me hago la reflexión de que nada hay tan estúpido como el hecho de que a alguien, por el hecho de tener unos cuantos lingotes de oro, se le atribuye el derecho a adquirir bienes y servicios disponiendo en definitiva del tiempo y trabajo de los demás. Mirando las cosas de forma normal la explicación es clara: el oro se convierte en dinero y el dinero compra las cosas que quiere quien lo tiene. Pero si queremos mirarlo desde otra perspectiva, desde Marte por ejemplo, podemos pensar ¿hay algo más absurdo que eso si no es por unas ficciones o convenciones que no están en ningún sitio escritas? ¿Tiene hoy sentido mantener esas convenciones? ¿Para quién tiene sentido? Supongo que para muchos anti-sistema no tiene ningún sentido pues es solo la representación de un privilegio acumulado.

Los que tienen oro en las cajas fuertes de los bancos centrales hoy son ricos porque existe una convención generalmente aceptada por la cual ese oro tiene valor y constituye un depósito de riqueza. Es verdad que es una convención que solo opera directamente entre los que tienen excedentes de riqueza suficientes como para acumularla en oro. Pero si se produjera un conflicto entre los ricos y los desfavorecidos que fuera marcado y que se fuera extendiendo a la población en general ¿cómo podría mantenerse en vigor esa ficción y convención? La sociedad no lo tolerará si los que disponen de esa riqueza no la ponen, de una u otra forma, al servicio de la generación de actividad económica y humana para incluir y hacer participar de en la riqueza y bienestar a la sociedad en general. De no encontrarse un equilibrio en la forma de disfrutarse y poner en movimiento la riqueza la rebelión estará asegurada. Por ello concluyo que o bien el dinero y la riqueza se portan bien y cuidan a los innecesarios y a los menos favorecidos o estos se revolverán. En definitiva, las convenciones sociales funcionan en tanto en cuanto la sociedad las tolere por existir mecanismos de un tipo u otro de compartir la riqueza de forma que, cada uno a su manera, se beneficie y así lo perciba. Y la falta de comprensión de esto por parte de los privilegiados y de la situación de los colectivos más desfavorecidos y de aquellos cuya relevancia social ha sido descendente determinará la erosión o eliminación de las convenciones. En definitiva, las reglas del juego en un grupo funcionan mientras proporcionen ventajas generales para todos que sean percibidas a ojos de todos los subgrupos o clases del grupo. Por ello a menudo nos cuestionamos si nuestro sistema o sus reglas del juego están caducos.

¿Cómo puede el funcionamiento de las economías financiarizadas ser tan vulnerable a la interrupción de los flujos de liquidez?

Existe por ahí una anécdota o historieta contada muchas veces en forma de chiste que explica muy gráficamente los absurdos que puede provocar la economía financiera para castigar o paralizar la economía y la generación de riqueza real. He escuchado varias veces la historia, pero con el permiso de José Antonio Marina y Santiago Satrústegui la tomo literalmente de su libro *La creatividad económica*. Se trata de una anécdota en un pueblo atenazado y con su actividad económica paralizada por el bloqueo circular de los pagos de sus ciudadanos. Dice así:

«Un ruso mafioso llega a un pueblo y entra en el único hotel del lugar. Quiere ver una habitación, le deja un billete de cien euros al recepcionista y sube a verla. El dueño del hotel coge el billete y sale corriendo a pagar su deuda con el carnicero. Este toma el billete y corre a pagar su deuda con el criador de cerdos. El criador de cerdos, a su vez, sale corriendo para pagar lo que le debe al molino proveedor de alimentos para animales. El dueño del molino toma el billete al vuelo y corre a liquidar su deuda con la prostituta del pueblo a la que hace tiempo que no le paga. Las cosas estaban tan mal que hasta ella ofrecía servicios a crédito.

La prostituta, billete en mano, sale para el pequeño hotel adonde había llevado a sus clientes las últimas veces y que todavía no había pagado y le entrega el billete al dueño. En este momento baja el ruso, que acaba de echar un vistazo a las habitaciones, dice que no le convence ninguna, recoge su billete y se va. El pueblo se ha quedado sin deudas y mira al futuro con confianza».

La simple lectura de la anécdota nos muestra las absurdas limitaciones y disrupciones que la economía financiera puede en cualquier momento generar y cómo ello puede afectar muy negativamente a la puesta en movimiento de las capacidades y recursos disponibles para seguir creando y disfrutando de la riqueza.

Otras muestras de irracionalidad de nuestros comportamientos económicos

Hace años estaba muy de moda dividir o fraccionar el valor de las acciones en los mercados financieros, o dicho en palabras técnicas, los *splits*. Para quienes no los conocen, un *split* no es más que la división de un valor o título, como son las acciones de las sociedades anónimas que cotizan en Bolsa, en dos o más partes para que cada una de las partes tenga menor precio. La razón por la cual eso se hacía era básicamente porque la estadística demostraba que una vez dividida una acción de un euro en diez acciones de diez céntimos la suma del precio de las diez acciones resultaba mayor. La expectativa de revalorización se situaba en aproximadamente un diez por ciento, de forma que dividir las acciones originarias por diez y venderlas procuraba un ingreso de un euro con diez céntimos, o lo que es lo mismo un 10% más. El argumento oficial que se esgrimía para evitar la verdadera y vergonzosa explicación era que ello producía un aumento de liquidez. Es esta una muestra de la cierta manejabilidad de los mercados financieros y de la imperante estupidez de los mercados equivalente a la que resultaría de decir que un euro en monedas de diez céntimos tiene un precio de 1,10 euros. O lo que es lo mismo, una empresa con un valor en Bolsa de 1.000 millones de euros pasaría a valer 1.100 millones.

Al margen de que visto así parezca una estupidez, la realidad es que los seres humanos somos a menudo víctimas de sesgos en nuestra racionalidad. Aunque a los financieros se les suele atribuir un supuesto rigor y racionalidad en sus análisis y decisiones, la llamada economía conductual representada por los premios Nobel concedidos a Daniel Kahneman y Richard Thaler se ha encargado de demostrar que, en general, las decisiones de las personas, incluso en el campo económico, se toman por procesos rápidos más bien intuitivos («pensamiento rápido» en terminología de Kahneman), mucho más que por procesos racionales y conscientes (pensamiento lento).

La escasa conciencia acerca de la trascendencia de estas teorías y la falta de asimilación de sus reflexiones y conclusiones nos mantiene pensando que el ser humano es un ser racional, cuando sus decisiones son principalmente emocionales, intuitivas y en gran medida automatizadas. Tomar conciencia de las estupideces que todos cometemos precisamente por los sesgos de nuestra racionalidad nos permitiría seguir pagando un euro por la suma de las diez fracciones en las que se ha dividido el euro. Y, como ello, muchas otras decisiones en torno al dinero están muy condicionadas por múltiples sesgos cuyo conocimiento ayudaría a explicar muchos comportamientos en el campo socio-financiero. Quizá así conseguiríamos gestionar nuestras decisiones con una racionalidad inteligente integradora de nuestras sanas emociones y sentimientos, y sin distorsiones. Seguramente ello sería el comienzo del camino para devolverle al dinero su condición de instrumento o herramienta en lugar de como un fin en sí mismo.

Ciegos ante la evidencia de que la economía financiera nos lleva hacia una sociedad pasada de vueltas

¿Queremos para nuestros hijos un mundo más rico o preferiríamos un mundo más amable? He comenzado alguna vez una conferencia con esta pregunta y el silencio que se crea muestra la reflexión de los asistentes ante las enormes contradicciones que sentimos padecer en la sociedad. Hemos creado una maquinaria económica que nos está atiborrando de riqueza, tecnología, inventos, prestaciones, automatismos, soluciones para todo... pero que se empeña en que todo lo que produce nos lo tenemos que comer sí o sí. Es como si hubiéramos comprado una máquina para casa que sabe hacer todo tipo de comidas cogiendo ella misma los ingredientes de la nevera y la despensa, y haciendo pedidos automáticamente al supermercado cuando nos falta algo. Un verdadero chollo si no llega a ser porque la máquina cada vez tiene más capacidad de producción y si no nos lo comemos todo se bloquea, deja de funcionar y nos quedamos sin comer. Es una máquina muy buena, pero en casa nos tiene atiborrados y hartos sin saber cómo librarnos de ella sin morir de hambre.

Todas las reflexiones realizadas en este capítulo nos llevan a una gran confusión provocada por una serie de dilemas. Por una parte, parece evidente que la economía financiera no genera riqueza de manera directa, pero el estrés y los fenómenos que generan en nuestras vidas los paradigmas financieros tradicionales provocan incrementos sustanciales del consumo, lo que a su vez impulsa el incremento de la riqueza de la que disfrutamos. Pero a la vez esas fuerzas que mueven una economía como la occidental tienen unos efectos secundarios o colaterales, tanto en los individuos por la presión que sufren, como en muchos colectivos por las desigualdades y frustraciones que padecen. Y ello en general ocurre aun cuando tales colectivos objetivamente estén disponiendo de mayor cantidad de riqueza material que la que disfrutaban tiempo atrás. El sistema económico y los paradigmas y marcos mentales financieros dan forma y condicionan el devenir de la sociedad tanto en lo que se refiere a la creación de riqueza y actividad humana como en su aspecto emocional, y en definitiva en sus niveles de bienestar en sentido amplio. Recordemos las reflexiones tratadas en el apartado anterior de este libro «Entendiendo nuestro comportamiento» relativo a nuestros escasos niveles de conciencia y autoconocimiento como individuos y como sociedad.

Debemos tomar conciencia de que el mundo no puede seguir basando su estabilidad y su seguridad de forma tan predominante en el sistema financiero y en el creciente y excesivo nivel de agresividad de la competencia entre operadores y empresarios, pues ello se está convirtiendo en una bomba de relojería.

Ya me he referido a los bitcoins como una reciente y desconcertante novedad. Pero observando las cosas de la Tierra con la perspectiva que uno tiene desde Marte resulta sorprendente ver cómo, desde que existe el mundo de las criptomonedas y figuras similares, la manera más directa de hacerse rico es montando directamente una fábrica de dinero. A alguien se le ocurre la idea de crear y poner en el mercado una nueva moneda que funciona en base a una determinada tecnología (*blockchain*), crea la criptomoneda, consigue que se la compren y el objetivo está cumplido. Y ¿para qué va a preocuparse de hacer algo que verdaderamente genere riqueza para la sociedad? Directamente vende el dinero fabricado y se hace rico sin tener que afanarse en aportar valor alguno.

Al fin y al cabo, esto es lo que hacen quienes crean los bitcoins u otras criptomonedas. Pero el fenómeno va más allá y hoy, con apoyo en esa tecnología del *blockchain*, la afición a fabricar dinero se ha extendido a la creación de activos financieros, poniéndose también de moda las fábricas de criptoactivos financieros construidos sobre la singularización de cosas que ya existen y sin la creación de ninguna nueva riqueza real o disfrutable para la sociedad. ¿No es esto lo que se hace con los nuevos *tockens* digitales? Mediante la creación de *tokens* el emisor vende algo que ya existe para que alguien pueda sentirse dueño exclusivo de una imagen, una canción o lo que sea, pero sin creación de valor para la sociedad.

Pongamos por ejemplo que alguien «tockeniza» el gol que da la victoria a un equipo en la final de un Mundial de fútbol. Lo coloca en el mercado y le pagan un millón de euros por él. Se trata de un activo cuyo valor de un millón de euros es oscilante (como todas las monedas y activos financieros) y que en sí mismo resulta inútil. Su valor proviene únicamente de haber conseguido crear un círculo de confianza por el cual, cuando el titular del activo quiera venderlo, habrá un mercado que le permitirá hacerlo. Solo tiene valor en tanto en cuanto la gente está dispuesta a pagar por él.

Si nos liberamos de nuestras perspectivas ancladas en rancios condicionamientos y marcos mentales, ¿hay alguna diferencia entre esto y un bitcoin, o un lingote de oro, o incluso un bono de deuda pública? Más allá de las diferencias técnicas y sus subyacentes, en sustancia el valor de cualquiera de esos activos se encuentra exclusivamente en la expectativa de que alguien los aceptará en el futuro en canje de otros bienes o pagará por adquirirlos. Y quien así paga lo hará porque ocurrirá lo mismo cuando él quiera deshacerse de ellos o canjearlos por otros bienes o activos.

Por tanto, la realidad es que si alguien «tockeniza» con éxito ese especial gol del Mundial de futbol, por arte de magia se crea riqueza financiera por la referida cifra de un millón de euros. Y si este activo podemos convertirlo en dinero en un mercado financiero del tipo que sea, y dejando al margen su mayor o menor volatilidad, ¿no es ello en sustancia prácticamente lo mismo que crear directamente dinero (o riqueza financiera) sin generación de riqueza real alguna asociada?

Si se supone que la riqueza financiera es una representación de la riqueza real, ¿de dónde sale la cuota de riqueza (y del poder de compra) que se atribuye a las criptomonedas y los cripto-activos financieros de un tipo u otro? Creo que la única respuesta es que la riqueza atribuida es succionada de la riqueza preexistente y que hasta entonces tenían otras personas, representada a través de otros activos financieros, incluidas las monedas oficiales. Pocas dudas tengo de que si no se aumenta el «pastel» que representa la riqueza real disfrutable (incluyendo la capacidad de comprar cosas y el trabajo de las personas), la riqueza real disfrutable que estaba representada por los activos financieros (incluido el dinero líquido) deberá ahora cederle un trozo a los que han fabricado esos cripto-activos.

Pero que nadie tome esta reflexión como una crítica en sí a la idea y la creación de los cripto-activos o monedas, pues estos no son sino la consecuencia de la enfermedad preexistente de sobre-financiarización o fundamentalismo financiero en el que nuestra sociedad vive sumida desde hace unas décadas. Pues el mismo efecto de dilución y traspaso de la riqueza de las manos de unos a las de otros sin contraprestación valiosa, se produce en el mundo financiero ortodoxo con los programas de rescate, inundaciones de liquidez, ayudas, recompras de deuda, devaluaciones...

El desacoplamiento que se está produciendo en nuestras sociedades entre la riqueza real y la financiera es alarmante y genera una enorme confusión. Supone la creación de unas reglas de juego nuevas que todavía no entendemos bien salvo aquellos que saben jugar al Monopoly de esos novedosos mercados financieros. Se trata de reglas que desmoronan el sistema de principios, méritos y equilibrios sobre los que antes se producía el reparto de la riqueza verdaderamente disfrutable y del poder asociado a la titularidad de riqueza financiera. La sociedad, con su sistema híper financiarizado, está premiando a los fabricantes de riqueza artificial y puramente nominal o, lo que es lo mismo, riqueza financiera. Y las criptomonedas son un aprovechamiento revolucionario y oportunista en gran medida a costa de los generadores de verdadera riqueza que ahora tienen que repartir su pastel.

¿Es este el sistema social de recompensas y reparto de poder que queremos para nuestra sociedad? ¿Nos lleva ello hacia una sociedad más justa y de mayor bienestar más allá del que dicen los fríos indicadores financieros? Sospecho que el desacoplamiento de la riqueza real de la financiera con creciente protagonismo y relevancia de la segunda es poco beneficioso para el sostenimiento social y emocional de nuestro sistema en su conjunto. Propicia desigualdades e injusticias que el pueblo llano acabará por no tolerar. Antes o después saltará al observar que algunos, creando riqueza de papel, no crean riqueza real o bienestar alguno pero consiguen apropiarse de parte de la riqueza de quienes no juegan en esas partidas de Monopoly.

Como he comentado, socialmente sabemos muy poco de la función psico-social del dinero y de la emocionalidad que hay en torno a él, pero es patente que el dinero se ha convertido en un fin en sí mismo y ello no puede ser sino el origen de su degeneración. El mundo occidental se ha hecho rico y es exuberante y excedentario en riqueza. Y es así, no tanto por lo que digan los balances financieros en sus distintos ámbitos, sino porque la cantidad de conocimiento acumulado, con su curva de aprendizaje en cuanto a su aplicación, instalaciones, infraestructuras y activos existentes, junto con las personas dispuestas a mover las maquinarias productivas de bienes y servicios, permiten y permitirán seguir creando riqueza de la verdaderamente disfrutable (comida, trasporte, medicina, vivienda y un larguísimo etc.) siempre y cuando el polvorín financiero y sus derivadas no lo hagan saltar por los aires.

Hoy el motor del mundo y el sistema de motivaciones de nuestra sociedad están asociados al dinero (monedas y activos financieros). Y sus reglas de funcionamiento tan sofisticadas y degeneradas han propiciado un sistema de reparto y reconocimiento que no parece muy alineado con los principales valores declarados y supuestamente arraigados en nuestra civilización.

Las soluciones para romper la insana y creciente brecha entre la riqueza financiera y la real no son fáciles, pero sin duda deben de partir de miradas libres de los condicionamientos, anclajes y paradigmas tradicionales, pues ellos pudieron ser útiles en una sociedad de la escasez, pero son destructivos en una sociedad de la abundancia como la actual. Como sociedad debemos quitarnos la venda que tenemos en los ojos y que nos impide ver:

- Que el problema de nuestra sociedad no es de escasez de riqueza sino de administración y reparto de la abundancia (y del poder).

- Que en general el sistema financiero nos lleva a una oculta y tramposa mutualización de los problemas que desvirtúa los principios de justicia liberal sobre los que se construye. Las ganancias de los inversores y agentes financieros las retienen estos pero sus problemas los pagamos todos cuando tienen suficiente magnitud y se encuadran en la categoría del «to big to fail». En línea con ello, arreglamos o más bien parcheamos los problemas que se derivan de las crisis con la inyección de liquidez, y el consiguiente incremento de la deuda. Así hemos podido ver qué ocurría en la pandemia del Covid, una deuda que se apunta en algún balance pero que no se sabe cuándo ni cómo se pagará. O mejor dicho, una deuda que sabemos que nunca se pagará pero que hace que las cosas sigan funcionando. Para generar actividad nos apoyamos en la figura de la inyección de liquidez y generación de deuda que sabemos que funciona en el corto plazo, creando o agrandando un problema pendiente de ser arreglado en el largo. ¿Quiénes y cuando pagarán la deuda? ¿Qué acreedores serán los que no cobrarán nunca su crédito?

- Que el desacoplamiento existente entre la riqueza financiera y la real está llegando a unos extremos insostenibles.

- Cómo las crecientes exigencias de productividad a las empresas para sobrevivir requieren de inversiones permanentes. Esas inversiones se adoptan tras la verificación de que producirán un retorno económico o *pay back* que las justifica financieramente en el marco de nuestras convenciones. El importe invertido es anotado en el balance para ir siendo amortizado conforme a los principios contables, y en tanto en cuanto no está totalmente amortizada la inversión, el balance reconoce un valor en su activo. Hasta aquí todo parece normal y sin trampas. Pero en general el sistema económico, tan apoyado en esas perversas ficciones financiero-contables, nos lleva a olvidarnos de que, en la mayoría de los casos, antes de la total amortización de la inversión (y de la deuda asociada a ella) se hace necesario realizar una nueva para la mejora o sustitución de la anterior. Y de nuevo se acomete otra inversión antes de la amortización de la anterior haciéndose imprescindible para sobrevivir el generar mayor rentabilidad, al menos contablemente. Y todo lo que sobra conseguimos anotarlo en fondos de comercio que con las debidas artes se justifican ante los auditores. Y con ello, como si este fenómeno no tuviera límite, seguimos como locos engordando los balances de las compañías y los niveles de deuda como contrapartida. Y los mercados financieros ajustan los ratios de deuda asociados a las distintas industrias y continúan dando valor a las acciones de las empresas.

- Cómo, mientras todo ello ocurre, el pobre ciudadano permanece sometido a tener que tragarse todas las novedades, cambios, innovaciones, mejoras de productividad, actualizaciones tecnológicas y de *software*, renovaciones de productos y hábitos... a velocidades crecientes.

- Que para tratar de promover nuevos sistemas de motivación y reparto de poder necesitamos previamente redefinir las variables que determinan el bienestar individual y social cuando los estómagos de los ciudadanos están llenos. Solo tras ello podremos poner las cabezas y la inteligencia al servicio de promover conductas y sistemas de reconocimiento y recompensa que contribuyan a un mayor bienestar individual y social, no solo material sino psicológico o emocional.

Dar a nuestros hijos todo lo que quieren y piden en todo momento sin una adecuada dosificación, por más ricos que seamos, no será lo mejor para su felicidad sostenida y la estabilidad a medio y largo plazo. Por similares motivos, el objetivo de la economía no debería ser procurar riqueza sin límite y la satisfacción inmediata de los deseos, sino contribuir a generar la riqueza conveniente y con ello satisfacción de los ciudadanos como seres humanos, pues la economía siempre debería estar al servicio del hombre. Hoy la ambición y presión por el éxito económico, medido en términos financieros, sostiene el necesario movimiento para continuar generando esa riqueza, pero ¿estamos seguros de que estas dinámicas de creación de riqueza contribuyen verdaderamente a la felicidad experimentada por los ciudadanos? ¿No nos estará saturando y llevándonos a rastras y con la lengua fuera a una gran parte de la población para no descolgarnos de la sociedad?

Los niveles de exigencia que la sociedad nos impone para no descolgarnos nos han empujado a poner nuestro ocio en gran medida al servicio de ganarnos la vida, de mantener nuestro hueco o de no excluirnos. ¿No es cierto que cada vez más durante el tiempo libre o de ocio mantenemos nuestra disposición a recibir correos electrónicos profesionales? ¿Cuántas horas de nuestro tiempo supuestamente libre tenemos que dedicarlo a hacer un perfil de LinkedIn, o a actualizarlo o a aprender una App de la que no éramos usuarios o a leer cosas relacionadas con nuestra actividad profesional o a socializar en las redes sociales dando *likes* para decir que existimos? ¿Lo hacemos porque queremos, o más bien porque nos sentimos obligados aun sin ser muchas veces conscientes de ello?

Tras todas estas preguntas, aquellos que tenemos la inquietud de no quedarnos descolgados de la sociedad o en nuestras profesiones, contestemos a la pregunta definitiva: ¿cuánto tiempo libre, del libre de verdad, nos queda para emplearlo en algo, o en nada, que no tenga más utilidad que estar al servicio de nuestras apetencias? Y en relación con esto ¿el mundo va a mejor o a peor?

El liberalismo explica y defiende su régimen por encima de cualquier otro apoyándose en que los otros sistemas no han funcionado. Y creo que es una buena justificación que ha sido cierta hasta hace muy poco tiempo. Pero la realidad es que cada vez es más patente que el sistema puramente liberal basado en una economía financiarizada e híper competitiva está dejando de funcionar, o al menos llegando a un punto de saturación... Sin duda es un sistema creador de crecientes desigualdades e insatisfacciones a pesar de que los niveles nominales de riqueza son superiores. Nos guste o no, los peligrosos movimientos populistas que emergen en las actuales circunstancias, mirados con perspectiva, desde Marte, se hacen cada vez más comprensibles cuando consideramos la realidad que mueve el comportamiento y el sistema de motivaciones humanas.

La gran utilidad del dinero, con las distintas funciones que ha ido adoptado en nuestra sociedad, se ha convertido más en una droga que todos parecemos buscar como vía para la consecución de todo lo demás, sin darnos cuenta de que en esa búsqueda nos olvidamos más de la cuenta de practicar una vida más vivida. En gran medida postergamos o sacrificamos la presencia de otros valores en nuestras relaciones con los demás que nos procurarían una felicidad o satisfacción más profunda. Salir de la rueda es tan difícil como lo es abandonar el alcohol para quien depende de él, pero la mejora de la satisfacción de vida de quien es capaz de liberarse es indudable.

Es por ello que el mundo necesita reflexionar e investigar sobre nuevas formas de hacer funcionar nuestro sistema socioeconómico y generar actividad humana digna como medio de vida de las personas y consiguientemente riqueza. Es necesario evolucionar hacia la instauración gradual de formas de producción y convivencia más colaborativas en las que la principal motivación no sea el dinero o el crecimiento por el crecimiento. El dinero debe volver a su sitio, sin idolatrarlo, y evitar que a servicio suyo se toleren agresivas e impresentables prácticas y presiones.

Decía Zenón de Elea en su famosa paradoja que una flecha lanzada hacia una diana nunca llegaría a esta pues siempre, antes de llegar, tendría que recorrer la mitad de la distancia pendiente de recorrer. Recorrida esa mitad tendría que recorrer la nueva mitad y así sucesivamente, lo que lleva al absurdo de pensar que la flecha jamás impactará en la diana. Y de alguna forma, cuando observo fenómenos de nuestro sistema socioeconómico tan financiarizado me viene a la cabeza esta paradoja. Sin duda es manifiesta la debilidad de cualquier argumento que pretenda sostener la continuidad de los paradigmas o marcos mentales económico-financieros imperantes hasta la fecha. Creo que mirando nuestro mundo desde estas perspectivas es evidente que su viabilidad socioeconómica no puede construirse sobre la posibilidad de una creciente deuda hasta el infinito y un exponencial crecimiento. Pues un mundo que tiene esos pilares podrá aguantar algún tiempo más, pero al final colapsará y se precipitará hacia algún tipo de grave conflicto. Y hoy solo quienes se benefician de sus posiciones y habilidades en los mercados pueden negar la necesidad de trabajar ese I+D socioeconómico para que las variables y los factores que mueven el mundo no sean los del mundo del Monopoly y las apuestas aderezadas.

Aprendamos de la fábula de los lagunos para evitar ser comidos por los populismos, la mentira y el todo vale y dejemos de asimilar bienestar casi exclusivamente al parámetro de riqueza material y financiera olvidando todos los demás. Y para ello partamos de la toma de conciencia de todos estos fenómenos saliendo de la ceguera respecto de cómo nos afectan social e individualmente.

PERDIDOS EN LA DEMOCRACIA DEL CAOS

Nos adentramos en otro territorio en el que la sociedad está sumida en una agitación y confusión que nos hace muy difícil comprender lo que está pasando a nuestro alrededor sin caer en la crispación o la indignación. Es el ámbito del funcionamiento de nuestro sistema socio-político con la creciente confrontación que hay en él. Nos resultan incomprensibles e intolerables muchos de los comportamientos que observamos a nuestro alrededor tales como asaltos a parlamentos, mociones de censura, mentiras y contradicciones sin escrúpulos, indultos, retorcimientos de leyes, reglamentos y argumentos para justificar lo injustificable, ocupaciones de edificios, negación de la norma general por la que un hombre es quien ha nacido con pene y mujer la que viene al mundo con vagina y útero. Y, como ello, todo tipo de planteamientos que ponen patas arriba casi todo lo que hasta ahora era lo establecido. Tenemos a su vez poca conciencia de que somos víctimas de distorsiones en nuestras miradas, por estar en general cargadas de una subjetividad que nos lleva a todos a hablar, opinar, juzgar, y en definitiva a arreglar el mundo, pero sin tratar previamente de comprenderlo. Con mayor o menor conciencia de ello parece que nos estamos quedando sin contrato social, o que los principios y valores que siempre habían guiado nuestra sociedad están hoy muy en entredicho por parte de muchos colectivos cuyas voces se oyen con el amplificador de las redes sociales y los medios de comunicación. Parece que todo es un caos y no hay quien entienda nada.

Comprender el mundo y sus dinámicas exige pensar, un esfuerzo que poca gente está dispuesta a hacer al preferir vivir y opinar apoyándose solo en impresiones. Pero son nuestros sentimientos muy por encima de nuestra cabeza los que se expresan y juzgan las cosas sin darnos cuenta de que ello condiciona nuestras miradas al ser nosotros parte implicada, activa y pasivamente, de las cosas que le ocurren a la sociedad. Al fin y al cabo, hablar y opinar de todo se ha convertido en lo normal incluso en las cuestiones más complejas de las que entendemos poco o nada. Nos encontramos rodeados y saturados de informaciones y opiniones, casi siempre con sus correspondientes sesgos, que nos agitan y que no somos capaces de ordenar o filtrar para forjarnos un criterio informado y razonable.

Como en general hago en este libro cuando trato de realizar un diagnóstico, en este capítulo pretendo no posicionarme mucho (seguro que algo sí) en favor de unas u otras corrientes de sentimiento o pensamiento. Lo que quiero es explicar lo que observo como fenómenos que se dan en nuestra sociedad y que nos crispan o indignan al no ser capaces de mirarlos con ojos limpios y libres de los inevitables condicionamientos que nos afectan. Nuestra implicación nos lleva a mirarlo todo con las gafas de nuestra historia personal, lo que nos impide comprender con naturalidad el funcionamiento de los grupos sociales con cierta distancia. Nuestro escaso conocimiento del funcionamiento de la conducta humana y nuestra negativa a aceptar que todos (incluidos los lectores) somos seres interesados, dificultan mucho una limpia comprensión de los fenómenos que hoy se dan en nuestra sociedad y, ante lo que no nos gusta, nos hacen pensar que otros son los malos o culpables. Intentaré por ello ahora solo de observar y será en la última parte del libro al tratar el concepto de la economía espiritual cuando mostraré mis preferencias y simpatías hacia unas y otras concepciones, o jerarquías de valores en la sociedad en la que me gustaría vivir.

Una política y unos medios de comunicación prostituidos, sin disimulo, al servicio de sí mismos

Este título expresa el fenómeno más llamativo y descarado que yo observo en nuestra sociedad como factor que más la moldea dándole la forma y la complejidad que hoy tiene. No tengo duda de que este fenómeno siempre se ha dado a lo largo de nuestra historia, pero lo que hoy es diferencial es el nivel de descaro e impunidad con el que ocurre. De alguna forma está marcando enormemente nuestros destinos y sobre todo la forma y el funcionamiento de nuestra sociedad en todo lo que se refiere a los aspectos socio-políticos. Es un fenómeno que sin duda es apreciado por la mayor parte de las personas, pero creo que sin suficiente nitidez en lo que se refiere a los efectos en cadena que genera. Además, en general lo entendemos muy bien, pero lo atribuimos de manera muy especial a las prácticas de los políticos y medios de comunicación del bando contrario pensando que en nuestro lado, el de nuestros políticos y medios, se da mucho menos y siempre de modo menos indecente.

Como les ocurrió a los lagunos cuando descubrieron el valor de la publicidad y la comunicación persuasiva, nuestro mundo se ha ido trasformando gradualmente para aceptar casi cualquier medio que funcione para conseguir votos y asaltar el poder, en el caso de los políticos, o para vender noticias o captar seguidores, en el caso de los medios de comunicación. La famosa frase de «el fin justifica los medios» se está imponiendo de forma muy marcada y es resignadamente aceptada en lo que se refiere a las actuaciones de políticos y difundidores de información. Los llamados principios, que teórica y formalmente seguimos teniendo como aplicables, ceden ante lo que le resulta pragmático para cada uno conseguir sus fines con gran tolerancia por parte de los ciudadanos. El disimulo por parte de políticos y medios es cada vez menor y la tolerancia de la sociedad mayor. Es quizá una tolerancia irritada y resignada ante la frustración de nada poder hacer para frenarlo, pero en definitiva el descaro por un lado y la permisividad por otro imperan. Y nuestra subjetividad nos lleva a menudo a que comportamientos de los demás que consideramos muy rechazables los observemos y juzguemos como válidos e incluso brillantes y exitosos cuando los realizan los de nuestro bando y son efectivos para conseguir nuestros fines, o generar irritación y desgaste los del bando contrario. Con ello contribuimos al sacrificio de importantísimos valores que queremos y creemos tener en nuestra sociedad como son el de la verdad, la lealtad, el respeto a la palabra dada, etc.

Sabemos que las noticias buenas no venden y que la crítica directa a las personas crea un morbo que atrae a lectores o seguidores. Sabemos también que producir polémica, irritando a unos y otros, genera distintos frentes o bandos, polarizando las visiones. Y los asuntos polarizados dan mucho de sí en cuanto a hechos o sentimientos noticiables. Los políticos quieren salir en los medios y tienen que decir cosas llamativas, aunque sean impresentables, y los medios jalean con amplificador y altavoces cualquier cosa que pueda darles más lectores o seguidores. Otras veces son los periodistas los que sacan de contexto palabras dichas por políticos para generar nuevas polémicas.

Al fin y al cabo, el mundo es una selva y tanto la clase política como la periodística tienen que buscarse su medio de vida, su hueco. El periodista se convierte en víctima de una presión que viene de la editorial, sintiendo esta a su vez la presión del mercado ante la necesidad de sobrevivir económicamente conforme a criterios de rentabilidad de la economía tradicional. Se trata de un fenómeno que si no lo remediamos tenderá a hacerse más marcado en una sociedad generadora de más y más personas innecesarias y excedentarias para nuestra maquinaria socioeconómica organizada conforme a criterios de productividad, competitividad y eficiencia.

En el escenario político cada vez se impone más la estrategia de la irritación, por la cual lo importante no es tanto lo que se dice sino cómo se dice para llamar la atención e irritar al bando contrario deleitando con ello a los del propio. Se construyen relatos para describir las actuaciones de los contrarios, a los que calificamos de deleznables ante comportamientos que muchas veces son normales cuando se observan con objetividad y sin sacarlos de contexto. Y en sentido contrario se construyen brillantemente relatos para legitimar nuestras propias conductas cuando son aberrantes. En definitiva, los principios y las más básicas normas de respeto se han perdido. Parece que ya no funcionan y que la estrategia que opera es la de acoso y derribo, y la de ir a por el enemigo, da igual de qué forma se haga mientras funcione. Los estilos de comunicación de muchos de los políticos en el mundo (precisamente de los que más salen en los medios) tienden a ser explosivos y constituyen carnaza y materia prima para la actividad de los medios de información. Y por otra parte, las decisiones de los políticos, como gestores de los intereses de la sociedad, se ven mucho más influidas por la previsión del juicio y el temor a la opinión pública y a su aprovechamiento por parte de sus adversarios que por la búsqueda del beneficio para los ciudadanos a los que representan.

A los medios de información, cada vez más y salvando las excepciones, deberíamos llamarles «medios de desinformación», pues lejos de buscar una información equilibrada para beneficio del lector u oyente, lo que buscan es dar a los oídos de sus seguidores lo que estos quieren sin importar en qué medida las cosas son ciertas. Se busca también llamar la atención y contribuir a la emocionalización de las relaciones políticas y sociales haciéndose cada vez más difícil el diálogo sereno y sensato para el análisis de las distintas problemáticas y retos que acucian a la sociedad.

Como ocurría con los lagunos, este ambiente informativo prolongado en el tiempo provoca una creciente superficialidad en el tratamiento y discusión de los distintos problemas en la sociedad. Despierta también una osadía general sin precedentes en la población, que hace que todos nos permitamos debatir y opinar con muy escaso criterio pero con vehemencia sobre las cuestiones más complejas. Ante la complejidad de los asuntos y las fuerzas e intereses que se entrecruzan con distintos lenguajes en nuestra sociedad, la confusión y el caos informativo germinan con éxito y dan permiso a todos para esa participación activa en las conversaciones. Pero nuestros posicionamientos no se basan en cuestiones o análisis que seamos capaces de entender, sino más bien en la adhesión a aquellas opiniones y posiciones que vemos que adoptan los que pertenecen a nuestro grupo. Y de tanto oír las mismas reacciones y valoraciones, transmitidas a menudo con una emocionalidad y sentimientos contagiosos, acabamos por hacer nuestras las simpatías y odios hacia unas y otras personas y cosas. Como pasa en general con las cosas que nos ocurren, son las emociones y los sentimientos los que mandan y dirigen nuestra vida, por más que pretendamos envolver esas decisiones, adhesiones y rechazos en un traje de lógica y racionalidad reflexionada.

¿Puede alguien pensar que todo esto deje de ocurrir si no cambian las circunstancias y razones que llevan a ello? ¿No es verdad que si miramos sin juicios observaremos que es normal como forma eficaz de encauzar la búsqueda de la supervivencia y el hueco en la sociedad? Ante la escasez de oportunidades para ganarse la vida en otras actividades, más y más personas buscan su hueco y tratan de vivir de la explotación de estas circunstancias y fenómenos. Al fin y al cabo, nuestro instinto de supervivencia social nos lleva a buscar medios de vida que funcionen en esta selva desinformativa. Ante la complejidad de intereses que se defienden a gritos en distintas frecuencias sin encajarse en forma de conversación, seguramente nuestra programación genética se preguntará por qué no aprovecharse de ello como se aprovechan de las circunstancias del entorno todos los animales de la naturaleza.

Entendiendo el funcionamiento del comportamiento de los seres humanos seguro que comprenderemos mejor estas realidades y por qué ocurren. La comprensión contribuirá a incrementar nuestro conocimiento socio-antropológico y nos ayudará a dejar de buscar culpables fuera, asumiendo todos nuestra cuota de responsabilidad o al menos de participación en el problema. Y desde luego nos permitirá comprender que el mundo ya no puede ser entendido con un pensamiento lineal y plano. Solo el pensamiento sistémico puede ayudarnos a conocer y navegar por las movidas y turbulentas aguas del mundo en que vivimos. Es por ello fundamental repasar una serie de ideas o propiedades de nuestro comportamiento social y de nuestra percepción del mundo que nos llevarán a aprehender mejor nuestro entorno.

El difícil concepto de la verdad

Creo que la mayoría de las personas de Occidente piensan que la verdad debería seguir siendo un importante valor en el mundo. Sin embargo, la verdad se ha convertido en algo hueco, sin sustancia, sin ninguna delimitación. La quiebra de la verdad en sentido amplio (veracidad, lealtad, honestidad, rectitud...) se ha hecho patrón común que envuelve muchos de los fenómenos analizados. Se han impuesto distintas formas de engaño (la mentira pura, la falta de respeto a la palabra dada, la manipulación, la deslealtad, la falsedad...).

En un mundo sin referencias claras y en el que vale cuestionarlo todo, el problema es definir y estar de acuerdo en lo que es y lo que no es verdad. En la discusión social sobre ello se entremezclan hechos, opiniones, apreciaciones y sentimientos sin ninguna coherencia y con interesadas manipulaciones intelectuales para sacar partido a la emocionalidad social a costa de sacrificar el rigor en el análisis. Por ello, la verdad como concepto intelectual acaba siendo aplicable solo al mundo de la matemática y al de los fenómenos fisico-químicos o, simplificando, al mundo de los hechos y los datos. Es decir, a aquello que no puede estar sujeto a opinión sino a verificación. La ley de la gravedad no es opinable sino algo comprobable o verificable.

Más allá de que las verdaderas verdades solo sean aplicables a las matemáticas y a algunas otras ciencias dentro de sus convenciones, todos creemos o más bien vivimos el concepto y el valor de la verdad. La verdad real pasa a convertirse en una verdad sentida o vivida, entremezclando, y con cierta asimilación en nuestro interior del concepto de verdad con los conceptos de lo bueno, lo justo, lo razonable.

La mayoría de las discusiones (si no todas) sobre si hay una única verdad o es algo relativo se deberían terminar sencillamente poniéndose de acuerdo los discutidores en lo que significa el término verdad, pues cada uno, como ocurre cuando hablamos de Dios, atribuimos distintos significados y delimitaciones a tales términos. Por tanto, cuando se observan adecuadamente esas discusiones se comprueba que no son no tanto debates sobre lo que es la verdad sino sobre el significado que le atribuimos al vocablo verdad. Pero en mi opinión, aunque la verdad es un concepto en muchos aspectos relativo, parece evidente que en la práctica (es decir en lo que se refiere a cómo vivimos y sentimos la verdad y la mentira) la tenemos muy presente. Todos tenemos interiorizado lo que significa para nosotros el concepto de verdad y creo que a todos nos parece un buen valor. Y a menudo, esencialmente en el campo social y político, decimos (o sentimos) que fulanito es un mentiroso, especialmente cuando pensamos que sus declaraciones nos hacen sentirnos engañados o pensamos que caen en la incoherencia. Decimos también que los líderes de partidos contrarios a los nuestros tienen engañados a sus votantes, que los manejan con sus discursos y propaganda. Por ello, ante la discusión y polémica sobre si la verdad existe y es única, yo prefiero decir que la verdad en muchos ámbitos puede ser discutible, pero el engaño no lo es. El que ha sido engañado lo ha sido, aun cuando ello se haya conseguido a base de decirle muchas verdades manipulativas o generadoras de confusión.

Muchas de estas afirmaciones de reproche a los contrarios las hacemos desde el convencimiento de que son verdad, o lo que es lo mismo, porque sentimos que tenemos razón. En gran medida vivimos usando los conceptos de la verdad y del tener razón de forma intercambiable, lo que genera gran confusión cuando pretendemos construir nuestra legitimidad y la justicia de nuestros actos y opiniones con argumentos para defender nuestras pretensiones. Como dice Schopenhauer en su pequeño tratado de *El arte de tener razón,* las personas cuando discuten se baten más por tener razón que por alcanzar la verdad. Ello nos lleva a olvidar la lucha por la verdad y el equilibrio, perdiendo también el cuidado de nuestros intereses precisamente por la obcecación que nos provoca el empeño en tener razón y la confrontación y polarización que ello causa. Son sin duda temas complejos que he tratado en el libro *Por fin me comprendo, conocerse bien para vivir mejor,* exponiendo la extendida confusión y el uso intercambiado de los conceptos de razón, justicia, bondad... y cómo ello impacta en las dinámicas de nuestras relaciones con los demás a nivel individual o grupal.

También en el libro *Rousseau no usa bitcoins; una revolución pacífica hacia una sociedad con sentido* incluyo algunas reflexiones sobre el concepto de verdad y cómo unas y otras verdades se entrecruzan. Merece la pena traer aquí un pequeño extracto de ello para una mejor comprensión de nuestra compleja y agitada sociedad: *«Comprender el mundo exige comprender la convivencia de muchas verdades entrecruzadas que no se mueven en el mismo plano».*

Sin duda nuestra comprensión del mundo no es perfecta y nos falta integrar en una sola ecuación y plano todas las distintas verdades (admitiendo a estos efectos que existan) y perspectivas que conviven en ella. Cada una es tan cierta como otras con las que convive y una verdad no excluye a las otras. Ninguna verdad por sí sola es capaz de explicar todos los fenómenos sociales en un momento dado. Pues incluso en una foto de un momento concreto existen verdades que parecen incompatibles cuando se hace un juicio o explicación acerca de la bondad de unas y otras cosas. Basta ver acciones calificadas de heroicas en una guerra cuando se juzgan con la perspectiva de un bando, y que resultan deleznables cuando se observan desde la perspectiva del bando contrario. Y ello es así aun cuando intelectual y éticamente ambos bandos compartan valores y criterios de juicio. Son las particulares vivencias de los hechos por parte de cada uno las que llevan a distintas verdades sentidas que, entrecruzadas con múltiples factores, afectan y condicionan las relaciones.

El momento temporal y las perspectivas afectan a la calificación social e individual de algo como verdad, y por ello ante los mismos hechos pueden convivir dos verdades contrarias. Solo una función matemática o algorítmica que explique el movimiento y las relaciones de causa y efecto podría dar forma y explicar una única verdad integradora de las varias posibles subverdades. Pero ese algoritmo tendría que estar nutrido con unas variables tales como los valores, creencias, premisas, etc. definidas de forma concreta y con unas reglas precisas de jerarquización de todas ellas como si de una fórmula matemática se tratara. Pero ¿quién tiene la soberanía o la potestad para fijar, precisar y jerarquizar todas esas variables? La respuesta es que «nadie que se pueda concebir con las capacidades del conocimiento humano».

Los problemas y agitaciones que nuestra sociedad hoy sufre en torno a la posverdad, las *fake news* y el relato, seguirán estando presentes hasta que aprendamos y nos convenzamos de lo que es realmente la verdad, tomando conciencia de que lo importante de las informaciones no es tanto el dato verificable sino la utilización del mismo (verdadero o falso) para afectar (quizá manipular) a nuestras reacciones, que funcionan mucho más en el plano de los sentimientos y las emociones. Es por ello por lo que inevitablemente la sociedad continuará con las agitaciones, la confrontación y las polarizaciones que hoy vivimos en tanto en cuanto no aprendamos o descubramos cómo funcionamos como individuos y grupos ante la recepción de información, y cómo su uso permite la manipulación de nuestras reacciones y posicionamientos. El nivel de impacto de la información se debe no tanto a la veracidad o falsedad de los datos o la información sino al relato que la presenta, a su contextualización y a las palabras y tonos utilizados. Pues unos mismos hechos (considerados de forma objetiva) presentados y narrados de una u otra forma pueden provocar en una misma persona reacciones y sentimientos de signo muy distinto. Tener conciencia de ello nos ayudará a ser más dueños de nuestras reacciones y respuestas ante lo que oímos o leemos.

La sociedad del relato

La sociedad siempre se ha construido sobre el relato para ordenar su funcionamiento, su sistema de justicia, las diferencias, los esquemas de poder, etc. De alguna forma el contrato social es un pacto silencioso construido sobre una combinación de relatos que presentan la realidad y las relaciones dando forma a un sistema de reglas o principios convenientes (o aparentemente convenientes) para la sociedad como conjunto y soportados sobre ciertos equilibrios de fuerzas. Al fin y al cabo, el lenguaje es creador de realidades pues, salvo las cosas físicas que siempre han existido en la naturaleza, las creaciones humanas no existen hasta que se les pone nombre y se describen para poder ser explicadas y compartidas.

Por esta razón, cuando uno va a Cuba o a un país comunista sin libertad de expresión las personas que allí viven, cuando no están influidas por informaciones y opiniones occidentales piensan que su régimen es correcto y que el Estado las protege. Y yo aun al riesgo de sufrir un severo reproche por parte del lector, me atrevo a decir que eso es prácticamente igual de mentira o de verdad que si lo decimos de una sociedad occidental. Cuestión distinta es cuál es el grado de manipulación y moldeado mental de las personas para vivir encajados en esa forma de pensar. Es una manipulación muy conseguida mediante la restricción del acceso a informaciones y opiniones disidentes. Pero el nivel de inconsciencia de los cubanos (o de otros pueblos sometidos) respecto de la manipulación a la que son sometidos no es menor a la inconsciencia occidental respecto del secuestro que sufrimos con el relato instaurado por las fuerzas del sistema y los mercados que asocian bienestar a riqueza material con tan solo pequeños matices. En un caso es el relato del dictador el que causa la inconsciencia y en el otro es resultante del complejo sistema de intereses creados complementado con la definición de lo que es y no es políticamente correcto. Sin embargo apreciamos fácilmente la falta de consciencia de los cubanos convencidos (si es que queda alguno), que se sienten orgullosos de no padecer la manipulación informativa que padecen, igual que ellos apreciarán con facilidad las degeneraciones a las que lleva nuestro sistema. El nivel de libertad en un lado y otro es sin duda muy diferente, pero ambas sociedades somos la consecuencia de los discursos y relatos que con reiteración y normalidad escuchamos.

En los países sin libertad son los dictadores o la casta dominante los que crean los relatos que dan forma a lo largo del tiempo a los sentimientos sociales colectivos. Pero cuando nos colocamos en Occidente observamos también como los estamentos beneficiados por el sistema defienden con argumentos y relatos de gran estética muchos principios y formas de funcionamiento de la sociedad que de alguna forma son también manipulativas para mantener su *statu quo*. Están motivadas (de forma inconsciente) por el interés de quienes ocupan esas posiciones. Hablo por ejemplo de personas conservadoras y bien establecidas tendentes a ser de derechas, y desde luego de los políticos de todos los colores, que con tal de no bajarse del sistema de listas cerradas para proteger sus corralitos nos dan todo tipo de argumentos que incluso ellos llegan a creerse.

Al fin y al cabo, cada uno cuenta la feria según le va en ella. Con mayor o menor conciencia de ello utilizamos relatos que nos llevan a vestir nuestras actuaciones como legítimas y buenas para ser bien percibidos por quienes nos escuchan, presentando nuestras versiones de las cosas como justas o convenientes para la sociedad. Pongamos un simple ejemplo: los empresarios (o quizá mejor dicho los de derechas) tienden a negarse a que se suban los impuestos o el salario mínimo. Y lo hacen con argumentos o relatos que justifican o explican que, si se producen esas subidas, bajará la actividad económica y la inversión o el consumo, se marcharán los inversores a otros países con mejor tributación y nosotros como país dejaremos de ser competitivos. Se trata sin duda de argumentos bien construidos que podríamos decir que son verdad, pero no toda la verdad. Es la verdad interesada en el marco de su relato delimitado por un tiempo y por solo algunas de las variables para valorar la mayor o menor bondad de las medidas.

Digamos que los de izquierdas (y cuanto más radicales más) mantienen un discurso contrario incluyendo factores y variables no considerados por la derecha como la justicia, la igualdad, la opresión... Y por ello reivindican y luchan por conseguir derechos para los trabajadores, subidas de salarios, más vacaciones... Y para su argumentación o relato se mueven en el mundo de los valores y con lenguajes que conectan con nuestros cerebros emocionales y de sentimientos. Los de derechas por el contrario se mueven más en el lenguaje de lo práctico y supuestamente verificable.

Y visto desde fuera ¿quién tiene razón? o ¿qué es más verdad? ¿Miente alguno de los dos colectivos más que el otro? Son sencillamente preguntas incontestables. Y esa incontestabilidad nos lleva a la conclusión de que son verdades relativas o condicionadas, como todas, salvo las verdades matemáticas o las verificables mediante la física la química y otras ciencias.

Los de derechas piensan y dicen que de no haber sido por el sistema capitalista y por la libertad económica el mundo nunca habría alcanzado los niveles de prosperidad que se extienden hoy a gran parte de la población. Pero ¿cómo hubiera sido hoy el mundo si siempre hubieran prevalecido sus argumentos anti subida de impuestos, de salarios mínimos, de garantías de derechos...? ¿Seguirían los trabajadores con jornadas de dieciséis horas, sin vacaciones o con salarios de miseria? Sospecho que jamás se habría producido el escenario en el cual los empresarios, un día unilateralmente, se hubieran vuelto solidarios y hubieran concedido a los trabajadores los derechos y mejoras a pesar de afectar en el corto plazo al crecimiento del PIB.

Resultan también curiosos los relatos que estamos escuchando desde la pandemia en relación con las bondades y peligros del teletrabajo. Lógico es que existan diferentes opiniones y que todavía haya un gran desconocimiento de las implicaciones que a la larga pueden tener en nuestra calidad de vida unas u otra medidas una vez generalizadas. Pero lo que resulta llamativo es ver cómo una gran parte de los altos ejecutivos (empezando por la agresividad de la banca de inversión) se enfoca en destacar mucho más los aspectos negativos que los positivos y se posicionan en una lucha para que en general las personas vuelvan al trabajo presencial, con el teletrabajo como algo excepcional. Ahora parece no darse valor a los ahorros en oficinas y gastos que el teletrabajo puede suponer. Y con todo lo que se desprecia en el entorno empresarial lo que no produce resultados medibles, ahora sin embargo se dice que son muy importantes la presencia, la cohesión, la convivencia... ¿No será también que a los altos ejecutivos les preocupa perder su estatus, el despacho, sus asistentes, el coche de empresa y demás privilegios, así como el terreno que dominan y verse igualados a los demás compañeros de detrás de una pantalla? No pretendo posicionarme sobre los aspectos relacionados con el teletrabajo, pero el sesgo de estos relatos empresariales me parece evidente.

Al fin y al cabo, detrás de muchos de estos relatos está la lucha de clases de siempre en la que cada una vive sus relatos y argumentos como verdaderos, como buenos, pensando lo contrario de los relatos de los otros. Pero esta lucha de clases hoy se ha convertido en lucha de intereses múltiples y entrecruzados en relación a abundantes aspectos y variables que nos llevan a vivir en una sociedad en la que cada uno va defendiendo lo que le conviene y defiende su hueco. ¿Son las carreteras para los coches como siempre han sido o tenemos ahora que aceptar que los ciclistas se conviertan en los reyes de la carretera subordinando los derechos de los automovilistas? Los que defienden al ciclista, las complejas reivindicaciones en materia de género, los veganos, los *okupas*, los que quieren prohibir los toros o la caza, y en general todos los «....istas», componen sus relatos para defender sus pretensiones construyendo supuestamente una legitimidad mayor que la que tienen sus opositores. Y esta interacción de intereses provoca el nacimiento de líderes que encuentran sentido en la defensa de una causa a la vez que ello les otorga un reconocimiento fundamental para darles su hueco en la sociedad. Es un fenómeno de creciente presencia que no cambiará mientras mantengamos los paradigmas sobre los que se asientan nuestros motores económico-sociales y de reconocimiento.

Nuestro contrato social está en este momento muy debilitado. Todo se cuestiona, y en tanto en cuanto no aterricemos un nuevo contrato social con nuevos paradigmas y marcos mentales el fenómeno del relato con altos niveles de retorcimiento será creciente, pues es lo que funciona. Al fin y al cabo, nuestra sociedad hoy es un gallinero en el que todos gritamos y argumentamos en defensa de lo nuestro dedicando poco tiempo a la comprensión de los demás y al encaje con ellos, existiendo múltiples altavoces y vías de comunicación que producen un tremendo y permanente ruido en una especie de cacofonía social sostenida por los múltiples relatos de unos y otros.

La verdad incompleta

En el plano de la información, el problema de nuestra sociedad no está en las informaciones falsas sino más bien en el hecho de que las mismas son engañosas por incompletas o por su alto nivel de sesgos no declarados. Se pueden decir cosas ciertas pero llevar a quien escucha a una errónea conclusión o al engaño pleno. En definitiva, cuando la información no es completa y se proporciona solo una parte de la misma omitiendo otra se produce de alguna forma una cierta falsedad en cuanto a la intención comunicativa. Supuestamente se finge dar una opinión objetiva y completa para convencer de algo, pero se omite mucha información que de haberse comunicado habría cambiado por completo la percepción del mensaje. No hay falsedad, pero sí verdades incompletas que llevan a percepciones o interpretaciones equivocadas.

¿No es eso lo que ocurre cuando las clases empresariales alegan que las subidas de impuestos o el reforzamiento de los derechos de los trabajadores perjudican a la economía? Efectivamente, cuando hacen esas manifestaciones en su afán de buscar su propio interés cortoplacista omiten el hecho de que en el largo plazo ello generará una ampliación y mejora de las clases medias, agrandando el mercado y haciendo además una sociedad más sostenible.

Por ello lo que dicen los empresarios no es algo falso, pero, al ser incompleto, convierte sus argumentos en una falacia al considerar solo la visión cortoplacista, a la vez que falta al reconocimiento de que unilateralmente nunca subirían los salarios mínimos (ni medidas semejantes) por voluntad propia. En sentido contrario no es difícil pensar en casos en los que los argumentos de las izquierdas más gritonas están basados en una apariencia superficial comprensible por las masas, pero sin el más mínimo análisis para completar y poner realismo a las primeras y atractivas apariencias. ¿No es eso lo que ha ocurrido con la subida del coste de las hipotecas precisamente por conseguir con sus gritos que el impuesto de actos jurídicos documentados sea pagado por los bancos? Ello ha supuesto en la práctica un mayor coste para los deudores que hipotecan sus casas y constituye un ejemplo de cómo la suma de verdades incompletas, junto a la deslealtad de un partido político usando un engañoso e interesado relato, es a menudo utilizada aun a costa de los intereses de aquellos desfavorecidos a favor de quienes se supone que se efectúa la reivindicación.

La distorsión en el uso de las estadísticas

Si siguiéramos una estúpida pero extendida pauta de conducta de nuestra sociedad, cualquier día se prohibiría conducir con calcetines alegando que el 95% de las personas que mueren en accidente de tráfico van con calcetines. Con poca conciencia de estar diciendo tonterías, a menudo se dan datos y estadísticas para sacar estúpidas conclusiones sin que quienes las escuchan cuestionen la estupidez que hay detrás de la lógica supuestamente construida. Los calcetines nada tienen que ver con una mayor peligrosidad, pero cuando los datos se dan y se reciben con el borreguismo que prolifera en la sociedad, el mundo se convierte en un escenario lleno de conclusiones sin sentido que llevan a más y más prohibiciones impuestas supuestamente para proteger algo pero sin la más mínima lógica.

Con similar lógica se decide cerrar parques, como el del Retiro de Madrid, que visitan miles y miles de personas cada fin de semana porque una vez en los últimos veinticinco años un árbol cayó y mató a una persona. ¿Alguien se ha preguntado cuáles son los peligros en los que pueden incurrir las personas al desarrollar otras actividades durante las horas en las que la gente no puede estar en el parque por estar cerrado? ¿Son los peligros estadísticamente mayores o menores? ¿Por qué nadie se hace esta pregunta antes de llegar a conclusiones e imponer prohibiciones o cierres? ¿Por qué no cambiar la estrategia y dejar el parque abierto advirtiendo de los potenciales peligros de pasear por el parque en días de viento? ¿No será que detrás de la medida de cierre está mucho más el interés del político responsable de evitar cualquier reclamación en caso de accidente o la crítica pública por la no adopción de medidas?

Ante cualquier estadística o simple dato, para ponderar su importancia es necesario tener otras referencias que permitan comparar la gravedad de las cosas más allá de las primeras y desproporcionadas impresiones emocionales que se producen con ciertos datos y especialmente cuando estos son llamativos. La explotación de los muertos, los accidentes, los agravios, etc. cuentan con creciente éxito como estrategia de comunicación para las distintas causas de los grupos de interés de nuestra sociedad. Se utilizan también mucho por parte de quienes ocupan cargos dando con ello razón de ser a la necesidad de mantener ese cargo. Al fin y al cabo vivimos en una sociedad en la que casi todo el mundo se agarra con uñas y dientes a su trabajo por más inútil que sea, pues como vengo reiterando, el paradigma de la competitividad y la creciente lista de innecesarios lo provoca.

El cruce de informaciones en relación con el nivel de peligrosidad de la vacuna de Astra Zeneca para el Covid-19 ha sido un fantástico ejemplo del torticero uso de algunos datos ciertos para crear falsas o distorsionadas impresiones de peligrosidad, a la vez que una buena muestra de la incapacidad de la sociedad, jaleada y confundida por los distintos medios de comunicación y redes sociales, para formarse un criterio sensato del verdadero impacto y riesgo de los datos e informaciones objetivas que recibe. La incapacidad o dificultad social para ponderar la trascendencia de los datos e informaciones en sus vidas es manifiesta, resultando un factor de suma importancia para poner de relieve la fácil manipulación de nuestros temores y reacciones.

Un mundo lleno de enemigos

Los enemigos son muy rentables para los líderes de cualquier grupo o causa. Probablemente lo que más atraiga a un seguidor sea compartir con su líder un enemigo común. Por ello los líderes construyen y pintan como peligrosas las acciones de los otros conformando como enemigos a las personas o partidos rivales. El enemigo es construido sembrando miedo sobre las opiniones del contrario, exacerbando los peligros, removiendo resentimientos y sacando punta a cualquier cuestión que pueda conectar con el rechazo emocional.

La fuerza de atracción ante un enemigo común es muy grande y el fenómeno se ve multiplicado por el interés generalizado de los medios por airear cualquier disputa o antiguo resentimiento y poner picante en el escenario informativo para llamar la atención y vender noticias, o más bien publicidad. Para ello los políticos utilizan palabras, giros y eslóganes o titulares que conectan con significados que generan automáticamente una reacción emocional de rechazo entremezclada con miedo.

La emocionalidad coloca el debate entre políticos en un diálogo de sordos en el que difícilmente se construye algo, pues no es ello lo que buscan sino su supervivencia en el terreno de juego, que se constituye en una especie de mercado profesional para la defensa de sus puestos de trabajo.

Las enemistades, animadversiones, resentimientos creados o agitados por los políticos calan en la sociedad, que se polariza y adopta posturas confrontadas, pues la calidad de la información con la que evaluamos y enjuiciamos las cosas es muy superficial y deficiente, especialmente para opinar de asuntos tan complejos y sistémicamente interrelacionados como los que hoy se dan en nuestra sociedad. Y de nuevo todo ello con la inestimable colaboración de los medios y las redes sociales, que tienden a poner por delante no tanto información (en sentido informativo), sino aquello que atrae aun cuando pueda ser creador de desinformación. Y así se hacen cada vez más hondas las visiones polarizadas, pues en general leemos, escuchamos y nos nutrimos de informaciones que tienen una orientación, posicionamiento o sesgo coincidente con el nuestro. Los de derechas leen periódicos de tinte conservador y reciben notificaciones en las redes que secundan o refuerzan sus visiones y opiniones, lo que les produce una cierta tranquilidad al sentir alineamiento con su propia visión. Y lo mismo ocurre con los llamados de izquierdas, pero con el signo contrario.

Por ello solo podremos comprender el mundo y reducir la confrontación cuando seamos capaces de escuchar versiones de todos los colores, no tanto para juzgarlas sino simplemente para entenderlas. Con ello entendido seguro que podremos unos y otros defender nuestros intereses, pero sin la emocionalidad propia de las relaciones entre enemigos, tan presente y destructiva hoy en nuestra sociedad.

La culpa de todo siempre la tienen los contrarios

A todas horas se pueden escuchar conversaciones sociales en las que dentro de un grupo de forma unánime se oyen opiniones y declaraciones de las que se deduce que la culpa de todos los males de la Tierra la tienen los grupos de ideología y adscripción contrarias al nuestro. Son opiniones que se olvidan de la complejidad y la interrelación sistémica de los fenómenos pretendiendo que el mundo se arreglaría si se aplicara la fórmula simple que ellos conocen con claridad. Parece que las soluciones son sencillas y que dentro del grupo se tienen perfectamente claras las claves para esas soluciones.

Sorprendentemente, en el bando contrario ocurre lo mismo, pero con inversión de los culpables y los mensajes. Todo está también muy claro y el problema es que incomprensiblemente los otros no son capaces de ver las cosas como son. En definitiva, vivimos en una competición entre clases para ver quién tiene más razón y quién construye relatos mejores para legitimar sus posiciones y pretensiones.

La construcción de culpables ante cualquier problema es clara y se produce con rapidez y automatismo para saber y señalar quién es el responsable de nuestros males. Pero pocas veces comprendemos a los demás. Raramente nos ponemos en sus zapatos para entender por qué piensan y sienten como lo hacen los que están en un bando distinto al nuestro. En definitiva, solemos tener claro que la culpa de los problemas se sitúa en el otro bando y que son los de ese bando los que tienen que darse cuenta de su error y dejar de impedir que nuestra sociedad funcione. El diálogo constructivo no existe pues cualquier conversación evoluciona rápidamente hacia el reproche abandonando el intento de comprenderse recíprocamente y buscar territorios de interés común.

Habitualmente, cuando analizamos las cosas que ocurren en el mundo o en nuestra sociedad lo hacemos de nuevo pensando que es cosa de otros el arreglo de lo que está mal, como si nosotros no tuviéramos nada que ver con la solución. Se producen pensamientos del tipo «los demás, que son los responsables o culpables, son los que tienen que cambiar, pues el mundo debe funcionar como yo pienso y me conviene que funcione». Y los del bando contrario dicen o piensan lo mismo pero al revés.

Es por tanto una sociedad llena de culpables con pocas personas que comprenden las distintas visiones y perspectivas de los grupos sabedoras de la enorme complejidad de arreglar las cosas, especialmente cuando el diálogo social civilizado para determinar cómo deben ser y funcionar la cosas no existe. De hecho intentamos arreglar el mundo sin habernos parado por un momento a pensar lo que entendemos por un mundo arreglado.

Pero como veremos más adelante, no puede decirse que no haya diálogo, pues sin duda existe, si bien es un diálogo caótico, si se quiere poco civilizado, basado en emociones y que se produce mediante el cruce de acusaciones, relatos, mecanismos de presión, llamada de atención, etc. De todo ello resultan unas no decisiones que sin embargo determinan y moldean el rumbo y la evolución de la sociedad mediante las propias acciones de la lucha.

La confrontación es hoy la principal fuente de actividad humana

Me permito replicar un *post* de Ana G. Avilés titulado «¿Quién sacude el tarro?» publicado en LinkedIn hace unos meses. Dice así:

«Si recoges cien hormigas rojas y 100 hormigas negras y las pones dentro de un frasco de vidrio, nada pasará. Pero si tomas el frasco y lo sacudes violentamente, de manera automática las hormigas comenzarán a matarse entre sí. Las negras creerán que las rojas son las enemigas y las rojas creerán que las negras son las enemigas, cuando el verdadero enemigo es la persona que agita el frasco. Pues bien, lo mismo ocurre en nuestra sociedad.

Hombres vs. mujeres.

Izquierda vs. derecha.

Rico vs. pobre.
Fe vs. ciencia.
Joven vs. viejo.
Y así un largo etc.

Antes de ponernos a pelear entre nosotros, deberíamos preguntarnos ¿quién sacude el tarro?».

Desconozco el rigor científico del experimento, pero resulta muy ilustrativo para establecer un paralelismo con determinados fenómenos sociales actuales. Merece la pena por ello dedicar un momento a su análisis.

A la pregunta de Ana en su *post* no me resulta difícil contestar que somos todos los que movemos el tarro. Buscamos siempre culpables a quienes reprochar las cosas malas que nos ocurren, y ello es un perfecto caldo de cultivo para el crecimiento de las dinámicas de confrontación. En una sociedad abierta como la nuestra y tan interrelacionada en todos los aspectos, todos somos causa (o contribuimos a ser causa) de todo, y todos podemos o debemos se responsables de su solución. Pero dicho esto, si pensamos en los políticos y los medios de comunicación podremos observar que unos mueven mucho más que otros el tarro de las hormigas y se benefician especialmente, contribuyendo con ello muy negativamente al buen funcionamiento de la sociedad.

Por ello yo, sabiendo que todos contribuimos a que el mundo sea como es, prefiero preguntarme: ¿qué es lo que sacude el tarro? La respuesta a esta pregunta está relacionada de nuevo con el comportamiento humano que hemos venido analizando a lo largo de este libro, y más en concreto con cuál es hoy la principal fuerza motivadora de nuestros comportamientos y los criterios por los que se otorga reconocimiento a las personas. Y hoy, una sociedad en la que ya no hay hueco laboral digno para todos hace que, para muchos, cualquier camino se convierta en bueno para encontrarlo, para luchar por algo. Más y más personas con buena formación y capacidad de crítica y de retorcer las cosas necesitan dar sentido a su existencia a la vez que ganarse la vida. Y es esta creciente reducción del mercado de trabajo digno, unida a la fortísima competitividad, lo que provoca el movimiento del tarro con nosotros como hormigas dentro de él.

Ante la presión, inquietud, vacío y miedo que les produce esta situación a quienes se ven sin hueco en la sociedad, las personas comenzamos a buscar a las hormigas que tienen distinto color al nuestro para encontrar un sitio y una actividad en la que tengamos algo que hacer y nos permita sentirnos pertenecer a algún bando en la lucha. A la vez, para muchos, la agitación, la crítica, y la captación con ella de seguidores supone un medio para ganarse la vida. Y es ello lo que potencia la predisposición social a la búsqueda del conflicto y la confrontación como medio de vida. Existen de hecho profesiones con enorme relevancia social, como la política y el periodismo, que existirían solo en un reducidísimo número de no dedicarse ellos mismos a mover el tarro de las hormigas.

¿Alguien ha pensado qué pasaría si los políticos, en lugar de pelearse entre ellos, se dedicaran a entenderse? ¿Y si los periodistas no tuvieran que buscar titulares provocadores para llamar la atención y ser leídos? Con los esquemas de funcionamiento actuales desaparecería la actividad de más y más personas, pues la realidad es que hoy el número de los que viven directa o indirectamente de la confrontación es enorme.

Sin darnos cuenta la sociedad ha creado su propia fábrica de actividad humana que se llama confrontación. Quizá sea mejor la confrontación que una eterna inactividad y pasividad, pero sabiendo que hay riqueza para todos ¿no es triste que tengamos que encontrar nuestro hueco tanto en la pelea en lugar de hacerlo en fuerzas o motivaciones superiores?

La reflexión ha muerto. Una sociedad que se entiende a gritos

Las propuestas de unos y otros en el ámbito político y en el plano social no generan reflexión sino griterío. Ya no es pensamiento o análisis lo que provoca una nueva medida legislativa o una propuesta de actuación en el campo de lo público. Parece que la discusión y el análisis de las medidas, aunque de alguna manera se produzca, solo ocurre a través de reacciones emocionales, instintivas, no meditadas ni analizadas sino en forma de apoyo o rechazo sin más, en forma de queja, grito, reivindicación o reproche de muy escaso o nulo rigor analítico.

Llevamos ya bastantes años hablando y preocupándonos de los populismos, y se dice que son un peligro para nuestra sociedad por adoptar siempre posturas tendentes a extremas y polarizadas. Pero ¿puede ser de otra manera en un mundo en el que tratamos la complejidad con enorme superficialidad, en el que los malos siempre son los contrarios y en el que, en definitiva, no existen el análisis y la conversación pausada y constructiva? Será por tanto difícil que ello cambie sin una clara evolución de nuestros líderes y de los ciudadanos en general. Y hoy, siendo las cosas como son, la realidad, nos guste más o menos, es que los populismos son determinantes de los destinos y la evolución de la sociedad.

Los líderes dicen y regalan a sus seguidores lo que a estos les gusta escuchar, y en un mundo tan complejo, para que nos toque y conectemos con algún mensaje, este debe ser simple y llamativo. En definitiva, debe conectar con nuestras emociones. Y siendo la emoción más fuerte el miedo, los políticos lo explotan sin escrúpulos para la creación de enemigos y dividirnos en bandos. Por ello proliferan tanto los *memes*, las falsas noticias, los dobles sentidos, la ironía, los titulares explosivos... y todo aquello que sirva para arrastrar a las personas hacia la corriente del político.

Es cierto que a la mayoría de las personas les gusta la moderación y rechazan las posiciones extremas. Pero, sin embargo, a menudo nos dejamos llevar por manifestaciones y emociones extremas en el calor de una discusión o momento social, aunque la serenidad suele volver y en el largo plazo la mayoría tendemos a votar con más moderación. Por ello algunos partidos, los menos extremos, no comunican prácticamente ideas para no crear enemigos, pues para esa función están sus partidos vecinos más extremos, ya estemos en el lado izquierdo o derecho de la política. Pues son los extremos quienes verdaderamente hablan y comunican los mensajes que realmente hacen evolucionar a la sociedad en lo que se refiere a configuración y sistema de valores. Unos partidos gritan e insultan y recogen algunos frutos y otros se limitan a estar colocados en el espacio de la moderación para recoger los frutos que pierden o no llegan a ganar los extremos precisamente por serlo.

A los que somos moderados nos produce rechazo todos los extremismos. Pero la realidad es que hoy son los extremistas los que mantienen más energía y motivación para defender sus ideas, mientras los moderados, en una sociedad llena de comodidades, tendemos a permanecer en casa calentitos, con poca implicación en la defensa de lo que consideramos bueno, y siempre con el temor de decir cosas políticamente incorrectas que nos puedan perjudicar. Por ello son los extremistas los que más marcan la línea de las ideas con claridad y los que con su extremismo convierten en moderados a quienes no son tan marcados en sus ideas o, teniéndolas claras, prefieren defenderlas con el diálogo.

Lo políticamente correcto impide el diálogo constructivo

El fenómeno anterior se explica en gran medida por la creciente e hipócrita práctica de exigir a los políticos, empresarios y personas con poder y relevancia social un exceso de corrección en sus declaraciones. Esto lleva a los moderados a prácticamente no poder hablar de determinados temas sensibles, lo que genera gran frustración en quienes necesitan expresar ciertas ideas y no pueden hacerlo. Ante ello muchos ciudadanos nos preguntamos por qué ninguno de los líderes moderados habla con claridad y contundencia. ¿Es que hemos terminado con la libertad de expresión?

Quien habla claro es criticado con dureza por el bando contrario, y los medios de comunicación por su parte sacan partido de ello jaleando el lío. Las verdades de la derecha y de los conservadores son criticadas con dureza por la izquierda por insensibles, injustas, por desconsiderar las necesidades de los ciudadanos, por ser generadoras de desigualdad y por pretender mantener un *statu quo* con sometimiento de los menos privilegiados. Es un discurso fácil que cualquier persona con algo de humanidad tiende a comprender y sentirse cercano a él.

Por otro lado, las verdades de la izquierda y los llamados progresistas son criticadas por la derecha por su falta de realismo, por llevar a la sociedad hacia una degradación al evitar el sistema natural de motivación basado en recompensar el esfuerzo. Si todos tienen derecho a beneficiarse de la riqueza que otros generan ¿quién se va a esforzar para conseguirla? Por otra parte critican también el ataque que la izquierda extrema hace a las costumbres, tradiciones y códigos de conducta social que la derecha considera que crean un marco adecuado de referencia para determinar lo que es adecuado y lo que no.

Por ello hoy estamos evolucionando a un proceso constituyente de un nuevo contrato social en el que la voluntad social no se determina a través de un diálogo civilizado, constructivo y ordenado, sino todo lo contrario. La sociedad se mueve determinando su movimiento y orientación lo que emerge dentro de ella como consecuencia de ese sistema de gritos y contragritos multidireccionales, y en un lado y otro marcando direcciones y tendencias que son corregidas o moduladas con la satisfacción o frustración de los ciudadanos ante unos y otros aspectos del devenir de nuestras vidas.

Aunque de forma muy desestructurada y acalorada, hoy existe un gran y caótico diálogo social. Todas las voces se escuchan, cada una con sus formas y estilos, y todo tiene su pequeña o gran contribución en la evolución social que va emergiendo. Lo que ocurre es que hoy la sociedad no da pasos claros y firmes, pues ya no existe la tierra firme. Recordemos que nuestro mundo vive en permanente flotación y sujeto a mareas y corrientes en las que los límites y fronteras no están ni pueden definirse en tanto en cuanto no existan unas referencias universales claras y un sistema de autoridad (más allá del poder) que permita vivir con códigos en los que se comparta de forma muy mayoritaria lo que está bien y lo que está mal.

Vivimos por tanto en una época de transición, constituyente de un nuevo contrato social que quizá se tarde mucho en dar forma y requiera de un gran conflicto para asentarse. Y en ese camino o transición permanente hacia un nuevo contrato social, la izquierda, o los llamados progresistas, tienen la gran habilidad de colocar en el espacio de lo políticamente incorrecto las posiciones contrarias a lo que ellos reivindican, sacando los temas en torno a ello fuera del ámbito de la libertad de expresión. En términos prácticos, en algunos ámbitos la libertad de expresión queda excluida.

Pero a pesar de todo ello la dinámica social es altamente democrática en el sentido de ser las múltiples voces, gritos e influencias del pueblo las que determinan el navegar social sin rumbo todavía definido por las complejas corrientes de nuestro mundo. Al fin y al cabo, nuestros viejos paradigmas se van quedando obsoletos, pero no sabemos ni nos atrevemos a vivir con otros.

La crítica a quien manda es durísima

«La crítica pública y profunda de los actos de gobierno es una necesidad, por no decir una obligación; pero el ataque irracionalmente sistemático y la permanente descalificación de las personas (...) no son a mi juicio un arma legítima» es una de las significativas frases que, en el año 1981, pronunciaba Adolfo Suárez en su discurso de dimisión como presidente del Gobierno, a la que me adhiero para hacer una denuncia de lo destructivo que resulta la crítica indiscriminada en política a todo lo que hacen los que no son de nuestro bando.

Parece que en nuestra sociedad no hay lugar para valorar positivamente alguna decisión o gestión realizada por el Gobierno o autoridad. Si el Gobierno de color contrario al mío decide «A», yo digo que lo correcto es «B», y viceversa. El caso es llevar siempre la contraria y buscar las cosquillas a cualquier cosa que hagan los contrarios, resultando casi imposible que públicamente se manifiesten acuerdos. Se critica todo y desde todos los ángulos, lo que genera la paralización o retraso de las decisiones, mientras quienes tienen que decidir buscan argumentos, relatos y justificaciones que legitimen sus actuaciones.

A quienes ocupan cargos públicos se les exige una ejemplaridad desproporcionada, incluso en aspectos y cuestiones que nada tienen que ver con las actividades públicas que desempeñan, buscándose permanentemente el reproche incluso por cuestiones o actuaciones realizadas muchos años atrás. Todo sirve si desgasta al contrario.

Todo ello provoca que, para atreverse a ocupar ciertas posiciones políticas de cierto nivel, es imprescindible tener unas escamas impresionantes. También que las decisiones se acaben basando principalmente en la valoración de la repercusión de la crítica que tendrán y en el consiguiente efecto en votos, dejando de lado como criterio la elección de las mejores alternativas para el pueblo. Preocupa más el qué dirán y la punta que le puede sacar la oposición a lo que un político hace que el bienestar de los ciudadanos.

Por ello, más y más personas muy competentes y con altos niveles de decencia rehuyen hoy acercarse a la política para no salir escaldados. Es un fenómeno preocupante porque lleva a que en gran medida la selección de nuestros líderes se apoye en esa capacidad de aguante mucho más que en la evaluación de las capacidades de gestión y gobierno que serían deseables para conducir nuestra sociedad. Con ello los políticos más capacitados para defenderse en la jungla socio-política serán quienes aguanten la crítica con enorme deportividad y sean capaces de convertirla en ataques de los enemigos, que resultan muy útiles para cohesionar a sus seguidores.

Nos metemos mucho con nuestros políticos en general, pero ¿puede alguien imaginarse a una persona decente, equilibrada, honesta y sin enormes capacidades de aguantar la crítica sobreviviendo hoy en la jungla política? Tenemos por tanto los políticos a los que nuestra dinámica social de crítica aúpa y empuja hacia el éxito o sencillamente les permite sobrevivir.

A su vez el peso de la crítica hace que en las decisiones políticas y de gobierno pese más el miedo que la preocupación por tomar una buena decisión para la sociedad. Es sin duda una muestra de esa deslealtad ya comentada por la que los dirigentes anteponen su interés y el de su partido al de aquellos que dicen representar y por cuyo bienestar velan.

El peso de la crítica hace que el sistema de gestión de asuntos complejos se haga más ineficaz de lo que lo es en sociedades donde determinadas libertades, como la de expresión, se encuentran restringidas o se ejercen con moderación y responsabilidad al servicio de la eficacia del gobierno y la armonía social. Es el caso de la gestión de la pandemia del Covid-19 en China, en la que se ha puesto de manifiesto una enorme eficacia, si bien a costa de sacrificar algunas libertades del pueblo y someterlo a todo tipo de controles y vigilancia.

Vale todo: un mundo sin referencias

Vemos hoy casi con normalidad cosas que hasta hace muy poco tiempo nos parecían absolutamente inaceptables o inauditas. Hemos hablado ya de las *fake news* y de la intromisión en nuestra privacidad para conocer nuestras preferencias y convertirnos en muñecos utilizados para vendernos cosas o arrancarnos el voto. Vemos como algunos defienden cosas tan extravagantes como los *okupas* o los asaltos al Estado de derecho en Cataluña, que posteriormente son juzgados como rebelión para luego ser indultados por quienes llegaron al poder asegurando que nunca indultarían a los condenados. Vemos a políticos mentir sin escrúpulos y actuar con absoluta incoherencia. Y también, recientemente, hemos presenciado el asalto al Capitolio en Estados Unidos por los seguidores o amigos del candidato que perdía las elecciones con muy mal perder.

Pero no pasa nada. Parece que el sistema está en cuestión y para muchos cualquier cosa vale si sirve para encontrar un nuevo orden, para mantenerse en el poder o para ganar dinero. El Estado de derecho solo queda como un resquicio en el que el derecho casi se limita a cuestiones procesales y competenciales en un mundo en el que la autoridad y los principios que inspiraban antes las leyes parecen haberse perdido. El derecho ya no es capaz de poner orden porque ya no se sabe cuál es el orden aceptable.

Los principios como fuente de guía e interpretación y juicio de las actuaciones en la sociedad han dejado paso a disposiciones reglamentarias basadas en detalles de regulación que ignoran sus principios inspiradores alejándose del porqué y para qué se dictaron esas normas. Parece que basta con ajustarse formalmente a una norma para poder actuar de forma aceptable. Las personas interesadas en salirse con la suya retuercen los argumentos y regulaciones legales y procesales y se amparan en ellos para tener cobertura legal para sus actuaciones. Solo largos procesos judiciales pueden quitarles la razón y condenarlos, pero para ello hacen falta muchos años de esfuerzo político o judicial, y cuando llegan las sentencias muchas veces se han convertido en simbólicas. Los aspectos formales y procesales toman mayor protagonismo que la sustancia de la materia que se trata de regular o proteger. Y nada ocurre, porque lo que es reprochable resulta atractivo si sirve para salirte con la tuya o para agitar la contienda política y con ello generar adhesiones. La negativa de Trump en noviembre del año 2020 a aceptar su derrota en las elecciones acusando de fraude a su contrincante es a todas luces una muestra de ello, aunque quizá en este caso los frutos de esa agitación hayan sido menores que el castigo recibido. El tiempo lo dirá.

Al final los actos más indecentes se convierten en motivo de debate pseudo-ideológico con tolerancia de las prácticas más deleznables cuando son realizadas por los de nuestro bando. Y si criticamos a nuestro bando lo hacemos con la boca pequeña y alegando que los contrarios hacen cosas peores.

Es un mundo en el que a menudo no es fácil saber lo que está bien y lo que está mal, pues no hay referentes claros a seguir al encontrarse prácticamente todo confrontado y polarizado. La agitación es la gasolina del movimiento político y de la democracia tal y como hoy está funcionando la sociedad, si bien es cierto que en unas sociedades de forma más marcada que en otras.

El sistema no tiene referencias claras porque el contrato social está en entredicho, como lo están los principios sobre los que sustentar la justicia y las reglas de convivencia social y económica.

Los niños desde pequeños se ven expuestos a una multiplicidad de patrones de comportamiento y se les pide que sean tolerantes a todo, pues todo debe caber en nuestra sociedad. Y sin duda suena bien esa llamada a la tolerancia y a la búsqueda de una sociedad en la que haya sitio para todos con respeto a sus peculiaridades. Pero de lo que no se quiere hablar, quizá por no ser políticamente correcto, es de cómo encajar los diferentes patrones de comportamiento de unos y otros cuando son incompatibles. La idea de que hay que respetar y tolerarlo todo es muy bonita, pero es a la vez ingenua si queremos tener una sociedad que funcione y sin fricciones y crispaciones permanentes. La tolerancia es sin duda un gran valor, pero siempre que se dé dentro de un marco de principios de relación y convivencia respetados.

Si hay algo que da carta de naturaleza a un grupo, un pueblo o una sociedad, es precisamente su cultura, entendida esta como un marco de principios y pautas de actuación que son generalmente aceptados y compartidos por sus miembros. Son esos principios, administrados adecuadamente, los que constituyen la autoridad cohesionadora de esa sociedad, dándole identidad frente a los pueblos o sociedades vecinas.

Pero hoy esos factores están en entredicho. El mundo se nos ha quedado pequeño y vemos que las sociedades (o más bien las llamadas civilizaciones) no tienen ya territorios que conquistar o colonizar. Las distintas sociedades que conviven en el mundo tratan de mantener sus posiciones de poder para influir en un nuevo orden mundial que está en gestación. Y mientras ese nuevo orden se aclara, vivimos con la peligrosidad que se deriva de la ausencia de enemigos externos (de momento no parece que haya extraterrestres que supongan una amenaza), lo que nos priva del mayor factor de cohesión y unión para defendernos del enemigo interior, es decir, de nosotros mismos. Y estando todavía pendiente el dar forma a una nueva sociedad global con su carta de principios, la realidad es que los jugadores dentro de ella utilizan y fomentan actitudes de vale todo contribuyendo así a una enorme agitación y a que nos olvidemos de los peligros que nos acechan. Los enemigos de la sociedad hoy no son tanto los extraterrestres sino nuestra propia sostenibilidad en sus distintos ámbitos sociales y medioambientales. Pero estos enemigos, al carecer de identidad personal, no consiguen esos efectos de unión frente a ellos, que sí se producen cuando se genera la rivalidad propia de las disputas personificadas.

Ojalá lleguemos pronto a una sociedad en la que se pueda saber y compartir con facilidad lo que está bien y lo que está mal, y en cuyo contexto hacer el bien obtenga el reconocimiento y la compensación social que merece.

Conversar no produce frutos

Decimos que los políticos deberían cambiar y ser más capaces de llegar a acuerdos con los otros partidos. Parece que se demanda mayor conversación constructiva entre distintos partidos para buscar consensos en aspectos importantes para la sociedad. Pero los políticos no lo hacen.

En muchas ocasiones no lo hacen porque no les interesa el acuerdo o el cierre de heridas. Su vivero de votos está en la confrontación y el desacuerdo. Basta como ejemplo el afán real de perpetuar la división en dos Españas con hipócritas y supuestamente bien intencionadas iniciativas legislativas para borrar las heridas de una guerra que concluyó hace más de ocho décadas. Creo que lo que se persigue no es lo que se dice que se persigue, y por tanto el diálogo y el acuerdo resultan casi imposibles.

En otros casos el diálogo no se produce porque quienes lo practican son castigados por sus electores, que los acusarán de ser blandos o de haber aceptado algo inaceptable, de haberse vendido o entregado, de no tener coraje, de ponerse de perfil... En definitiva, los políticos aparentemente no conversan y alcanzan acuerdos porque la sociedad no está preparada para hacer seguimiento de esas conversaciones o debates constructivos. La extendida superficialidad de nuestra sociedad y la afición a opinar de todo sin el más mínimo criterio impiden un diálogo social constructivo a través de los líderes políticos. Ante ello los políticos han de llevar sus estrategias hacia aquello que los sostiene, que de nuevo está relacionado con la agitación emocional, la siembra de odios, miedos y fantasmas pues eso sí consigue conexión con los electores y ayuda a formar bandos, unos de buenos y otros de malos.

En un mundo que vive en un proceso constituyente de un nuevo contrato social, la conversación no interesa, no produce resultados, no da frutos cuando la sociedad vive en la agitación. Resulta demasiado complejo discutir o debatir, al no existir acuerdos mínimos de partida respecto a cuáles son los principios inspiradores de la justicia y la convivencia en una sociedad de la abundancia como la nuestra. Los principios y palancas de funcionamiento de nuestra sociedad que permitían tener esos principios o referencias como irrefutables han quedado obsoletos al haberse pasado en pocas decenas de años a ser una sociedad cuyo problema es ser demasiado rica y productiva y no saber digerir la gran riqueza creada ni controlar y evitar el secuestro al que nos somete la maquinaria de creación de riqueza que hemos creado.

El diálogo constructivo en nuestro momento social es sumamente complicado en una fase de cambio de era. Por primera vez el mundo se nos ha quedado pequeño y nuestros problemas no son de riqueza sino de no saber convivir con ella. Conseguir tener un diálogo constructivo es difícil, pero es un reto al que no debemos renunciar.

El mayor riesgo parecen ser los totalitarismos

Cicerón explicaba que había tres posibles sistemas para el gobierno de una sociedad. Cada uno de ellos con sus virtudes y defectos o tendencias degenerativas.

El primero es la monarquía, entendida no tanto como las monarquías parlamentarias de hoy sino como el régimen en el que el poder máximo recae en una persona, que podría ser el rey, el emperador o un dictador. Este régimen tiene el riesgo de evolucionar o degenerar cayendo en la tiranía.

El segundo es el régimen de la aristocracia, que hoy podríamos entender como el Gobierno de tecnócratas y que tiene la virtud de colocar el gobierno y las decisiones en las personas supuestamente mejor preparadas para llevarlo a cabo. Pero este sistema puede tender fácilmente a la oligarquía o régimen, en el que solo unos pocos gozan del privilegio de acceder a ciertas posiciones de poder.

Por último, Cicerón hablaba de la democracia, con el atractivo, al menos estético, de colocar en el pueblo la soberanía y la capacidad de adoptar las grandes decisiones. Este poder, al basarse en el voto popular, tiene el riesgo de ser invadido por la propaganda y degenerar en una u otra forma de anarquía.

Me atrevo a decir que hoy, en muchos ámbitos, estamos muy cerca de cierta forma de anarquía. Cada uno hace lo que le viene en gana y no pasa nada o pasa muy poco. Unos ocupan casas, otros mienten haciendo política sin escrúpulos y acoplan las leyes a sus circunstancias para librase de ellas, otros cuestionan el resultado de las elecciones de la primera potencia mundial porque les interesa aun cuando no tengan fundamento alguno, otros dan golpes de Estado, calificados después de rebelión por los tribunales, otros llegan a mercados regulados como el de los taxis y lo invaden sin licencia alguna ni respeto del orden establecido legalmente para provocar un conflicto y conseguir su implantación.

Al fin y al cabo, hemos dicho que estamos en un periodo constituyente de un nuevo orden, y en definitiva de nuestro contrato social. En muy poco tiempo se ha producido un fenómeno por el cual se ha pasado de no poder las personas pronunciarse libremente en determinados temas por no ser políticamente correctos, a hacerlo exageradamente los representantes de algunos partidos extremos como reclamo de seguidores con mensajes políticamente incorrectos, y diría que incluso deliberadamente provocadores. La búsqueda de irritación de las personas con pensamiento diferente ha pasado a ser una de las principales armas de los partidos de los extremos, y de donde sacan sus enemigos, pero también sus seguidores.

La democracia actual se cimenta cada vez más en el eslogan, en el titular, en la frase que gusta a los nuestros e irrita a los contrarios. El diálogo constructivo en esos contextos se hace cada vez más difícil, y sin darnos cuenta la sociedad va admitiendo formas y medidas extremas relacionadas con el Gobierno de nuestras sociedades. En gran medida se produce un caos en el gobierno de asuntos de gran relevancia, y las decisiones se apoyan más en aquello que resulta más propagandístico o que cuestiona menos nuestra imagen.

Este fenómeno provocador de la polarización nos va acercando a situaciones críticas que uno se plantea si un día se saldrá de ellas pasando de la anarquía al totalitarismo, ya sea de un signo o de otro. Ante el caos, el golpe autoritario no solo es una tentación, sino que podría ser la única opción para evitar la degeneración a conflictos violentos de un tipo u otro, por más rechazables que nos parezcan los golpes autoritarios.

Por ello la sociedad, mientras se encuentre en periodo constituyente de su nuevo contrato social, tiene el reto de conseguir sobrevivir en esta especie de caos social y político en el que todo el mundo grita pero donde nadie parece querer entender a nadie. Una forma de soberanía popular y caótica-institucional en la que todos reivindicamos y reclamamos lo que nos interesa en un contexto de enorme desorden, del que resulta un nuevo caos social y democrático lleno de extremos, pero en general con movimientos pendulares y cierta tendencia al equilibrio. Y en ese camino, una de las mayores amenazas para ese equilibrio que nos mantiene en nuestra caótica paz es el totalitarismo. Y a él se puede llegar por la fuerza material o por el fraude y la manipulación del sistema institucional de los Estados cuando consiguen romper el equilibrio hasta ahora teóricamente sagrado de los tres poderes como garantía del sistema de libertades establecido en Occidente.

El peligro de caer en una excesiva escora de los planteamientos de uno u otro de los extremos, unos con la propaganda y la colonización progresiva de las instituciones, y otros con la amenaza de la fuerza y la imposición, no es algo tan remoto. Vivimos en una situación sin duda inestable y si no somos capaces de comprendernos mejor unos a otros y cuidar los equilibrios estaremos cerca de caer en una u otra forma de totalitarismo o de ahondar en la anárquica y caótica democracia actual.

¿Ha entrado la sociedad en «anergia»?

No conocía la palabra «anergia» hasta hace pocas semanas. Se trata de un término propio de la inmunología que se refiere al estado pasivo de los linfocitos cuando, estando presente en nuestro cuerpo algún patógeno, no se activan para hacer frente al ataque que este supone para el organismo.

De alguna forma, «anergia» es el estado en el que se encuentra una gran parte de la sociedad, que no tiene energía para activar la lucha para defender aquello en lo que cree, lo que le gusta, lo que fue siempre su costumbre y la forma de ver y ser en la sociedad, su concepto de lo que es lo bueno y lo malo, lo que debe ser y lo que no debe ser. Sin lugar a dudas una parte importante de las clases bien establecidas están escasas de energía e incentivo para luchar contra determinadas fuerzas y cambios llamados progresistas. Muchos de esos cambios, a pesar de ser rechazados por la mayor parte de la población, no encuentran resistencia. Los que quieren conservar las cosas carecen de incentivo de corto plazo para luchar y defender aquello que les gusta o les parece bien aun siendo mayoría. La energía de quienes conquistan posiciones, como es el caso de los más desfavorecidos, agitados por líderes populistas, son mucho mayores que las que existen para defender aquello a lo que estamos acostumbrados. De alguna forma las causas románticas resultan más atractivas para quienes quieren luchar con independencia del realismo para su implantación y sostenibilidad. Los más privilegiados, sin embargo, parecen haber perdido ya la esperanza de frenar muchos grandes cambios sociales y entran en esa situación de derrota que lleva a la «anergia» para ir cediendo cada vez más a nuevas miradas y enfoques más sociales para nuestras vidas.

La comodidad en la que muchos estamos sumidos nos narcotiza y resta fuerzas incluso para luchar contra lo que nos puede quitar esa comodidad o privilegio. A ello contribuye también en muchas ocasiones el arte de algunas facciones progresistas de convertir en políticamente incorrecta cualquier discrepancia a cuestiones que reivindican.

Al fin y al cabo, la «anergia» de muchos facilita la progresiva conquista de posición de las clases menos privilegiadas y de los gritones en la sociedad, que siempre tienen el incentivo de luchar por una causa. Pero ¿no es verdad que muchas veces la «anergia» permite que se impongan con normalidad prácticas o pautas de actuación antinatura y probablemente destructivas para la salud social en el medio y largo plazo? Como sería políticamente incorrecto mencionar alguna seré bueno y practicaré la «anergia», que seguro que el lector sabrá entenderme.

Inmersos en un nuevo contrato social amorfo y evolutivo

Los contratos sociales como el que propugnaba Rousseau nunca están escritos, pues son algo etéreo, abstractos y difíciles de delimitar. Por medio del contrato social los ciudadanos establecen los principios por los que se han de regir los destinos de la sociedad y las renuncias a la libertad individual que deben hacer en favor de mecanismos que garanticen una convivencia supuestamente beneficiosa para los contratantes. El contrato social está implícito en la forma de funcionar de una sociedad sin tener forma explícita en un documento o declaración de principios y obligaciones y derechos. Quizá a lo que más se parece es a una constitución, pues podría entenderse que esta es la concreción del contrato social en forma de Derecho positivo. Pero, al menos desde mi personal concepción, considero que el contrato social se encuentra por encima de una constitución y es desde luego menos definido y exigible, pues no otorga derechos directos, sino que es un dibujo de aquello que incluso de forma no consciente los ciudadanos están dispuestos a defender, hacer o tolerar para garantizar una convivencia adecuada. Así, se toleran y aceptan las sentencias, las limitaciones y obligaciones que las leyes nos imponen y el hecho de que sean algunas personas, elegidas mediante sufragio, las que nos gobiernen.

Nuestra Constitución en España está todavía vigente y sin duda es una fuente de Derecho aplicable; digamos que tiene fuerza de ley y da forma a nuestro Estado de derecho. Pero el contrato social con el que hemos vivido tradicionalmente, con su fundamental separación de poderes, me atrevo a decir que está obsoleto, o mejor dicho, superado. Los principios, derechos y fuerzas que movían y regulaban o daban forma a la convivencia de acuerdo con ese contrato social tradicional ya no son los que imperan y mueven nuestra sociedad. Existen otros juegos de fuerzas que son los que dan forma a lo que, en la práctica y de manera confusa, determina lo que se puede y lo que no se puede hacer, lo que está bien y lo que está mal, mucho más allá de lo que las leyes y constituciones dicen al respecto.

Puede gustarnos más o menos, pero de hecho hoy vivimos con un nuevo contrato social. Quizá sea un contrato social amorfo, indeterminado, cambiante, multiperspectiva, pero esta es la realidad que mueve hoy el mundo. Es un nuevo contrato paradójicamente basado en las debilidades del Estado de derecho en el que supuesta y formalmente vivimos y que está guiando los destinos del mundo, precisamente cuestionando el Derecho vigente y los principios y valores que hasta hace muy poco tiempo estaban firmemente arraigados e interiorizados. Nuestro contrato social tradicional se construía supuestamente sobre una lógica que creía que el ser humano actúa predominantemente de forma racional y se apoyaba en el Estado de derecho para resolver las diferencias en la aplicación de los principios y normas de convivencia. El nuevo contrato social nace y se acopla al hecho y a la constancia de que el ser humano se gobierna por afectos, emociones, adhesiones y preferencias no decididas a través de procesos conscientes. Y en gran medida podría decirse que toma su fuerza precisamente de las debilidades del Estado de derecho y del «garantismo» de derechos procesales, del derecho de defensa, la presunción de inocencia, etc. El abuso del Estado de derecho se ha hecho crónico.

El actual contrato social que está emergiendo se construye sobre un exceso de reglamentos aplicados a nuestras vidas y de la casi inexistente presencia de principios para orientar la aplicación de las leyes y los reglamentos. Las normas y los reglamentos se han impuesto al sentido común y ya no integran esos principios que les daban razón de ser y exigían la buena fe en su aplicación. Lo formal se ha impuesto a lo sustancial, lo que permite a menudo observar conductas deleznables de unos u otros, pero perfectamente vestidas y encajadas formalmente en nuestras leyes o reglamentos. La importancia que antes tenía la intención para el juicio de las conductas deja hoy de ser relevante para juzgar nuestras actuaciones.

Y si antes el poder judicial era el que de forma dominante determinaba lo correcto y lo incorrecto, hoy me atrevo a decir que la opinión pública y la crítica de las distintas fuerzas e intereses sociales, canalizados a través de los múltiples medios disponibles, tienen mucha más fuerza que ese poder judicial. Y aunque ello no ocurre de manera formal, explícita y procedimentalmente establecida, sí lo hace condicionando la lectura de los hechos y la interpretación de las leyes al servicio de los gritos sociales de un tipo u otro, que se han convertido en el poder más influyente y condicionante en nuestras sociedades. Creo que muchos sentimos que vivimos en una tiranía de un griterío social muy difícil de embridar. Y digo griterío social frente a opinión pública, pues creo que refleja mejor su verdadera naturaleza por carecer a menudo de la más mínima reflexión y criterio necesarios para calificar lo de opinión.

Es precisamente a través de nuestra participación (significativa o como mero granito de arena) en ese griterío social como ejercemos la soberanía popular con mucha más influencia que la que ejercemos con el voto. Pues, al fin y al cabo, votamos a quien declara y hace proclamas en línea con esos mensajes del griterío público con el que nos sentimos afines. Con ello los políticos se han convertido en marionetas al servicio del griterío público. Si antes eran los líderes quienes ocupaban el poder y guiaban los destinos de la sociedad, hoy podría decirse que no hay líderes en ese sentido y que nuestros destinos se determinan por ese liderazgo amorfo, multisujeto, cambiante y emocional que fluye a través de los distintos canales que conforman lo que antes era opinión pública y hoy es alboroto público.

Seguramente podemos pensar que nuestro mundo es un caos y que, si existe hoy un contrato social, es un contrato a la deriva. Ver cada día las noticias nos produce sorpresa tras sorpresa por las cosas que llegan a pasar. Vemos y escuchamos sucesos que ocurren y nos parecen inauditos, personas influyentes que llegan a acumular miles de seguidores por sus formas de hacer que se nos hacen inaceptables, contrarias a lo que es correcto, personas que se hacen famosas precisamente por comportamientos deleznables y que hasta ahora eran condenables, o que aparentemente lo son conforme a nuestro derecho tradicional. Pero hasta lo que al principio nos parece inaudito, en muy poco tiempo la sociedad acaba tragándolo y dando nueva forma a lo que está bien y lo que está mal a gran velocidad, aunque a veces de forma etérea y cambiante. La polarización política de cualquier asunto incrementa el ruido y la polémica, dando una falsa legitimidad y sustento social a muchos posicionamientos solamente por ser contrarios a los de nuestros adversarios o enemigos.

El enorme coraje que exige ser políticamente incorrecto para expresar opiniones contrarias a las corrientes dominantes de lo correcto ha hecho que surja un nuevo poder que no existía antes. Es ese súper poder, superior a todos los demás, encarnado por la opinión pública dominante en forma de griterío y llamadas de atención por la vía o medio que sea para generar simpatizantes. Es el nuevo poder que nace de un saber llamar la atención acompañado de relatos y narrativas que calan emocionalmente en una gran parte de la sociedad y otorgan esa fuerza determinante de nuestros destinos precisamente a algo tan etéreo como lo correcto. Lo correcto es algo que se corresponde con una tendencia, con una moda, con una dirección que resulta atractiva para una parte de la sociedad, en gran medida por la constante reiteración de sus aspectos favorables y la demonización de cualquier disidencia de esa visión. Es difícil saber bien quién conforma esas visiones de lo que es lo políticamente correcto, pero sin duda hay verdaderos artistas capaces de sacarle partido en el campo político. Y sin duda en esa conformación de lo correcto tienen más peso los colectivos débiles o menos privilegiados por la facilidad de despertar adhesiones a favor de la debilidad. Además, su condición limita su oferta disponible de actividades, regalándoseles tiempo y energía sin coste para luchar y efectuar reivindicaciones contra las diferencias o contra lo establecido. Lo de siempre, el *statu quo*.

El poder de lo políticamente correcto es tan fuerte que se hacen condenables las simples opiniones discrepantes y el uso de ciertas palabras solo porque alguien ha creado una historia o relato que asigna una supuesta denigración a quien usa esas palabras. ¿Hay alguna razón por la que hoy no se puede llamar ciego a una persona que no ve? ¿Es que el término ciego era despectivo? Alguien ha creado una historia y un relato para sacar partido al cambio de palabra a utilizar para referirnos a una persona que no puede ver. Y son muchos los ejemplos en los que palabras que se han usado siempre dejan de poder utilizarse por la presión de ese poder bautizado como el poder de lo correcto. En realidad la mayoría de las veces lo que hay es simplemente una lucha contra lo establecido.

La sociedad siempre ha dado peso a lo correcto, pero antes el peso de lo correcto se administraba a través de la autoridad del poder judicial y basándose en principios tradicionalmente asumidos y compartidos orientados al mantenimiento del estado de cosas de siempre o, lo que es lo mismo, predominantemente conservador, o al menos apoyado en leyes más previsibles. Eran principios conocidos y posiblemente compartidos por todos de acuerdo con relatos creados a lo largo de la historia de las sociedades. Quizá unos los compartían porque les interesaba (los más privilegiados) y otros por sumisión a quien les daban de comer. Hoy, por el contrario, la sustancia de lo correcto es de novísimo cuño, diría que incluso suavemente revolucionaria y construida supuestamente sobre los intereses menos favorecidos con discursos grandilocuentes que muy probablemente incorporan una gran inteligencia social-colectiva de supervivencia para un mundo que como el nuestro ha alcanzado tan altos niveles de desarrollo en algunos ámbitos y se encuentra tan retrasado en otros.

En un mundo ya rico, ya educado, aunque de forma muy superficial, nuestra imagen parece hacerse más importante. A todos nos gusta sentirnos personas buenas que respetan a los demás y que viven alineadas con las pautas que rigen lo que es correcto. Incluso quienes con más dureza y agresividad han conquistado posiciones de privilegio o poder comparten esa tendencia a cuidar su imagen, o al menos toman conciencia de que no pueden descuidarla (aunque sea con una visión utilitarista) si no quieren ser derrocados de sus posiciones. El discurso de protección del débil es muy sencillo de encajar y a nadie le resulta fácil oponerse a él. Por ello hoy en el gobierno de nuestras sociedades tiene creciente peso la fuerza de quienes, como grupo, crean una causa para efectuar reivindicaciones que resultan difíciles de rechazar incluso en el fuero interno por parte de quienes son más privilegiados, a la vez que su rechazo supone un alto coste reputacional. Por ello hoy el mundo y las sociedades están en enorme medida movidos por la democracia de los gritos cruzados de unos y otros en reivindicación de unas y otras cosas, en general con un tono crítico contra quienes hasta ahora han sido más privilegiados. Es la democracia de los gritos y numeritos de un tipo y otro para llamar la atención, seguidos de relatos bien construidos que conectan emocionalmente de forma fácil con muchas personas que se dejan llevar por sus reacciones emocionales o de sentimientos inconscientes, haciéndose seguidores de las causas creadas por otros, casi sin ninguna reflexión o análisis racional.

Y así, con la enorme interacción de voces, noticias, *posts*, *memes*... y sin darnos cuenta, vamos forjando en nuestro interior nuestra visión del mundo y de lo que está bien y está mal. Y esas visiones forjadas con las múltiples interacciones que nos llegan, agregadas colectivamente crean los distintos movimientos que con enorme fuerza guían el mundo. Son movimientos o causas tendentes a la igualdad, a la inclusión de todos, a la protección del medioambiente, al respeto de los animales y a muchos «ismos». Algunos con lógicas que comparto y otros con la sola lógica de ser útiles para derrocar todo lo preexistente y ganar batallas frente al poderoso. Y siempre con voces y gritos emitidos desde un sentimiento endiosado de ser dueños de la verdad, lo ético y lo correcto.

Son estas fuerzas, modas y tendencias las que hacen que los políticos den forma a su discurso para agradar a su público y conectar con esas inquietudes o voces sociales. Y hoy, escaseando los llamados hombres de Estado, que supuestamente encarnan el poder con una gran perspectiva protectora de los grandes valores y que son garantes del funcionamiento social, los políticos parece que se ven mucho más guiados por la búsqueda de votos que por la gestión adecuada de los problemas y retos que tienen las sociedades. Pero no nos engañemos, pues ello es parecido a lo que hacen los empresarios, quienes supuestamente parecen ofrecer ayuda y soluciones a sus clientes cuando lo que realmente buscan es venderles productos y servicios para hacer caja sin importarles demasiado si ello será efectivamente bueno para ellos ni cual es el impacto que sus actividades generan en la sociedad. Esta es la realidad antropológica del interés que no debe escandalizarnos, aunque ojalá seamos entre todos capaces como sociedad de ir restando protagonismo a esas pulsiones tan humanas para guiarnos en lo sucesivo mucho más por los principios de la economía espiritual y del sentido que más adelante veremos.

Siendo este nuestro marco de convivencia, hablo por ello de una nueva soberanía. Es la soberanía que se construye sobre la tiranía de la imagen y la reputación, ya sea individual o colectiva, y que se ejerce a través de las llamadas de atención, las voces, los gritos, ordenados o no, emitidos en múltiples fuentes y trasmitidos por múltiples canales. Quienes están en el poder de grandes instituciones o de los gobiernos se sostienen escuchando las voces de los ciudadanos, muchas veces irracionales, aunque en algunos aspectos con cierta inteligencia intuitiva colectiva que determina la evolución de la sociedad. Y quien quiera sostenerse en el poder deberá ser capaz de gestionar su imagen sabiendo que la misma se forja con la conexión emocional, con el titular, el eslogan y las narrativas que consiguen conectar o tocar el sentimiento de las personas.

Nuestra sociedad está espiritualmente seca

Siento a menudo que la gente corre, y corre como pollo sin cabeza. Observo a muchas personas exitosas que parece que nunca se sacian. Lo tienen todo, pero quieren mucho más, aunque no saben más de qué. Como lo niños pequeños, parece que lloran tratando de aplacar su ansiedad y desasosiego comprando lo siguiente, haciendo un nuevo viaje o plan, o teniendo que salir a contar a los demás todo lo bueno que hacen y tienen. Y muchos ganando y acumulando más y más dinero, encontrando en ello el aquietamiento que necesitan. Veo gente muy desorientada que ni siquiera se pregunta o busca alguna forma de orientarse, personas que no se han asomado nunca a dimensiones personales y trascendentales más allá de lo tangible y la consciencia de que están vivos sin saber para qué.

Estamos rodeados de personas que viven para alargar la vida en lugar de para vivirla. Personas vacías interiormente que no saben que solo se vive en el presente, que el futuro no es sino una imaginación o creación que construimos en nuestra cabeza para ilusionarnos o, contrariamente, para preocuparnos. La vida siempre y solo se desarrolla en el presente. Con la cabeza en el futuro, la atención y la vida se desencuentran, lo que nos impide conseguir la presencia plena en lo que estamos y donde estamos.

El mundo está lleno de personas esclavas de su pasado y atemorizadas por su futuro. Digo esclavas porque no son capaces de escapar del rol o el estatus que se han autocreado y que las atenaza, ni del personaje que han dibujado de sí mismas para lucirse en sociedad. Tampoco son capaces de quitarse, y ni siquiera de identificar, las caretas que se han puesto y que, sin consciencia de ello, llevan y les impiden ser quienes verdaderamente son. Su pasado y su trayectoria los constriñe y atenaza llevándolas a ser personajes que transitan por la vida en lugar de ser como personas completas que viven desde el alma de su interior y con plena presencia.

Vivimos muchas veces atemorizados por el futuro pues no somos capaces de aplacar los temores a perder lo que tenemos y a dejar de ser lo que somos para la sociedad que nos mira. Confundimos «ser persona» con la representación de una posición o rol y estatus social o económico. El apego al personaje que hemos representado y el miedo a mostrarnos como realmente somos crean en nosotros un vacío de identidad y esencia generando estados de ansiedad, inquietud y desasosiego que en nuestra sociedad se combaten con más y más actividad, con drogas o con la acumulación de bienes materiales o falsos amigos. Una forma de aplacar ansiedades y temores efímera, superficial y transitoria. Una dinámica que contribuye, en forma de creciente espiral, a los fenómenos degenerativos que nos rodean en el ámbito socio-económico y que he venido describiendo en apartados anteriores.

Reconozco que he escrito esto imaginando a otras personas como víctimas de los fenómenos descritos, pues es más fácil ver la paja en el ojo ajeno que la viga en el propio. Pero debo admitir que casi todos, o al menos yo, somos víctimas de ello en mayor o menor medida. La velocidad nos dificulta el adentrarnos en la búsqueda de nuestra dimensión espiritual, que es la que nos puede regalar un bálsamo de quietud y confianza. Es la vida espiritual la que nos puede abrazar dándonos cariño y un lugar y un porqué para estar aquí y vivir. El espíritu nos da la luz y la guía para caminar, aparcando las sinrazones que hoy conducen el mundo sin saber muy bien al servicio de quién están.

La razón no sirve para dar respuesta a estas cuestiones ni para aquietar nuestra agitación existencial. Solo trabajar el espíritu, encontrar el alma en lo más recóndito de nuestro interior puede aplacar nuestros temores. Vivir cabalgando en nuestra alma y dejándonos llevar, flotar y fluir con ella nos permite ser de verdad quienes somos, estar en el presente, con presencia y sin más expectativa que seguir viviendo cada momento. Es esa forma de vivir la que nos lleva a vivir de verdad, donde el cuerpo, la experiencia, la atención, los sentidos y la consciencia se integran y quedan liberados de una razón o reflexión que nos perturba cuando funciona como anticipadora y sembradora de miedos. Ese espíritu íntimo y propio, expandido para hacernos ser quienes somos, nos infunde la sabiduría natural de la vida, proporcionándonos una felicidad y una satisfacción estable y profunda. Es la condición que podemos observar en quienes están encajados en sus vidas, libres de las ataduras de las apariencias y sencillamente satisfechos. Notamos que son personas que están bien, llenas, entretenidas en su presente y liberadas de insanas agitaciones e inquietudes propias del vacío. Lo material, como las drogas, aplaca el deseo por evasión o huida pero no procura satisfacción duradera. El espíritu sí, pues el trabajo y la satisfacción espiritual impregnan todo nuestro ser de forma plena haciendo a las personas seres llenos de autenticidad y gratitud. Convivir con personas que de una u otro modo trabajan y cuidan su espíritu se asemeja a vivir rodeado de gente enamorada que desprende un halo de luz, amor, satisfacción, alegría y gratitud que resulta difícil de describir. Da gusto esa convivencia por la plenitud y sentido de cada momento presente en ellas y la paz que trasmiten.

Me siento en ese sentido un privilegiado, pues trato de rodearme de personas con quienes puedo compartir estas reflexiones e inquietudes y mis experiencias en torno a ello. Me gusta estar rodeado de personas con las que intercambiar preguntas y conversaciones que nos permiten abrir nuestro interior y compartirlo sin más fin que comprendernos unos a otros y abrazar conjuntamente nuestros inevitables miedos y desasosiegos. Son conversaciones que nos unen de alguna manera en el espíritu al desarrollarse libres del tinte de relación social tan habitual que solo produce respuestas preestablecidas y convenientes para nuestra imagen y utilitarista sociabilidad. Me refiero a la extendida forma superficial de relación social que contribuye a la sequía de espíritu y en gran medida a vivir fuera de nosotros mismos.

Muchas personas como yo necesitamos poder hablar y encontrarnos de verdad con otros. Pero hablar desde dentro en un encuentro profundo que implique el compartir cómo estamos y cómo nos sentimos, pues vivir es sentir, experimentar, sufrir, gozar y amar. Lo demás (pensar, razonar, calcular, medir, moverse, saltar...) es otra cosa que incluso cualquier robot puede hacer. Y desde luego necesito compartir mis inquietudes espirituales y la búsqueda de sentido con los interrogantes que todos llevamos dentro y para los cuales solo podemos encontrar respuestas en el ámbito espiritual. Por ello a veces me entristece la extendida sequía de espíritu, especialmente en una sociedad que ya lo tiene todo menos quietud y sosiego. Lo que escasea en nuestra sociedad no son la riqueza material, las relaciones sociales, los másteres y títulos universitarios, y otra suma de cosas destinadas a convertirnos en contratables o empleables, o en personas socialmente atractivas. Por el contrario, lo que es verdaderamente escaso es nuestro trabajo interior, la búsqueda de crecimiento personal integrando todas nuestras dimensiones y el cuidado de nosotros mismos y de los demás. Estamos sobrados de trabajar nuestra superficie y descuidamos la mirada hacia adentro para encontrar el alma trabajando con la luz de la espiritualidad que nos permita ser auténticamente quienes somos desde la quietud, la serenidad y la plenitud.

En nuestras vidas, la falta de sentido nos lleva a menudo a refugiarnos en esos personajes con caretas y en el deseo de acumular y de la siguiente novedad. Pero esos logros son solo falsas y efímeras satisfacciones, que no hacen sino atarnos a una espiral degenerativa por la que se hace creciente la necesidad de mayores y mayores dosis de novedad o acumulación, como droga de nuestro tiempo para alcanzar un falso aplacamiento de nuestros temores y ansiedades. Y ese no es el camino en una sociedad como la nuestra que ya es rica y que camina a vertiginosa velocidad.

Con el arraigo del racionalismo hace unos cuantos siglos nuestra civilización apartó a Dios y la cuestión religiosa. La arrogancia de la razón y la soberbia científica, junto con una reacción de rechazo a determinados excesos cometidos en nombre de la religión provocaron el abandono y casi desprecio del ámbito espiritual por parte del ser humano y de la sociedad. Y en gran medida ese abandono en la sociedad de la cuestión espiritual o religiosa nos priva de las referencias para vivir sabiendo lo que está bien y lo que está mal, y para canalizar las inquietudes y agitaciones interiores con las que el ser humano tiene que vivir. Hoy el dios social es el dinero, y ello provoca las derivas que he venido exponiendo.

Trabajar el espíritu es desde luego algo inútil desde el punto de vista utilitarista, pero lo más valioso para nuestra plenitud y satisfacción vital, y constituye un factor de conexión y comunión entre quienes comparten preguntas y respuestas en la espiritualidad, aun cuando los caminos seguidos por unos y otros sean diferentes. El espíritu es un manantial en el que podemos encontrar paz y sabiduría, claves para la difícil cuestión de la justicia y el sentido de nuestra existencia, además de las mejores vitaminas y estimulantes para vivir en estado amoroso. Pero hoy ese trabajo se encuentra poco valorado y muy descuidado.

SEGUNDA PARTE

¿CAMBIAMOS LOS PARADIGMAS?

«La verdadera dificultad al cambiar el curso de cualquier organización reside no en desarrollar nuevas ideas, sino en librarse de las viejas»

JOHN MAYNARD KEYNES

Antes de abordar el apasionante tema de nuestra evolución social retomemos las historias de los airis y los lagunos, pues ellas podrán ayudarnos a concebir lo que hoy nos resulta inconcebible. Recordemos que las historias de ambos las dejamos cuando los más avanzados de los dos pueblos o civilizaciones habían abandonado sus respectivos territorios ante la conciencia de los absurdos e insostenibles paradigmas que movían a ambas sociedades. Los pioneros sociales de ambos pueblos se encontraban fuera de sus territorios de origen deambulando en busca de principios y formas de convivencia y vida con más sentido...

Airis y lagunos se encuentran en el camino en busca de una sociedad con sentido

Y en ese deambular de los lagunos fuera de la Gran Laguna en busca de nuevas formas de vida y de relación encontraron otra gran comunidad de habitantes llamados airis que habían huido del hemisferio norte del planeta por razones similares a las que provocaron la huida de los lagunos. Ese encuentro y la unión que de él nació enriqueció el conocimiento humano y social, llevándolos a hacer esfuerzos e inversiones comunes en lo que llamaron «I+D» social y antropológico.

Juntos, los airis y los lagunos, conviviendo con sus diferencias, colonizaron las tierras que se iban desecando de la Gran Laguna y en cuyas llanuras la vegetación crecía con rapidez y exuberancia, dibujando un colorido y alegre paisaje poblado de más y más especies animales. Era un territorio que se iba extendiendo a gran velocidad hasta llegar a las tierras de donde provenían los airis huidos de su sociedad.

La misión estaba dando a luz una nueva civilización, ocupando todo un extenso territorio que bautizaron como el «Continente del Sentido», en el que la amabilidad y el sentido estarían muy presentes desde su fundación para defenderse de la opresión que hasta entonces habían sufrido en las sociedades de las que provenían por el degenerado predominio de la competitividad y la búsqueda como *leitmotiv* de productividad, rentabilidad y crecimiento. En el Continente del Sentido iba quedando atrás el sometimiento o secuestro de la sociedad por el sistema económico que ella misma había creado, liberándose de la sofocante generación de más y más necesidades y de una vertiginosa velocidad de adaptación para la supervivencia que solo estaba al servicio de la propia economía.

La nueva comunidad que así nacía era sólida y coherente en el respeto de los principios y bases cuyo desprecio habían provocado su éxodo desde sus antiguas civilizaciones, y comenzaba a sembrar cuidadosamente el código de principios de la nueva «era de la amabilidad». Teniendo esta comunidad asegurada la satisfacción de sus necesidades fisiológicas por el regalo de la naturaleza, junto con el buen encaje de sus miembros en los sistemas de producción de riqueza, tuvieron claro que la creación de riqueza no podía constituir el propósito y el sentido de su existencia. Sus líderes desde el principio colocaron en la cúspide de los principios la búsqueda de una auténtica felicidad a través del respeto y el cuidado de las relaciones entre unos y otros, siempre basado en el autoconocimiento, la serenidad y el cuidado del espíritu y de los aspectos emocionales de sus habitantes. Sabían que con sus altos niveles de riqueza consolidada, la felicidad de sus habitantes dependía mucho más de la gestión del «saber ser» y «saber vivir» que del incremento de esa riqueza obsesivamente buscada.

Llamaron amabilidad al sistema social y democrático que instauraron en esa nueva tierra, bautizando a todos los habitantes como amables. Había nacido una nueva raza de pobladores en el mundo. Una raza que se creaba por la evolución de dos pueblos cuyos paradigmas de funcionamiento se habían vuelto inviables para sobrevivir. Una raza que nacía con un despertar gradual de las poblaciones ante el fenómeno degenerativo de búsqueda de más y más riqueza, y más y más producción por los lagunos, y más y más oxígeno por los airis. La toma de conciencia de que el monstruo social y económico que habían creado los sometería si no cambiaban radicalmente sus marcos mentales fue el catalizador que permitió evolucionar hacia la era de la amabilidad y el sentido. El número de amables no dejaba de crecer, al irse uniendo nuevos lagunos y airis, que iban despertando gradualmente de la ceguera de su secuestro en sus antiguos y deprimidos territorios.

Los amables pronto empezaron a profundizar en el conocimiento de los rasgos principales que constituían su propia naturaleza y en las claves para conseguir la armonía en las relaciones sociales. Pronto estructuraron y conceptualizaron los factores que determinaban los comportamientos y motivaciones para conseguir su felicidad. Crearon una ciencia que denominaron humanismo. Todos los amables conocían su propias cualidades y puntos débiles, y sabían cuáles eran sus necesidades individuales y sociales. Eran plenamente conscientes de la importancia de la satisfacción de las necesidades sociales para procurar tanto la felicidad individual y sostenida de los amables como el mantenimiento de un armonioso sistema de relaciones y convivencia social. Conseguir la felicidad plena y permanente de todos sabían que no era posible, pero también sabían que la mejor forma de conseguir la mayor y más duradera felicidad para el mayor número de amables era precisamente desarrollar y cuidar el humanismo.

Buenos conocedores de su procedencia genética y de sus inevitables tendencias ambiciosas y competitivas, especialmente marcadas en algunos, desde un principio los líderes amables se cuidaron de no caer en la ingenuidad de pensar que la vida es fácil. Sabían que no todo funcionaría construyendo solo sobre los pilares de la amabilidad pues conocían bien la existencia de enemigos al acecho. Sabían que no hay sociedad sin enemigos internos salvo aquella que vive bajo la amenaza de enemigos externos.

Muy conscientes de todo ello, los amables colocaron como líderes a quienes eran sabios y podían comprender su funcionamiento con su irrenunciable programación genética para la supervivencia en un contexto de gran complejidad social. Los sabios, conscientes de sus limitaciones operativas, se apoyaban con perfecto encaje en quienes como empresarios tenían grandes capacidades de gestión, si bien orientando su actividad hacia la consecución de un nuevo y verdadero bienestar individual y social compatibles. Se apoyaban también en quienes llamaban nuevos políticos, cuya función dejó de ser la de crear una actividad profesional para ellos mismos para pasar a dedicarse, bajo supervisión de los sabios, a comunicar y enlazar con la sociedad, entendiendo sus distintas voces y encauzándolas al servicio del mantenimiento de una sociedad realista, encajada, y por supuesto amable.

Había nacido una sociedad basada en el leal y firme respeto a los principios compartidos, como base para la interpretación de cualesquiera leyes que se promulgaran. Había vuelto a la sociedad el sentido común, que tan perdido estaba en las comunidades de las que procedían los airis y lagunos. Los sabios, sirviéndose de «agencias de la verdad», luchaban contra la mentira y la manipulación, sencillamente poniendo luz a los hechos ciertos y facilitando la distinción por parte de los ciudadanos de lo que eran hechos, opiniones y meras expresiones de sentimiento. Existían desde luego variados puntos de vista y diferencias en la sociedad y en la comunidad de sabios, pero existía la conciencia bien arraigada de que la confrontación para la solución de los conflictos llevaba a perpetuar estos de forma dolorosa, convirtiéndose en claves las habilidades y competencias conversacionales para el análisis y solución de las situaciones de tensión y los intereses contrapuestos propios de cualquier sociedad viva.

Conscientes de la inteligencia del «Mercado» (tal y como lo denominaban los clásicos de las viejas comunidades de procedencia), y del gran valor de su función, mantuvieron su protagonismo, si bien corrigiendo los aspectos que con la evolución se habían convertido en tumores malignos para su supervivencia. Conforme a ello:

- El motor de los mercados no podía tener como misión su propio crecimiento, pues en ello era donde radicaba el germen de su degeneración al quedar los individuos secuestrados por el propio mercado.

- La verdad debía volver a estar presente en lo que se refería al ofrecimiento de productos y servicios, erradicando todas las prácticas manipulativas para la atracción, lo que sin duda constituía un reto. En el campo político, las discusiones y debates deberían tener como base mucho más la realidad de las cosas que las apariencias y las impresiones interesadamente creadas por los líderes con eslóganes de agitación apelando a las emociones del pueblo para distorsionar esa realidad.

- Las unidades de valor para el intercambio de bienes y servicios dejaban de ser monetarias, naciendo e implantándose gradualmente las «prestaciones espirituales», por las cuales las personas trabajadoras o prestadoras de servicios recibían una novedosa combinación de dinero con otro tipo de satisfacciones que daban forma al creciente arraigo de lo que empezaron a llamar la «rentabilidad espiritual».

- Muchas voces, incluso de pensadores y privilegiados tradicionales del mundo de los airis y los lagunos, empezaban a supeditar la rentabilidad financiera de los empresarios a la satisfacción de otros aspectos relacionados con el bien común, y el respeto y cuidado de los principios y derechos humanos de cualquier amable.

Había nacido una nueva economía, la economía espiritual, cuyo propósito no era el crecimiento y la rentabilidad financiera, sino asegurar el buen funcionamiento de la maquinaria de producción de bienes y servicios. Las empresas debían conseguir su «cuota de existencia futura» precisamente por desarrollar actividades con sentido para los individuos sin dañar el entorno y la comunidad. Una economía en el que la contribución de los amables a su funcionamiento no solo les procuraba una remuneración en términos materiales, sino también una importante rentabilidad espiritual, entendiendo esta como todo aquello que proporciona satisfacción, encaje y sentido vital. Una economía que procuraba grandes cantidades de felicidad por facilitar el acoplamiento de la mayoría de los amables a actividades en las que encontraban sentido y a las que podían contribuir con sus mayores dones naturales. Una economía que ya no hablaba de trabajo sino de actividades humanas, pues era plenamente consciente de que no todos los habitantes eran necesarios para producir los bienes y servicios por los altos niveles tecnológicos y de automatización conseguidos con el progreso.

UNA SOCIEDAD EN TRANSFORMACIÓN

¿Necesita el mundo ser arreglado?

Seguro que a muchos les resultará difícil siquiera concebir en su imaginación un mundo como el de los amables en el continente llamado Amabilidad. Tampoco nos sorprendería el que un pez no fuera capaz de concebir un mundo sin agua. El agua es su medio, su mundo, y solo una gran apertura de visión o capacidad de imaginación podría permitirle imaginar un mundo sin agua, o a los humanos vislumbrar una nueva sociedad basada en medios, entornos, fuerzas, pilares o paradigmas distintos a los actuales. Aceptemos esta limitación como normal y seguro que ampliaremos nuestras posibilidades de concebir otra forma de ver las cosas, aun cuando ello sea contrario a la manera en que siempre las hemos visto. Pues aquello que hemos visto siempre como normal no es porque realmente lo sea sino porque así lo hemos mirado nosotros reiteradamente y esa reiteración ha creado la normalidad. Por ello es nuestra disposición a la apertura la que nos permitirá comprender serenamente el porqué de las cosas que pasan en el mundo y concebir otros escenarios que hoy nos parecen inconcebibles a pesar de que ya existen muchas muestras y señales de que la sociedad camina hacia ellos.

Me gusta decir que este mundo tiene arreglo, especialmente cuando me dedico a dibujar escenarios futuros que quizá sean más un deseo que una realidad esperada. Pero cuando me escucho me doy cuenta de que el mundo está más arreglado que nunca y que los que tenemos que arreglarnos o evolucionar somos sus habitantes. Cuando uno observa el mundo con perspectiva y tratando de liberarse de sus sesgos, sentimientos, nostalgias, melancolías, puede comprobar que, en términos de cualquier indicador de calidad de vida de la sociedad, nuestro mundo es el mejor que jamás ha existido. Pandemias temporales aparte, es el mundo con mayores tasas de longevidad, menor índice de muerte infantil, menos hambre, menos analfabetismo, mayores índices de atención sanitaria, menor número de muertes violentas, y un sinfín de atractivos indicadores, además, por supuesto, de los altos niveles de riqueza y confort alcanzados en Occidente... Si nos liberamos de las impresiones creadas por el exceso y la toxicidad informativa y nos protegemos de la negatividad que provocan los titulares de las noticias con sus interesados sesgos podremos comprobar que tanto los derechos sociales y de las personas como el acceso de la población a nuevas cosas han mejorado muy sustancialmente.

Sin embargo, cuando entramos en el mundo de lo difícilmente medible las cosas están menos claras. A pesar del gran desarrollo de las sociedades, o quizá precisamente derivado de ello, existe mucha insatisfacción provocada no tanto por las carencias sino por nuestra relación con las cosas que nos rodean. Muchos sufren por el hecho de perder relevancia pues una pérdida de posición de unos países o regiones respecto a otros, o de unas clases sociales frente a otras, produce miedo e insatisfacción, como nos ocurre cuando sufrimos una descendente trayectoria personal dentro del pequeño mundo que a cada uno nos rodea.

La agitación, el exceso de información y nuestra dificultad de modular la trascendencia relativa de las múltiples noticias negativas nos llevan a pensar que el mundo es un desastre y que necesita arreglo. Y con tal de no responsabilizarnos de nada, vivimos con el automatismo de pensar que los que tienen que cambiar son los demás o incluso, a modo de fórmula de evasión, decimos que el que tiene que cambiar es el mundo. Confieso que a veces yo mismo, en modo desahogo, caigo en esa desviación y pienso que el mundo está muy enfermo, que los principios se han perdido, que la verdad no tiene valor ni la mentira castigo y que el sinsentido permanente se encuentra firmemente arraigado en nuestra sociedad.

Las amplias libertades en nuestra sociedad, junto con los múltiples canales y espacios para poner voz y reivindicar lo que a cada uno le viene en gana, generan un griterío que nos produce desasosiego y parece dejar fuera de vigencia nuestro contrato social, que supuestamente servía para saber lo que estaba bien y lo que no. Y en ese nuevo ambiente de griterío y reivindicación permanente de derechos, sin asunción de responsabilidades, a unos le duele el que las cosas no sigan siendo como siempre y a otros les produce insatisfacción el que el cambio y la igualación no se produzca todavía a mayor velocidad.

Pero, siendo respetuoso con mi propósito de escribir con poca implicación personal, trataré de nuevo de irme a Marte para hacer las siguientes reflexiones de la forma más aséptica posible, con una mirada sin preferencias hacia una u otra visión o bando, lo que desde luego me exige luchar seriamente con mi cuerpo para controlar mis reacciones espontáneas. Por otra parte, y, aunque a menudo siento lo contrario, mi inclinación y preferencia decidida a ser más bien optimista me llevan a optar por vivir pensando que tenemos el mejor mundo de la historia y que somos nosotros los que tenemos que evolucionar, aceptar las nuevas realidades y salir de nuestro analfabetismo socio-emocional para mejorar el mundo y nuestra relación con él. O, lo que es lo mismo, solo la aceptación e integración de nuevas realidades, desde una mejor comprensión de lo que somos y de lo que es nuestra sociedad, nos permitirá moldear mejor nuestro futuro.

Las reflexiones de este libro se hacen desde la observación de la megatendencia de estar yendo hacia un mundo global y abierto lleno de peleas internas cruzadas entre las distintas regiones o sociedades, grupos de interés... Y en el que las fronteras son permeables, por más que sigan existiendo ciertos controles, regulaciones o ámbitos de soberanía asociados a delimitaciones geográficas. Siendo consciente de que a veces pintaré un mundo mejor, con más cooperación y menos competición como punto de llegada, deliberadamente me abstraigo de la complejidad de cualquier aspecto que tenga que ver con la gestión de la transición hacia ese mundo mejor por unas y otras regiones, y sociedades competidoras. En esa megatendencia, cada sociedad deberá encontrar su camino y su ámbito de competitividad dentro de la jungla socio-económica y competitiva, pero siempre en dirección a una nueva economía, la espiritual, de la que ya se aprecian algunos primeros brotes.

Soñar sí, pero todos soñamos

Cuando los lectores lean esto serán muchos los que enseguida dirán que soy un soñador, y en parte no se equivocarán. Pero sabiendo que ningún mundo puede ser perfecto y que todos tienen sus fallas o debilidades, prefiero soñar con aquello que es ya una tendencia con sus brotes y con lo que marca una dirección hacia el desarrollo de lo que hoy es más escaso: nuestro bienestar emocional. Seguro que el mundo no llegará nunca a ser tan bonito como yo lo pinto aquí, pero será seguro mejor que el de quien sueña en mantenerlo como está y sostenido por los mismos paradigmas que nos han traído hasta hoy. El sueño de pensar en perpetuar un mundo como el de hoy sin escuchar y acoger gradualmente las distintas voces que tanto suenan dirigidas el desmantelamiento de privilegios históricamente creados me parece más peligroso que soñar (con prudencia y moderación) en un mundo más humano y amable, aunque sea a costa de sacrificar parte de la productividad y el crecimiento económico m de la economía tradicional. Soñar que las espirales de creciente deuda, las quimeras de los distintos mercados y regulaciones financieras y los juegos de política monetaria pueden servir indefinidamente como sustento y motor de nuestra sociedad es más propio de ciegos ilusos que de soñadores.

Cierto es que quien en el otro lado sueña también con un mundo en el que se viva sin esfuerzo, sin desigualdades y con toda suerte de derechos sin obligaciones será igualmente iluso y quizá, en algunos casos, también tendente a caradura La vida es y seguirá siendo dura por siempre jamás. Estará llena de imperfecciones, de problemas, de carencias, de desequilibrios que necesitarán ser corregidos. Pero mi sueño es que de forma creciente nuestros esfuerzos como sociedad los pongamos precisamente donde existen mayores carencias y crecientes fricciones. Y nuestras carencias hoy no son de riqueza material sino relacionadas con nuestra ignorancia y falta de conciencia de que somos ricos y no sabemos administrar y disfrutar de la riqueza que nos desborda y distrae de las cosas más importantes, humanas y espirituales.

Necesitamos cambiar el motor del mundo en pleno vuelo. ¿Pero cuál es el nuevo motor? Cambiar un motor estropeado de un avión en pleno vuelo es difícil, si no imposible, por razones evidentes. Cambiar el motor de nuestra sociedad sin parar el mundo es también difícil, pero tenemos que hacerlo. De hecho, ya lo estamos haciendo de alguna manera.

Nuestras sociedades se mueven al ritmo de la economía en el sentido tradicional. La gestión de los indicadores y parámetros financieros (crecimiento, PIB, déficit, niveles de deuda, niveles de liquidez…) todavía resulta determinante para promover la actividad humana apoyada en el lenguaje económico. Que se para el país por una pandemia, pues regamos liquidez y vuelven a fluir las cosas. Que nos hemos pasado y hemos generado demasiados niveles de deuda, pues cortamos el grifo y nos apretamos el cinturón yendo menos a los bares y comprando menos cosas... En definitiva, cuando los números dicen que las cosas están bien o se riega todo con liquidez, la cosa se anima hasta que estallan las burbujas. Sin duda por ello la economía financiera todavía sigue siendo el combustible principal del motor que mueve nuestra sociedad.

Pero otros motores empiezan a tener cada vez mayor presencia y son responsables de una creciente parte de nuestro movimiento y actividad. ¿No es cierto que más y más actividades se realizan apoyándose en otros motores cuyo combustible no es el dinero y cuyo fruto no es la rentabilidad tradicional? Son cada vez más las personas que donan bienes, dinero o conocimiento, y sobre todo que dedican tiempo y esfuerzo a buenas causas movidas no tanto por un sueldo sino por la satisfacción de contribuir a esas buenas causas.

Ese nuevo interés es una sabia e inteligente alineación de la satisfacción profunda que obtiene quien «desinteresadamente» ayuda a los demás y la que reciben los ayudados. Es la buena causa la que constituye la remuneración por el trabajo prestado que sin duda se sitúa en el universo de la plenitud y el espíritu.

El motor de nuestra sociedad ha sido y es la economía tradicional, con fuerte componente del combustible financiero, siendo la creadora de movimiento y actividad a través de una extraordinaria competencia, competitividad y dinamismo de consumo. Sin embargo, en este nuevo futuro, que observo en fase de duermevela y en el que ya estamos empezando a caminar, el motor de la economía espiritual se hará mucho más presente. Las motivaciones y rentabilidades espirituales y de sentido serán, en sana combinación con las más mundanas, sostendrán la actividad humana para atender nuestras necesidades, y no solo materiales sino también las sociales, emocionales y de sentido.

Caminando ya hacia una economía más humana y social

Hasta hace muy poco tiempo la rentabilidad era casi el único fin o motor que movía a las empresas. Siempre que se respetara la ley, cualquier cosa era buena si ayudaba a incrementar la rentabilidad y la competitividad empresarial. Pero hoy son muchas las muestras de que ya no es así. Resulta muy elocuente el nacimiento de nuevas exigencias que cada vez deben más ser respetadas en la gestión empresarial. Basta refrescar las declaraciones que realizó el mayor fondo de inversiones del mundo, Black Rock, a través de su presidente Larry Fink en su tradicional carta a los CEOs de grandes compañías en el año 2019. En ella indicaba que la búsqueda de rentabilidad empresarial está muy bien, pero que debe conseguirse después de haber contribuido a la sociedad y al cuidado de esta. En similar sentido se pronunciaron los principales empresarios norteamericanos en la reunión de la Business Round Table en Estados Unidos celebrada en agosto de 2019. Y son muchos los movimientos como el de la economía del bien común, el capitalismo consciente, etc.. todos ellos llamando la atención sobre la necesidad de cambiar los soportes o principios que sostienen nuestro sistema económico. Creo que hoy, más allá de las declaraciones buenistas y políticamente correctas de líderes políticos o de instituciones multilaterales, puede decirse que ningún líder de grandes compañías niega la necesidad de cuidar el planeta, la sociedad y los grupos de interés que rodean a la actividad empresarial como algo irrenunciable e imprescindible para poder seguir existiendo.

Las exigencias crecientes a las empresas para que todas sus actuaciones se desarrollen bajo principios de sostenibilidad son otra forma de manifestarse esta tendencia. Se trata de una sostenibilidad en el campo medioambiental, en el social o humano, y en el de gobierno de las propias organizaciones. Tan importante resulta esta exigencia a las grandes compañías que estas deben todos los años, por ley, retratarse e informar en el llamado «Informe de información no financiera», exponiendo de forma pública cuáles son sus pautas y políticas de actuación en distintos ámbitos relacionados con la sostenibilidad. Por su parte, la agenda 2030 de la ONU trabaja en esa misma dirección para conseguir, supuestamente y de acuerdo con principios de lo políticamente correcto, un mundo mejor.

Hasta hace muy pocos años estaba en la mente de casi todos, y era orgullosamente declarado por los consejos de administración en las memorias anuales, que el propósito de las compañías y casi su único objetivo era alcanzar rentabilidad y crear valor para los accionistas. Hoy resulta reputacionalmente inviable y hablamos de que es necesario escuchar y respetar a otros grupos de interés en términos generales, lo que significa que las empresas deben preocuparse por sus trabajadores, clientes, proveedores, el medioambiente, el cuidado de sus comunidades, etc. Esta tendencia es una realidad, guste más o guste menos. Las exigencias legislativas de un tipo u otro y las de presión social que hoy día discurren en paralelo impiden a las empresas pensar en sus antiguos propósitos, obligándolas a redefinirlos para alinearlos a las tendencias hacia la sostenibilidad y el cuidado del planeta.

De una u otra forma, parece que proteger el lugar físico donde vivimos para poder seguir viviendo en él es algo positivo para la inmensa mayoría de las personas. Cuestiones mucho más polémicas son la de en qué medida se ha producido un verdadero deterioro ambiental y calentamiento del planeta, y sobre todo cuál ha sido el peso de la actuación del hombre para causarlo, así como si puede o no ser corregirse o revertirse. Se trata de cuestiones básicamente científicas respecto de las cuales la sociedad no puede hablar o debatir con libertad por ser un tema políticamente incorrecto. Se produce en relación a ello una ideologización de la ciencia que parece absurda, pues la ciencia no puede tener ideología. Y con ello, a los que nos gusta conocer la verdad, con independencia de posicionamientos políticos, se nos hace imposible conocerla, sin que podamos fiarnos ni de las informaciones que vienen de un lado ni del otro.

Pero al margen de la indebida ideologización de muchos temas, si preguntáramos uno por uno a quienes formamos la sociedad sobre nuestro planeta en el futuro, me atrevo a pensar que pocos discutirían la necesidad de cuidarlo. Sin duda existirían las opiniones disidentes de quienes necesitan siempre estar en contra, pero en general, y al margen de sofisticaciones mentales, parece que cuidar la casa donde vivimos es algo positivo.

Pero en otros ámbitos no es tan claro lo que significa mejorar el mundo o hacerlo más sostenible. Sin embargo ya hemos empezado a arreglarlo. Lo estamos haciendo sin haber hablado y analizado, con cierto criterio objetivo, científico o sociológico, de lo que es un mundo más arreglado y sostenible. Así, ocurre que en ámbitos como el puramente humano y de relaciones en la sociedad, y en el del propio gobierno de las sociedades, no sabemos lo que es un mundo mejor porque ni siquiera hablamos de ello, más allá de desear todos ser más ricos. Si exceptuamos a algunos sociólogos o estudiosos de la materia y algunos organismos multilaterales que tratan sobre estas cuestiones, poca conversación social existe sobre ello. Y la que existe carece de rigor científico y de nuevo se encuentra consciente o inconscientemente ideologizada. Luchamos por un mundo mejor, pero unos quieren lograrlo haciendo un mundo más rico y otros gritan para que todos seamos iguales. ¿Cuántos en la sociedad se preguntan qué es lo que lleva al hombre en sociedad a ser feliz? Muy pocos, pues la conversación social ordenada y constructiva no existe, y la que existe se produce con tonos de conflictividad y reivindicación con los que difícilmente puede trabajarse un interés común compatible con los intereses individuales.

Me parecen de especial interés algunas cuestiones que he leído en un trabajo de Ramón Casilda publicado bajo el título «Capitalismo. Crisis y Reinvención» (Tirant Lo Blanch, 2019) en el que analiza con un interesante enfoque la evolución del capitalismo. El estudio hace una llamada a la necesidad de reinventar el capitalismo e incluye como epílogo un posicionamiento de la OCDE realizado por su directora general, Gabriela Ramos, como parte de un trabajo llamado «Nuevos enfoques a los desafíos económicos» (*New Approaches to Economic Challenges*) de la OCDE.

En dicho epílogo se funden reflexiones e inquietudes financiero-tradicionales con otras que conforman la realidad humana, resultando valiosas reflexiones que ponen realismo tanto respecto del diagnóstico de la situación actual como en cuanto a la dificultad e ignorancia de la ciencia social para abordar los retos que tenemos por delante. Con la grandeza de una humildad que todos los organismos y personas deberíamos tener, declara que hacen falta todavía mucha reflexión y estudio social para saber hacia dónde debe caminar el mundo en el plano socioeconómico. Por su interés incluyo literalmente algunas de estas reflexiones:

«*Los modelos económicos al uso no incorporan perspectivas tan relevantes como son la justicia, la confianza o la cohesión social, que son difíciles de medir, pero fundamentales en el futuro de nuestras sociedades. De hecho, estos modelos económicos se basan en presupuestos ideológicos o narrativos cuya premisa es que los individuos son racionales y adoptan las mejores decisiones según la información de que disponen para maximizar su utilidad, y que la acumulación de decisiones racionales generará un resultado óptimo.*

En realidad las personas no son así. Sus vidas se moldean sobre sus esperanzas, aspiraciones, historia, cultura, tradición, familia, amigos, idioma, identidad, medios de comunicación, comunidad y otros muchos factores de influencia. Todos estos otros factores no se tienen en cuenta en los modelos macroeconómicos, y, de hecho, las ciencias sociales (psicología, historia, sociología...) que podrían explicar estas variables se han desatendido en la teoría y en la práctica de las diferentes políticas económicas. A medida que la expresión económica se ha vuelto más cuantitativa, aspectos no mensurables de relevancia económica, tales como los temores, las expectativas o el sentido de justicia, han quedado de lado. Se ha asumido la apertura de mercados o el crecimiento del PIB como el fin último de la política económica, y no el incremento del bienestar, que es un concepto multidimensional.

El mundo en el que vivimos es muy complejo; se trata de un sistema de sistemas, físicos o no. Esto significa que debemos adoptar un enfoque sistémico que pueda abordar los puntos de inflexión, los cambios de fase, los bienes emergentes y, lo que es aún más importante para nosotros, el hecho de que las crisis no provienen del exterior. El sistema en sí mismo genera sismos que lo desestabilizan».

¿Cómo es el nuevo bienestar hacia el que debemos caminar?

Resulta muy difícil definir de forma universal los factores que componen el bienestar del ser humano. Con seguridad existen ciertos factores o variables comunes, pero también con seguridad cada persona tendrá su propia fórmula óptima. Pocos dudarán de que tener ciertos mínimos de riqueza material resulta necesario, o al menos contribuye en gran medida a nuestra felicidad. También la mayoría coincidiremos en que una vida con ilusiones, con amigos, alternando momentos de trabajo y de descanso, con un sistema de relaciones y amistades que nos agrade y en el que nos sintamos cómodos, con sensación de seguridad, con el sentimiento de ser útiles para algún fin, de sentirnos reconocidos y queridos, facilitará nuestros estados de felicidad.

También me atrevo a decir que levantarse todos los días con un propósito, con un porqué y un para qué estamos en el mundo y encontrar sentido a nuestra existencia será siempre una variable importante para la mayoría.

Quienes saben de felicidad hablan de la importancia de gestionar adecuadamente nuestras expectativas y deseos, y evitar frustraciones, pues el sufrimiento está menos en la carencia y más en la frustración, como puede verificarse viendo la sonrisa de los niños en los países verdaderamente pobres. Decimos con buen criterio que ojos que no ven corazón que no siente, lo que muestra que lo que tienen los de al lado es lo que marca la referencia para nuestro sistema de gestión de la frustración y la satisfacción. Es también importante para la felicidad el sentirnos liberados de apegos a cosas pues el temor a perderlas nos produce desasosiego, como lo es la sensación de vivir en entornos seguros y justos y desde luego también la sensación de tener nuestras necesidades (con todo lo relativo y subjetivo que es el término) satisfechas y poco amenazadas. ¿Cuántas cosas permitimos que se nos conviertan psicológicamente en necesidades? ¿Sabemos administrar nuestros caprichos para que no alcancen excesiva frecuencia y se transformen en necesidades que ya no procuran tanta satisfacción pero generan dependencia?

No pretendo ni mucho menos ser exhaustivo en el enunciado de factores que pueden determinar la felicidad, ni tampoco profundizar en cuáles son las claves para su consecución. He dedicado mi último libro (*Por fin me comprendo, comprenderse bien para vivir mejor*) en gran parte a ayudar a las personas a comprender mejor nuestra complejidad como seres humanos como vía para obtener, desde un mejor autoconocimiento, las claves particularísimas de cada uno para alcanzar la felicidad o una vida mejor. Pero con ese pequeño enunciado de variables o factores lo que pretendo es poner de manifiesto que en general esta sociedad, en lo que se refiere a su motor económico, político y educativo, sigue manteniendo el foco en las variables en las que más saturados estamos. O lo que es lo mismo, que seguimos poniendo el foco para la solución de nuestras insatisfacciones o infelicidad principalmente en el desarrollo de la competitividad, la productividad y demás vías para conseguir mayor riqueza material, olvidando prácticamente el resto de variables. Y en el plano educativo, si bien se observan algunos pasos en ciertos ámbitos hacia una educación más humanista y del autoconocimiento personal, la realidad es que las sociedades occidentales actuales continúan poniendo el peso de la educación en hacernos contratables, con la búsqueda de competencias utilitaristas para conseguir mayor efectividad y eficiencia en el universo empresarial y en las maquinarias de producción de bienes y servicios.

Y en tal sentido, no solo es que las variables más cualitativas, humanísticas y poco medibles de la felicidad sean hoy muy despreciadas, sino que la fuerza del sistema de motivaciones, premios y castigos establecido en nuestro sistema socio-económico hace muy difícil trabajarlas y fomenta la frustración, el estrés y la ansiedad. Hoy la maquinaria socio-económica se sostiene con un sistema de premios y castigos que provoca un incesante consumo y la imposibilidad de renunciar a ello si no queremos ser prácticamente excluidos de la sociedad. En gran medida vamos con la lengua fuera para conseguir adaptarnos a las novedades, que exigen la incorporación (de forma prácticamente imperativa) de nuevas tecnologías, prácticas y metodologías profesionales, dispositivos electrónicos y consumo de bienes y servicios. Quien no sigue ese ritmo pierde toda relevancia acercándose a la exclusión.

Es esa necesidad de provocar el consumo y el gasto la que a su vez provoca las más deleznables prácticas empresariales o financieras, tales como la agresividad y el engaño comercial en grados inaceptables, la obsolescencia programada, las terribles invasiones de nuestra privacidad con incesante publicidad y la tentación de que incrementemos nuestro consumo creando más y más necesidades. Y lo que es peor, la presión social para hacer y contar, para mostrar de forma creciente que somos atractivos porque consumimos, porque viajamos, porque vamos a buenos restaurantes, etc. se apodera en gran medida de nosotros convirtiendo nuestras vidas en fachadas y escaparates que nos llevan a vivir como actores representando el personaje que hemos proyectado y con el que pretendemos ser vistos por la sociedad. De forma inconsciente vivimos y muchas veces hacemos las cosas más para contarlas que para vivirlas, y la presión de no perdernos nada está llevando a muchos a sufrir el marcado y enajenante síndrome generador de sufrimiento bautizado como FOM (*Fear of Missing*).

Nuestra sociedad debería estar dedicando serios esfuerzos a estudiar y conversar sobre el desarrollo de ámbitos y cualidades que procuren un moldeado social que nos permita una vida más plena. Pero poco de ello ocurre, al verse en gran medida impedido o frenado por su propio sistema socioeconómico. Nuestro actual sistema capitalista, que debiera estar al servicio de la sociedad como suma de individuos, hoy nos tiene sometidos y secuestrados al servicio del sostenimiento de la estabilidad financiera del sistema. Es sin duda una paradoja que aquello que hemos creado para nuestro bienestar nos haya esclavizado y puesto a quienes la creamos a su servicio, con olvido de las variables emocionales y humanas del bienestar, cuyo desarrollo a su vez se nos dificulta por el propio sistema.

Por ello, y como poco a poco está ya ocurriendo, resulta imprescindible tomar ya, sin demora, conciencia a nivel individual y social de estas cuestiones para sentir el deber conjunto de trabajar en el equilibrio de las variables que componen la felicidad, rescatando del olvido las que hoy tenemos tan poco presentes y rebajando la presencia de aquellas cuyo excesivo peso nos oprime. Trabajando en ellas, comprendiendo la realidad de las verdaderas variables de bienestar y satisfacción, seguro que conseguiremos mejorarlas.

Lo primero por tanto es despertar; abramos los ojos

Los airis de nuestra fábula inicial, con su obsesión por el aire respirable tampoco fueron conscientes de que se encontraban secuestrados por una mirada limitadora que les impedía comprender la realidad. Pensaban que el mundo no podía seguir funcionando sin AER€OS, pues toda su sociedad hablaba el lenguaje económico de los AER€OS como moneda única para el intercambio de bienes y servicios. La sociedad había convertido un medio (los AER€OS, creados cuando el aire respirable era escaso) en un fin en sí mismo (la acumulación de AER€OS como propósito o guía para el comportamiento social). Y con el paso del tiempo, con esa forma de funcionar la sociedad había perdido la posibilidad de observar el fenómeno en el que se encontraba sumida. Solo unos pocos, aquellos que fueron capaces de abandonar la tierra del hemisferio norte, tomaron conciencia de la destructiva espiral y pudieron ampliar su mirada para comprender mejor su mundo y elegir para el futuro los mejores derroteros a seguir. Al fin y al cabo, la lucha y la competencia basada en buscar rentabilidad y acumulación de AER€OS se había convertido en algo que destruía valor en la sociedad, generando absurdas tensiones y limitaciones en los sistemas productivos mucho más que contribuyendo al bienestar.

Algo muy similar ocurría con los lagunos de la Gran Laguna, al igual que ocurre hoy en nuestra sociedad. Parece que riqueza y dinero son sinónimos, y que el mundo no podría existir sin dinero. Y en la misma línea, de acuerdo con el marco mental imperante, parece que los distintos problemas que van surgiendo, incluso en el plano socio-emocional, se deberán arreglar con soluciones financieras buscando mayor crecimiento, productividad, rentabilidad. Pero, como muestran las reflexiones a las que me he referido unas páginas más arriba, las soluciones solo podrán venir de miradas mucho más completas, libres de ataduras a paradigmas que ya son rancios. Miradas que nos permitan integrar distintos ámbitos o dimensiones materiales e inmateriales, operativos y humanísticos para poder diseñar un mundo mejor hacia el que caminar. Solo así podremos abandonar las sendas que nos llevan al precipicio de las revueltas sociales, los populismos y las ineficiencias de nuestras cadenas de producción y suministro, o bien como alternativa a totalitarismos. No sé qué es peor, pero si no enderezamos el rumbo cualquiera de las alternativas es mala.

Es por ello fundamental, en el camino hacia una nueva era de la amabilidad, despertar y tomar conciencia de la ceguera que nos produce el haber estado durante siglos anclados en miradas y paradigmas económico-financieros, que sin duda han sido útiles y creadores de bienestar pero que hoy han convertido el medio en un fin y han conseguido secuestrar a la sociedad a su servicio. Se trata de paradigmas que nos hacen incapaces de observar variables distintas a las objetivas y medibles, y que nos llevan a pensar que bienestar es equivalente a riqueza material medida con un lenguaje financiero-contable. Quizá por ello, si imagináramos hacer un viaje a Marte para observar nuestro mundo desde allí, y libres de implicaciones personales, podríamos ganar una perspectiva más completa. Desde esa posición podríamos observar cómo nuestras inercias y anclajes en determinados paradigmas financieros nos impiden ver la realidad completa como punto de partida para poder conversar y entendernos unos y otros en el mundo.

Como no es fácil de momento ir a Marte, sugiero que hagamos un ejercicio de visualización colocando nuestra mirada, nuestra mente y nuestro cuerpo allí para sentir y percibir la nueva información sensorial e intelectual que dicha posición nos proporciona. Será un regalo que nos colocará en más altos niveles de autoconciencia, tan importantes para poder trabajar en comprender y mejorar los niveles de conciencia social.

En busca de la satisfacción frente al aplacamiento de la ansiedad

Hay algo en nuestra sociedad que todavía nos tiene muy aturdidos y nos impide salir de la confusión. Me refiero a la extendida dificultad para distinguir entre el aplacamiento de los deseos y su satisfacción en sentido propio. Sin darnos cuenta, luchamos mucho por conseguir cosas, por hacer planes, por acumular. Consideramos que con esas consecuciones encontraremos la felicidad. Y de hecho cuando alcanzamos algún logro nuestros deseos se aplacan y tenemos una sensación de tranquilidad, y en cierta medida de bienestar. Pero nada de eso nos deja satisfechos de forma prolongada.

El bienestar que nos produce el alcanzar o conquistar algo que deseamos, o bien elevar el saldo de nuestra cuenta corriente para sentirnos más seguros, es equivalente al bienestar de alguien a quien le están pellizcando y le dejan de pellizcar. En gran medida los deseos nos colocan en estados de miedo, estrés o ansiedad que, salvando las distancias, serían equivalentes al dolor del pellizco. Y por ello, al conseguir el último modelo de coche o teléfono, cenar en el restaurante con tres estrellas o hacer un atractivo viaje nos quedamos tranquilos pues por un tiempo se aplaca la ansiedad o la sensación de carencia. Con nuestra consecución tenemos algo que contar en sociedad aquietándose así esa necesidad de existir y ser alguien en nuestro entorno, cada uno con el tema que le ocupe. Pero de alguna manera es un bienestar o tranquilidad tan pasajero como el que obtiene un niño pedigüeño y malcriado con el siguiente juguete que se le compra. Cree que obtendrá la felicidad, pero solo obtiene la pasajera satisfacción de aplacar el deseo, pues enseguida estará deseando el siguiente juguete. Igualmente, el que está dolorido por estar siendo pellizcado obtiene sin duda satisfacción cuando se le deja de pellizcar, pero la satisfacción no será duradera.

En esta sociedad, la maquinaria económica parece que vive permanentemente pellizcándonos para despertar nuestro deseo, con el consiguiente dolor en forma de desasosiego o frustración que nos provoca en tanto no lo satisfazcamos. Nace la necesidad de eliminar el dolor soltándonos del pellizco y luchamos por que nos suelten tratando de conseguir mediante el consumo el aplacamiento del ruido o inquietud del deseo, o la atenuación del miedo a no ser queridos, a no tener suficientes ahorros para vivir, o cualquier otro temor. Pero ¿cuánto dura la sensación de seguridad económica tras haber dado un buen pelotazo? Muy poco tiempo, pues enseguida subimos nuestros niveles de exigencia y elevamos la cifra de referencia de lo que consideramos necesario. Así de claro es y sin embargo así de poco lo apreciamos cuando somos nosotros mismos los afectados. ¿No es también algo parecido a lo que ocurre con cada dosis que consigue una persona adicta a las drogas?

Estar satisfecho es otra cosa. Es vivir con la sensación de que la vida me regala todos los días cosas, relaciones y experiencias que merecen la pena. Es también vivir observando y poniendo nuestro foco con gratitud en todo aquello que sí tenemos sin buscar lo que no tenemos. Es llenarse con aquello por lo que nos levantamos todos los días y vivir los instantes, minutos y horas sin distraernos con pensamientos distintos a aquellos propios de la vivencia en la que estamos a cada momento, o de aquellas reflexiones libremente elegidas por nosotros sin estar secuestrados por temores o ansiedades. Estar satisfecho es vivir aceptando lo que se tiene y lo que se es, y con el sano orgullo de tenerlo y serlo. Y es vivir con unas u otras ilusiones y caminar con algún propósito o porqué que dé sentido a nuestra existencia diaria.

Vivir con plenitud es vivir disfrutando de una coherencia entre lo que pensamos, sentimos y hacemos, y permitiéndonos ser lo que realmente somos. Es la plenitud de quien vive pleno de sí mismo y en la aceptación plena y sin juicio de los otros «sí mismos» que le rodean. Es la satisfacción de la vida desde la autenticidad, acoplada a lo que somos y a lo que nos rodea y con relaciones amorosas con quienes nos acompañan, libres de la vergüenza de ser mirados por ellos y del miedo a no existir o a dejar de pertenecer a un grupo. En definitiva, vivir queriendo y sintiéndonos queridos.

La presión de consumo que ineludiblemente sufrimos en nuestras sociedades nos hace muy difícil el vivir satisfechos. El propio sistema para su supervivencia nos crea permanentemente deseo y frustración ante la falta de consecución de cosas que en nuestra mente se van haciendo necesarias, ya sea para usarlas, o simplemente para no destacar negativamente en nuestro entorno social por carecer de ellas. La comparación, la publicidad, el marketing y las prácticas comerciales, tanto en sus manifestaciones más sutiles como en las más agresivas, nos hacen cada vez más difícil el protegernos del contexto y sentirnos establemente satisfechos.

Pocas son todavía las conversaciones sociales en las que se manifiesta que somos conscientes de ello y de las implicaciones que nuestros estilos de vida tienen en nuestra plenitud, satisfacción o felicidad, pero sin duda debemos despertar y abrir los ojos para incrementar nuestra riqueza humana y espiritual. Solo el incremento de nuestra consciencia podrá permitirnos vislumbrar caminos hacia una sociedad de mayor riqueza en campos y ámbitos que van más allá de lo material.

UNA ECONOMÍA PARA UNA SOCIEDAD RICA: LA ECONOMÍA ESPIRITUAL

Un verdadero cambio de era: de la escasez a la abundancia

¿Por qué nos quejamos tanto de este mundo si lo tenemos todo? Quizá porque no importa tanto lo que tenemos sino lo que tienen otros y lo que queremos o sentimos que necesitamos tener... ¿Por qué siempre tenemos como respuesta a los problemas y tensiones el que hay unos contrarios que son los malos o culpables? Quizá porque es humano autolegitimarse y buscar culpables fuera de uno mismo o de nuestro grupo. ¿Por qué no somos capaces de contemplar esta confrontación desde la distancia para comprenderla e identificar las fuerzas y principios de funcionamiento de nuestra sociedad que ya no contribuyen al bienestar? Quizá porque nos conocemos muy poco y hacemos muy poco por conocernos como personas y como sociedad.

Qué duda cabe de que la economía, como cualquier otra ciencia, debería tener su razón de ser en el servicio que puede prestar al hombre. Y no cabe duda de que a lo largo de la historia la economía capitalista, tal y como hoy la conocemos todavía, nos ha procurado una enorme riqueza de la que disfrutamos cada día. Ha sacado de la pobreza a millones y millones de personas y nos ha llevado a unas condiciones de vida y salud envidiables para cualquiera que haya vivido en otros tiempos. Y es mucho aún lo que la economía tradicional y financiarizada nos procura todos los días, pues el dinero todavía es lo que mueve nuestro mundo.

Por ello, aunque hagamos crítica de muchos aspectos de nuestro sistema socioeconómico tradicional y actual, bajo ningún concepto deberíamos dejar de ensalzarlo, pues el valor y la inteligencia de la economía basada en los paradigmas de productividad, crecimiento y rentabilidad han sido enormes. Tan es así que cualquier abandono que de ella hagamos deberá hacerse desde el respeto a su contribución, con el mantenimiento de todo aquello que continúa siendo de valor para nuestro mundo en este momento. Y, por favor, no demonicemos a quienes se han beneficiado del funcionamiento de la vieja economía pues son personas que no han hecho sino jugar con las reglas del juego imperantes en cada momento.

Todo lo que no se adapta a los cambios y circunstancias del entorno tiende a desaparecer. Todo aquello que en la naturaleza no cumple una función positiva tiende igualmente a dejar de existir. Y sin duda la economía basada en los tradicionales paradigmas tiene hoy aspectos que generan distorsiones en el bienestar emocional o vivido de las personas, e incluso en la propia creación de riqueza material. Y por ello, con total aprecio y protección de todo aquello de valor que hoy nos sigue proporcionando, la economía debe evolucionar en cuanto a sus paradigmas. Nuestros marcos mentales tienen que ampliarse para comprender que necesitamos una nueva economía que nos lleve a un mundo más amable.

Dibujando la historia con un trazo muy gordo y con algo de simplificación podríamos decir que:

- Muy al principio se vivió en «el tiempo de la fuerza», la violencia y la explotación del miedo para conseguir «lo mío o lo nuestro» en la naturaleza. El más fuerte y grande se comía al pequeño en un ambiente nómada o sin asentamientos permanentes. Fue una larga era de cientos de miles de años aun cuando, según explican algunos evolucionistas, ya en esa era, discreta y silenciosamente, la amabilidad fue seguramente una cualidad de gran efectividad para conseguir la supervivencia,

- Vino después «el tiempo del asentamiento» para sobrevivir con éxito en un mundo de escasez, desarrollando cultivos y el pastoreo organizado. La riqueza empieza a crearse y acumularse, y los pueblos antes nómadas pasan a asentarse y organizarse en lugares que hacen suyos. Comienza entonces el sentido de propiedad y el desarrollo de la artesanía y los oficios. El ser humano empieza también a dedicarse a conservar lo que ha construido o acumulado.

- Sigue a ello «el tiempo de la inteligencia productiva, operativa y organizativa», de la efectividad en un mundo todavía de escasez. Es la era de la industria en sentido amplio. El conocimiento, la eficacia, la organización y la productividad fueron haciéndose hueco para ofrecer bienes y servicios para su intercambio en los mercados, generándose grandes masas de riqueza en manos de quienes con éxito gestionaban esas variables, disfrutándose y extendiéndose así la riqueza generada a más y más personas,

- En la parte final de esa era de la productividad, la sociedad se instaló en el «tiempo de las finanzas», en la que las habilidades en este campo y en el manejo de los mercados financieros y especulativos se hicieron mucho más relevantes que la inteligencia productiva para alcanzar éxito o poder. La creación de verdadera riqueza real y disfrutable como vía para triunfar y conquistar poder o dinero y para asegurar nuestra supervivencia queda relegada a un segundo plano muy por detrás de las finanzas. Sin duda esta era inyectó un estupefaciente-estimulante en la sociedad en forma de dinero, financiación y liquidez, provocando una gran aceleración de la capacidad del mundo de producir bienes y servicios. Nace aquí el mundo paralelo en nuestras vidas en forma de juego de Monopoly pero en el que ganar o perder puede tener grandes implicaciones. Los cambios permanentes, las políticas fiscales y financieras, el azar, la especulación y las distintas influencias o manipulaciones de los mercados resultan en unos pocos ganadores con un creciente número de perdedores que ven sus trayectorias frustradas.

- En las últimas décadas y ya con una sociedad muy rica, sin abandonar los esquemas mentales y motivaciones propios de la era de las finanzas, que siguen manteniendo mucho de su protagonismo, nos vemos inmersos en una nueva era en la que la información y el dato, combinados con su adecuado manejo a través de la inteligencia artificial, se han hecho los bienes más preciados para dominar en los «tiempos del dato y del algoritmo». Un tiempo en el que, a pesar de su riqueza, la búsqueda de crecimiento financiero y productividad como solución para los males de Occidente continúa siendo la protagonista y la pérdida de privacidad se hace patente.

Todos los tiempos descritos, antes del actual, han compartido un paradigma o marco mental. Hasta hace muy poco años la humanidad ha vivido en un mundo en el que la escasez era más predominante que la abundancia. Lo escaso estaba más presente que lo excedente. Hoy, sin darnos cuenta, sin apreciarlo, vivimos un verdadero cambio de era y debemos adentrarnos poco a poco en la era del cuidado y la amabilidad. Una era en la que, al igual que los airis despertaron para ver que su problema no era de escasez de oxígeno o de aire respirable, nosotros deberemos despertar para tomar conciencia e interiorizar que somos ricos, y que la riqueza no es un término aislable o absoluto, sino algo que solo puede determinarse por comparación o relación con la de los demás, y que el verdadero reto hoy ya no es tanto generar más riqueza sino aprender a administrarla, disfrutarla y compartirla como personas satisfechas y plenas. Es una nueva era de abundancia en la que tendremos que aprender a convertir el bienestar material alcanzado y las posibilidades que se derivan de un buen uso de los datos y la Inteligencia Artificial en verdaderas experiencias de bienestar disfrutado emocionalmente y con sentido para las personas. Es la era en la que habrá que aprender a integrar en nuestras vidas las posibilidades del desarrollo tecnológico y social, y compartir y gestionar esa riqueza para convivir con amabilidad, administrando con virtud las siempre necesarias diferencias. Solo tomando conciencia de que tanto las finanzas, la economía y la tecnología deben estar siempre al servicio del hombre y no al revés podremos evolucionar por sendas adecuadas. Es sin duda un enorme reto que pasa por un re-encauzamiento de la ambición y los miedos humanos que nos permita ampliar la colaboración reduciendo la agresividad competitiva.

Debemos por tanto irnos adentrando, como ineludible necesidad que sin darnos cuenta está ya ocurriendo, en la nueva «era del cuidado y la amabilidad», en la que deberán destacar quienes sean capaces de desarrollar e implantar innovación y tecnología antropológica, organizacional y social para llevar a la sociedad mayores niveles de amabilidad y calidad humana de vida. Es una era que requiere de una nueva economía apta para ordenar el movimiento y la actividad productiva en tiempos de abundancia, y nutrida por las competencias humanas. Es así como está naciendo la economía espiritual.

La primera necesidad: fábricas de actividad humana

¿Por qué hoy la economía sigue poniendo el foco principal en la productividad y la eficiencia? ¿Qué es lo que buscamos con ello? ¿Qué pone y que quita al mundo la eficiencia productiva?

Sin duda ser productivos es un valor, pero ¿es un valor que hay que buscar a cualquier precio o sacrificando y aplastando muchos otros valores? Nuestra falta de perspectiva de las cosas nos tiene anclados en una inercia económica que nos hace luchar por la creación de riqueza material y crecimiento sin darnos cuenta de que lo que más escasea en nuestra sociedad es la actividad humana digna. La modernización de la producción y la tecnología aplicadas a la gestión y coordinación de procesos nos lleva a una enorme productividad, pero a costa de dañar la cantidad y la calidad de actividad humana digna. El número y la calidad de los empleos se ven reducidos con la aplicación de la tecnología, la mejora de los procesos de producción y la automatización o robotización.

Es por ello por lo que el gran reto de la nueva economía espiritual es la creación de grandes fábricas de actividad humana. Se trata de promover ámbitos de empleo o actividad en los que los ciudadanos puedan desarrollar diariamente actividades que les hagan sentirse útiles y con sentido. Actividades que redunden en una contribución a nuestra sociedad, pero no solo por su aportación a la producción de bienes o servicios, propios de la economía tradicional, sino por llenar de sentido a quienes sin ellas estarían ociosos con sensación de inútiles y viviendo de ayudas mínimas que solo sirven como para procurar la satisfacción de necesidades biológicas.

El trabajo y la actividad humana de todos los miembros de una sociedad supone una grandísima contribución al bienestar social, a su equilibrio, y a dotar de sentido y utilidad a sus miembros. Más allá de ese sentido vital y de la generación de rentas, la actividad comprometida regala a quienes la practican el privilegio del descanso de los fines de semana y de las vacaciones veraniegas. En definitiva, equilibra el esfuerzo con el descanso y ayuda a dar sentido a nuestra vida deteniendo nuestro mecanismo mental interno (*wandering*) por el que nos autocuestionamos y que tan destructivo resulta cuando uno se siente inútil y tiene demasiado tiempo para pensar.

Los robots y la tecnología son mucho más eficientes y no hay que dejar de utilizarlos para continuar generando los bienes y servicios que necesitamos para seguir disfrutando de la vida. Pero en paralelo los nuevos empresarios o agentes sociales de un tipo u otro deberán trabajar en mantener y crear actividad humana para enriquecer la calidad de la vida sentida y experimentada de las personas que forman la sociedad. Quien se enriquece creando nuevos modelos de negocio, si destruye empleo sin pensar en la digna recolocación de los empleados afectados no estará aportando verdadero progreso a la sociedad. Estará seguramente creando nuevas necesidades sin pensar en el daño que causa a los que se quedan en la cuneta y a la calidad de las relaciones y la convivencia social en general.

Como ya hemos tratado, entre quienes quieren seguir pensando que todo sigue igual se dice mucho que la evolución socio-económica generará nuevos empleos que sustituirán a los que se destruyen. Pero ello es solo parte de la solución pues, en la medida en que el principal valor para sobrevivir en la jungla económica sean la productividad y la competitividad, los robots y la tecnología serán siempre más eficaces que las personas, salvo en contadas actividades, y especialmente si, como parece, la inteligencia artificial y el mundo del *machine learning* progresan tan exitosamente como parece.

Por ello hoy la mayoría de los nuevos trabajos que van surgiendo son de muy baja calidad y están muy mal pagados. Como factor también negativo, es fácil observar que muchos de esos nuevos trabajos nacen como mecanismo de supervivencia social, en forma de empleos tumorosos, que lejos de contribuir al bienestar social se convierten en un mal necesario creado por quienes se ven empujados a encontrar su hueco estableciendo nuevas burocracias, formalidades, reglamentaciones, inspecciones, etc., que si bien crean empleo lo hacen a costa de que sus actividades tengan que ser sufridas por la ciudadanía en general. Me refiero a los empleos ya comentados en ámbitos de protección de datos, medidas anti-blanqueo de dinero, protocolos para la protección de los inversores y consumidores, servicios de seguridad anti «okupas», *compliance* y una larga y creciente lista de actividades que se han convertido en necesarias para defenderse de lo que llamamos progreso. Y como expuse extensamente en la primera parte de este libro, en el seno de la sociedad las personas han creado su propia vía para la supervivencia a través de la confrontación, que hoy constituye una de las mayores fuentes de actividad humana.

¿Es esto lo que queremos? ¿Es eso de verdad progreso? ¿Hay alguna diferencia entre producir bienes de forma eficiente y rentable contaminando el planeta (causando un daño) o hacerlo destruyendo tejidos de actividad humana que dignifican la vida de muchos causando también el correspondiente daño? ¿No sería más amable que cuando llamaras a una empresa para preguntar algo o resolver una incidencia fuera una persona quien respondiera en lugar de una estúpida máquina?

La cuestión sin duda no es fácil de resolver y su solución será cosa de todos, pero empecemos teniendo presente que el objetivo de una sociedad no puede ser la creación de más y más riqueza como un fin en sí mismo y a cualquier precio sacrificando el auténtico y humano bienestar individual y de la comunidad. Y, como parte de ello, démonos cuenta de que las fábricas que más escasean en el mundo son las de actividad humana, para que más y más personas puedan acceder a actividades dignas y acopladas en vidas con sentido. ¿De qué forma y en qué ámbitos podemos generar actividad humana para proporcionar dignidad y sentido y hacer una sociedad más amable para todos?

Hoy la sociedad sigue orientando la formación básicamente hacia la consecución o mejora de nuestra empleabilidad. Pero los conocimientos en el campo de las competencias profesionales son de validez efímera pues pronto se quedan obsoletos, poniéndose de moda otras disciplinas o conocimientos. Además, en la medida en que la sociedad vaya haciendo a más y más personas innecesarias para una vida laboral digna, ¿no tendría sentido empezar a complementar la educación de la población para abarcar también el cultivo del ocio y el tiempo libre, aficiones, arte, deporte, espiritualidad, y cualesquiera otras actividades que entretengan, aquieten y procuren satisfacción a las personas? Y a los que sobren por innecesarios, ¿no sería más adecuado cambiarles el nombre de beneficiarios de ayudas y subsidios para que pasaran a tener la consideración de dignas personas excedentarias que se benefician del sistema a cambio de no perturbar su buen funcionamiento? Ninguna respuesta es fácil pero la pregunta al menos nos enfrenta a la incoherencia de algunos de nuestros arraigados marcos mentales que nos impiden ver otras perspectivas.

Una nueva rentabilidad espiritual

Es por ello por lo que la clave para una sana evolución de la sociedad está en despertar y tomar conciencia de que el verdadero gran problema que hoy tiene nuestro sistema socio-económico es seguir ensalzando la productividad y el crecimiento como principales valores sociales, con clara subordinación en la práctica de todos los demás valores. Y no es de extrañar que sea así, pues son precisamente la competitividad y la búsqueda de productividad y rentabilidad las que han traído al mundo hasta los niveles de bienestar de los que hoy nos beneficiamos. Unos niveles de riqueza y bienestar tan altos que incluso permiten que millones y millones de personas vivan, como acabamos de ver, de improductivas y tumorosas actividades o de las derivadas de la confrontación, que no tienen más razón de ser que la integración de quienes de ello viven en la sociedad.

Han sido y serán las empresas las que, como organizaciones humanas en busca de un propósito, han creado y seguirán creando el movimiento y la actividad humanas que nos procuran el bienestar. Y si han podido hacerlo hasta ahora es porque el afán de los líderes de enriquecerse para disfrutar de su riqueza y alcanzar poder y seguridad les ha dado la fuerza motivadora para poner en marcha sus iniciativas y tirar de ellas con enorme esfuerzo y sacrificio.

Pero la economía está irremediablemente avocada a cambiar para incorporar factores que podríamos llamar espirituales o emocionales con un peso superior a las motivaciones basadas en la riqueza financiera. Por tanto, la nueva economía espiritual tendrá también que construirse sobre otras motivaciones de los individuos, que son quienes tienen deseos, miedos e inquietudes y quienes están programados para sobrevivir de forma ineludible en competencia con sus congéneres. Por ello el mundo seguirá siendo movido por las motivaciones individuales, aun cuando estas puedan estar condicionadas y moduladas por la satisfacción de contribuir al bien común y por el efecto del ambiente o la exigencia social, que sin duda condicionarán enormemente uno de los principales ámbitos de la motivación de quienes tienen ya bien lleno su estómago: el prestigio y la reputación.

Como ya hemos visto, el ser humano se mueve por sus intereses. Es sin duda un ser interesado. Asumo esta realidad y hace mucho que he quitado cualquier connotación negativa o vergüenza asociada a ello. En primer lugar, porque es como somos por naturaleza, por programación genética, y en definitiva porque es así como Dios nos ha creado (el *big bang* para los no creyentes). Y en segundo lugar porque el interés individual puede ser perfectamente compatible y conciliable con las mejores actitudes humanas, como cuando ese interés individual se sustenta sobre una ayuda que llamamos desinteresada o en la contribución al interés o bien común.

A la vista de ello me gustaría pedir al lector que no se deje perturbar por cualquier molestia que le produzca el sentirse acusado de ser un interesado, pues no es mi intención reprochar nada a nadie. Ser críticos y negar nuestra naturaleza interesada dificultaría la comprensión de la llamada de este libro a situar y enfocar nuestros intereses en el gozo que produce contribuir al bien común, prestar ayuda desinteresadamente o entregarse en cuerpo y alma a aquello que uno siente como su vocación.

Si en la economía tradicional el interés individual sigue puesto en la búsqueda de un interés material llamado dinero, como vía (más o menos ficticia o engañosa) para encontrar con él la satisfacción de deseos, el aquietamiento de miedos, seguridad psicológica frente al futuro, y prestigio o éxito social, en la economía espiritual se situará mucho más en el ámbito espiritual y emocional. O lo que es lo mismo, será mucho más un fruto espiritual o trascendente lo que motivará a los líderes creadores de riqueza y actividad humana. Y en el lado del pueblo llano, en la motivación para nuestros trabajos y actividades, deberá también ser creciente el encaje personal en ellos con sentido, junto con la serenidad y satisfacción emocional que nos produce su desempeño.

La rentabilidad espiritual es el beneficio que unos y otros obtenemos cuando interactuamos en la maquinaria social. Es una vía directa de obtención de beneficio a través del sentido que procura el acto que uno realiza. Cuando alguna vez he trabajado de voluntario no lo he hecho de forma gratuita pues he recibido siempre una enorme remuneración o premio, si bien es cierto que no ha sido material sino emocional o espiritual. Y siempre he experimentado una extraordinaria y duradera satisfacción por el trabajo o actividad realizados.

¿Hay alguna razón por la que encajando remuneraciones espirituales no pudiéramos, más felizmente, conseguir todas las contribuciones laborales y profesionales que fueran necesarias de las personas para sostener la actividad de creación de riqueza y de prestación de bienes y servicios? Todos tenemos capacidades y energía espontáneas para realizar actividades que son consideradas trabajos para otros, con su carga de penosidad, pero en las que nosotros nos sentimos felices al desarrollarlas. Cada uno parecemos haber nacido para una cosa, aunque la mayoría transita por la vida sin descubrirlo y hoy todavía muchos empresarios tampoco son capaces de descubrir qué es aquello que las personas estaríamos encantadas de hacer excelentemente incluso de forma gratuita. No tengo duda, al menos en mi caso, de que hay algunas actividades o contribuciones positivas para mi entorno por las que no solo no exigiría cobrar, sino que incluso (si fuera verdaderamente libre) estaría dispuesto a pagar para que me dejaran hacerlas. Ayudar a los demás en aquello que yo siento que puedo ser de verdad útil me mueve tanto que podría llegar a pagar si tuviera todo el resto de necesidades biológicas y psicológicas satisfechas y «aseguradas».

Sin duda cuesta concebir un mundo en el que vivamos solo movidos por la rentabilidad espiritual sin unidades de medida tradicionales como el dinero. También a los airis les costó comprender que el mundo pudiera funcionar sin una economía basada en la búsqueda de más y más riqueza y con los AER€OS como único medio de pago. Confieso que a mí mismo, incluso utópicamente, me cuesta concebir esa visión de un mundo principalmente basado o movido por la búsqueda de rentabilidad espiritual. Pero ello no es óbice para sentir con claridad cómo el mundo se mueve, y necesita moverse, de forma acelerada hacia esas concepciones. Basta con observar el creciente peso que las actividades basadas en el voluntariado, la filantropía o la economía social están teniendo en el volumen total de operaciones en el mundo. En el campo de la motivación laboral en la empresa hoy pocos dudan de la importancia del cuidado de las personas y su encaje y satisfacción profesional, así como su reconocimiento y desarrollo para crear un sentido de pertenencia y un alineamiento al servicio del propósito empresarial.

En un mundo construido sobre los principios de una economía espiritual, el salario o la remuneración sería principalmente el hecho en sí de hacer algo que nos llena y nos da sentido. Y si el problema es medir el beneficio espiritual, mientras haya algo de economía tradicional no me preocupa, pues siempre habrá muchos consultores que idearán sistemas de indicadores y medición para cubrir esa necesidad de combinar lo intangible y espiritual con el mundo de la realidad física y la medición.

La realidad de la fuerza movilizadora de la ayuda a los demás y la contribución al bien común es evidente con la simple observación de lo que nos rodea. Pero más allá de una conclusión prematura basada en la simple observación, existen serios estudios que muestran cómo dedicar dinero propio al bien ajeno produce una satisfacción más duradera que dedicarlo solo a satisfacer nuestro deseo o a su acumulación. Como mera muestra de ello, incluso anecdótica, me permito para refrescar ciertas reflexiones incluidas en mi libro *Por fin me comprendo, conocerse bien para vivir mejor*:

«...me gustaría compartir algunos experimentos del prestigioso experto en economía conductual Dan Ariely. Son experimentos relacionados con nuestra ignorancia o incapacidad para elegir lo que más nos conviene o, lo que es lo mismo, aquello que nos produce verdadera satisfacción. Plantea Ariely un experimento en el que pregunta a las personas si les haría más felices comprar algo para sí mismas o, como alternativa, comprar algo para otras personas. La gran mayoría prefirió como respuesta la de comprarse algo para ellas mismas. Sin embargo, los estudios demuestran que cuando compramos algo para nosotros somos felices unos minutos o unas horas. Pero si compramos algo para otro, aunque sea un pequeño regalo, nuestra felicidad dura como mínimo todo el día, y muchas veces días y aún semanas. Se produce una satisfacción duradera. Parece que las decisiones de nuestro 'cerebro mundano' no saben elegir lo que más satisfacción profunda nos produce.

El mismo autor presenta un experimento realizado con empleados de una empresa a los que se les daba un bonus o remuneración extraordinaria de 3000 $. A un tercio de ellos se les dijo que podrían disponer libremente de su bonus para lo que quisieran. A otro tercio que podrían gastarlo como quisieran, pero necesariamente para un fin social que beneficiara a terceros. Y a los del último tercio se les ponía como condición que dispusieran del importe del bonus solo para un fin social con beneficios para terceros y con involucración personal o participación de ellos en la actividad en la que se materializara el gasto. Seis meses *después de recibir el bonus, los que habían gastado, con su involucración personal, en un fin social en favor de terceros se declaraban más felices que los demás, seguidos de los que lo gastaron en favor de terceros, pero sin involucración personal. En último lugar figuraban los que se lo gastaron libremente con decisiones en beneficio propio. De nuevo nuestros cerebros 'mundanos' no parecen saber elegir lo mejor para nosotros.*

Ante esta falta de consistencia entre lo que preferimos y lo que nos produce mayor satisfacción, me pregunto quién puede ayudarnos a identificar y decidir aquello que más satisfactorio resultará para procurarnos una vida plena. ¿Quién en nuestro interior nos puede susurrar que escojamos el bonus en el que se nos exige gastarlo en favor de terceros con involucración personal?».

Invito a los lectores que no lo hayan hecho a la lectura de ese libro para obtener la respuesta, y quedémonos de momento con la pregunta para llevarnos de nuevo a tomar conciencia de la necesidad de un despertar individual y social a estas verdades que nos afectan a todos, pero de las que nos cuesta tomar conciencia.

Encajando a todos con sentido

Pocas cosas hay tan satisfactorias como levantarse todos los días con algo que hacer que tenga sentido para nosotros. Divertirse de forma intrascendente está bien, pero las personas, para tener una felicidad plena, necesitan realizar actividades que les den sentido, actividades por las que sientan que merece la pena levantarse y con las que, mientras las practican, sientan que no están perdiendo el tiempo. Se trata de tareas que eliminan el pensamiento ajeno a aquello en lo que estamos por colocarnos en modo de enganchados y agarrados a la tarea, concentrados, o al menos entretenidos con lo que estamos haciendo. Se nos para la inquietud interna cuestionadora de nuestro por qué y para qué estamos aquí. Y es sencillamente porque lo que hacemos sentimos que merece la pena; notamos que no tenemos dudas de lo bueno que es hacerlo.

En general nos cuesta mucho descubrir nuestros dones. Son tan naturales para quien goza de ellos que al que los tiene le cuesta darles valor, pues para él lo que representa su don no supone esfuerzo o mérito alguno. Y todos tenemos cosas que hacemos especialmente bien y a las que sin embargo no les atribuimos especial importancia. Quien tiene el don para hacer algo (pintar, tocar música, cuidar, entretener, tener facilidad organizativa o matemática...) piensa que cualquiera puede realizar lo que él hace sin esfuerzo, pero no es así. Es por ello misión de nuestra sociedad tomar conciencia de la importancia de evolucionar hacia un sistema en el que gran parte de la remuneración que obtengamos por nuestros quehaceres consista precisamente en estar encajados en el quehacer que más se ajusta a nuestra persona y que será seguramente el que mayor bienestar nos procure. Habrá quehaceres adecuados para personas con pocas o ningunas ganas de pensar y hacer cosas. Y quizá el trabajo adecuado para ellas sea el de ser conserjes sin grandes responsabilidades y cero complicaciones. Otros sin embargo querrán complicarse la vida haciendo cálculos para que los aviones vuelen, querrán organizar grandes eventos o levantarse todos los días para empujar y motivar a todas las personas de una plantilla. También los habrá que se sentirán bien simplemente acompañando a otras personas o curándolas, educando...

Quizá sea un poco exagerada, pero quédese el lector con la siguiente reflexión: podría decirse que nada produce más remuneración o rentabilidad (espiritual) que el encontrarse establemente encajado y feliz en el trabajo diario que nos toca. Y, consiguientemente, quien se encuentra dedicado a una de esas ocupaciones tan satisfactorias reduce significativamente otras inquietudes y necesidades más materiales o de generación de atractivo social. Quien solo trabaja por dinero, asqueado o insatisfecho, compensa su insatisfacción invirtiendo en «postureo» social, del que acaba haciéndose dependiente y casi adicto. Es una falsa satisfacción frente a la silenciosa satisfacción de quien tiene una actividad alineada con su sentido o propósito vital. ¿Hay algo más rentable desde la perspectiva de un trabajador? Sin duda pocas cosas, si incluimos en el concepto de rentabilidad o remuneración el aspecto emocional o espiritual que se obtiene.

Y seguro que muchos lectores estarán pensando que eso es muy bonito, pero que siempre habrá muchos trabajos que nadie querrá hacer. Y no niego que habrá algunos trabajos poco apetecidos, pero estoy convencido de que serán muchos menos de lo que pensamos si verdaderamente todos, individual y colectivamente, pusiéramos nuestra atención en buscar empleos que se acoplen con sentido y encaje a nuestra persona.

Seguramente no será tanto el trabajo en sí lo que será poco apetecido, sino su nivel de remuneración y la consideración social que tal trabajo tiene. Y este es precisamente el doble reto de la evolución de nuestra sociedad: la dignificación de cualquier trabajo, con especial consideración y respeto por aquellos que son más penosos, y, en segundo lugar, el abandono de un paradigma socioeconómico basado en la necesidad de permanente crecimiento que convierte el sistema en una máquina de creación de crecientes y sofocantes necesidades materiales y sociales. Pues es esta permanente presión social la que nos hace cada vez más difícil el poder tener la opción de ser personas conformadas sencillamente en vidas sencillas sin caer en una progresiva exclusión. Son de nuevo el paradigma de la productividad junto con el de crecimiento los que sacuden el tarro de las hormigas y nos empujan a una lucha de unos contra otros para vivir con la lengua fuera y peleando entre todos más de la cuenta. Y así, en lugar de poder vivir aceptando lo que somos y sin necesidad de querer siempre más, nuestro sistema propicia lo contrario empujándonos permanentemente a buscar y desear siempre más y más y lo siguiente.

Hoy el dinero es la forma abrumadoramente dominante de remuneración por nuestros trabajos o como moneda de intercambio para adquirir bienes o servicios. No puedo concebir de forma concreta, como he dicho, un mundo en el que el dinero ya no exista, pues parece que siempre nos hará falta algo que sirva como moneda de medida e intercambio. Pero lo que sí puedo imaginarme es una sociedad, la sociedad en la que me gustaría vivir, en la que el dinero tuviera mucha menor presencia y en la que su peso fuera mucho menor que el de otras motivaciones de nuestras acciones, incluidas aquellas que hoy denominamos actividades laborales. Vislumbro (o quizá sea un espejismo soñado) una tendencia hacia una sociedad en la que la mayor parte de nuestras motivaciones se acaben centrando en la obtención de satisfacción emocional, espiritual o de sentido, muy por encima de la compensación y acumulación económica. En definitiva, una sociedad en la que, alcanzados los elevados mínimos de riqueza material que satisfacen nuestras necesidades biológicas, nuestras motivaciones se sitúen mucho más en la búsqueda de una vida de relaciones amables con encaje personal en actividades con las que estemos comprometidos junto con un sano entretenimiento que nos dé sentido.

De la confianza en un emisor a la confianza en la sociedad del sentido

¿Puede alguien imaginarse una sociedad con la maquinaria socioeconómica parada porque los dueños de su riqueza (medida conforme a criterios financiero-contables tradicionales) no quieren ponerla en juego y la guardan en un banco sin darle movimiento? ¿Qué ocurriría con los depósitos de riqueza si se mantuvieran en las cajas fuertes de los bancos en forma de billetes, lingotes de oro o simples anotaciones contables?

La respuesta es clara y se mueve en la dicotomía evolutiva en la que ya nos encontramos: o los dueños de la riqueza la ponen en movimiento para dar continuidad a la generación de riqueza y actividad para una sociedad que como conjunto se beneficia de ella, o bien esa riqueza derivada de convenciones artificialmente creadas por el hombre como el dinero o la propiedad dejará de tener valor. En otras palabras, o los ricos y personas sentadas en el poder empresarial y económico van aceptando este principio gradualmente para beneficio y encaje de las personas en una sociedad, o la convención y la confianza en que se basan el dinero o el valor del oro decaerán y ellos perderán su privilegiado nivel de riqueza. Y quiero pensar que estamos ya, como sociedad, abriendo los ojos para aceptar una corriente o dinámica evolutiva que exige este traspaso del peso del dinero al peso del sentido hasta encontrar un punto de equilibrio beneficioso para la sociedad como conjunto. De no ser así, la quiebra de la confianza en esas convenciones financieras no será gradual sino drástica y traumática como consecuencia de revoluciones o conflictos que serán causantes de gran dolor social. Un riesgo sin duda a tener siempre muy presente que me lleva precisamente a querer ver más una dinámica progresiva y evolutiva que la de la revolución y el conflicto.

Llegará un día en que la sociedad como colectivo tome verdadera conciencia de lo endeble que es apoyar el funcionamiento de la maquinaria económica y productiva en algo tan artificial, frágil, deteriorado y poco justo como es el sistema financiero. Algún día la sociedad, tras un tiempo de maduración, será capaz de ver y tener integrado como algo absurdo el hecho de que todo dependa de una entelequia como el dinero y que la falta de liquidez pueda paralizar la economía y la producción de bienes y servicios. O lo que es lo mismo, que la falta de algo tan artificial y creado por el hombre como el dinero impida continuar haciendo funcionar la maquinaria que todos los días produce toda la riqueza de la que disfrutamos. Imaginarse eso desde otro planeta es algo tan absurdo que algún día, cuando todos hayamos podido coger una buena perspectiva, nos daremos cuenta de ello, especialmente cuando las reglas que mueven los juegos y beneficios en los mercados financieros tienden a ser muy arbitrarias y llevan a repartos de riqueza que me atrevo a calificar de poco justos conforme a los principios y valores que teóricamente pregonamos en nuestra civilización.

Observaremos entonces que sin dinero todo podría seguir igual siempre que lo sustituyéramos por otro factor motivador como podría ser el sentido, o lo que he llamado rentabilidad espiritual. Es decir, donde las personas trabajen porque ello les procure sentido para su camino vital, porque sientan que con ello contribuyen a crear bienestar en el entorno, se sientan útiles y consideren valiosa la ayuda que supone para los demás. Y la rentabilidad espiritual será enorme cuando la actividad que realicemos esté además alineada con nuestros dones naturales, con nuestra verdadera vocación o con aquello para lo que uno siente que ha nacido.

Sin duda a la larga tiene mucho más sentido confiar en lo que tiene sentido que en el sinsentido de estar dominados y secuestrados por las reglas del dinero y a su servicio. Se trata por tanto de creer y confiar en la inteligencia colectiva de la sociedad para buscar su propia supervivencia y felicidad. Y para conseguirlo nada como la búsqueda de un sentido social compatible con el bienestar y la libertad individuales. Al fin y al cabo, y en paralelo, la búsqueda y el hallazgo por parte de los individuos de lo que les da sentido es una de las grandes puertas para la felicidad.

Muchos ricos encuentran sentido en la filantropía, como muchas personas con la vida resuelta lo encuentran también en ayudar a los demás y compartir de una u otra forma su riqueza y capacidades. En gran medida ponen sus medios al servicio del bien común. Y serán esa generosidad y el compartir lo que les hará más ricos todavía, si bien conforme a la escala que mide la riqueza espiritual y su plenitud como personas. Con ello los más perjudicados por las reglas de las finanzas y los mercados verán mejorada su situación con la creciente presencia de principios de una economía del sentido o espiritual.

Por su parte las clases menos favorecidas deberán poner su contribución aparcando en gran medida los resentimientos y evitando caer en la crítica y el odio permanentes a quienes han tenido en la vida mayor fortuna. Deberán abandonar la búsqueda de una utópica y falsa igualdad total, que nunca será factible ni sana para la sociedad. Y de acuerdo con ello deberán evitar poner palos en las ruedas que frenen la inteligente organización de los medios de producción en la medida en que tengan acceso a beneficiarse y compartir los beneficios materiales e inmateriales que de la automatización y la eficiencia se derivan para la sociedad. Por ello, aun simpatizando en general con las causas de los desfavorecidos, tengamos cuidado con los líderes que, dentro de esos colectivos y aprovechándose de ellos para buscar poder, elevan sin límite sus exigencias más allá de lo razonable. Pues quienes así lo hagan se convertirán en causantes y responsables de esos posibles conflictos por sus exigencias antropológicamente poco razonables. Moverán más de la cuenta el tarro de las hormigas en su propio beneficio.

No son en absoluto nuevas estas tensiones, pues nada es tan antiguo como la lucha de clases. Pero hoy, en esa lucha y en las aspiraciones entran las dos nuevas variables de nuestras sociedades modernas, como son la tener los estómagos llenos y la de encontrarnos autosecuestrados por el monstruo de la economía financiera, con la consiguiente exigencia de autoimponernos más y más necesidades.

Empecemos a tomar conciencia de la debilidad del dinero y las finanzas. Vayamos confiando en que nuestro futuro, en lo que se refiere a la capacidad de satisfacer nuestras necesidades, estará asegurado en la medida en que las reglas de convivencia, y administración y reparto de la riqueza permitan que siga funcionando nuestra maquinaria productiva ya en marcha. Y para dejar que la sociedad siga funcionando tendremos que confiar cada vez más en una sociedad con sentido frente a hacerlo en una sostenida en frágiles y enfermos pilares financieros creadores de enormes injusticias y sinsentidos.

Del poder del dinero a la autoridad de la sabiduría

Para evolucionar y liberarnos de los paradigmas y marcos mentales propios de una sociedad financiarizada será necesario cambiar las reglas, los criterios, pautas y principios que marcan o guían la influencia de los líderes. Si hoy el hecho de tener dinero otorga a quien lo tiene un halo de respeto e influencia por considerársele una persona de éxito, en el futuro el liderazgo de la sociedad deberá situarse en las personas sabias. Es decir, serán las personas que saben pensar e integrar la reflexión junto con las variables emocionales y espirituales las que deberán guiar y poner luz a los problemas y dilemas de nuestra sociedad.

Hoy, ante cualquier dilema, son el poder del dinero y la sacralización de la creación de riqueza en sentido tradicional (PIB) los que se llevan el gato al agua, sacrificándose en la práctica los grandes valores humanos. La superficialidad que hay instalada en nuestra sociedad es tan grande que no somos capaces de mirar y analizar los asuntos con criterio y sentido. Mezclamos churras con merinas, sacamos conclusiones con anómalas creencias y relaciones de causa-efecto y a menudo adoptamos decisiones sin habernos preguntado en qué se deben inspirar las mismas o en qué consiste una buena solución.

Debemos volver a traer espontánea y cotidianamente a nuestras vidas la pregunta de para qué hacemos las cosas. El sentido común, la aplicación real de los principios que declaramos como vigentes y el desarrollo de las virtudes humanas deben tener presencia y ser verdaderamente relevantes en los estamentos de poder y gobierno de nuestros destinos.

La sabiduría debería ser en la sociedad de la economía espiritual la que fuera capaz de integrar los aspectos humanos, el respeto a unos nuevos valores y las capacidades de organizar nuestros recursos para compatibilizar la generación de riqueza con el cuidado de las personas y la sociedad. O, lo que es lo mismo, integrar conocimientos con capacidades y valores para conseguir un mundo de mejor calidad multidimensional.

Como sociedad, reduzcamos la excesiva admiración al mundo de las finanzas y dejemos de otorgar autoridad a quienes tienen dinero o poder por el hecho de tenerlo. Y, en paralelo, empecemos a otorgar mayor peso al criterio, a la reflexión y al pensamiento de quienes entienden mejor el mundo y las personas. Y desde ese viraje conseguiremos una sociedad con menor polarización de sus debates y en la que las ideas se analicen en un diálogo social dentro de un marco conversacional constructivo y más colaborativo al servicio del entendimiento común, frente a la confrontación destructiva de las ideas y al enfrentamiento permanente que provoca la agresivísima competencia de nuestro mundo en todos los ámbitos.

La sabiduría no destruye las ideas de otros ni las disidentes. Por el contrario, su función es entender el porqué de esas ideas y lo que hay detrás de ellas. Y tras ello integrar en ideas comunes y más enriquecidas, cuando ello es posible, todo aquello que tiene sentido de cada idea u opinión. La sabiduría debe sentar criterio para mantener un equilibrio entre el presente y el futuro, el corto y el largo plazo, el vivir para vivir o alargar la vida para sobrevivir, la bienvenida a la innovación y el cambio, o las bondades de lo que ya conocemos y aquellas tradiciones o entornos y prácticas a los que estamos acostumbrados y nos resultan cómodos.

El sabio está menos necesitado de éxito competitivo y buscará llenar el cajón de sus intereses precisamente con mayor cantidad de rentabilidad espiritual frente al enfoque mayoritario de quienes hoy lideran nuestra maquinaria empresarial y política, que lo que quieren es llenarse de riqueza financiera, de éxito, prestigio social y poder. Unos y otros deberán coexistir para el buen funcionamiento del mundo, pero los eclipsados sabios y líderes en sentido común deberán salir del confinamiento en el que esta sociedad los ha colocado.

La empresa y el «empresabio»

Recientemente escuchaba a un conferenciante de mucho éxito decir que, frente a la inteligencia como rasgo básico de los líderes, el mundo necesita lideres con bondad, es decir líderes que sean personas buenas. Entendiendo e incluso viendo buena intención en el comentario, no puedo sino calificar el mismo de ingenuo y propio de la superficialidad tan instalada en la sociedad. Los líderes de nuestro tiempo deben ser desde luego buenos, buenas personas, pero también necesariamente inteligentes.

Hemos visto y son fácilmente observables las tendencias que hoy guían las actuaciones de las grandes empresas y cómo la realidad y las fuerzas sociales están empujándolas hacia una forma distinta de actuar. De acuerdo con ello, las empresas cada vez más deben incorporar en su quehacer la protección del planeta, de los derechos sociales, y en general del interés de todos los afectados por las actividades empresariales. La nueva Ley de información no financiera obliga a las grandes empresas a identificar los grupos de interés afectados por la actividad empresarial y a dialogar con ellos con el objetivo de integrar y encajar la protección de sus intereses con el propósito y actividad empresariales. En definitiva, y utilizando otras palabras, la gran empresa hoy está ya obligada a tener un ojo en el bien común para cuidarlo, o al menos para evitar dañarlo.

Pero es también cierto que quienes legislan para obligar a las empresas a ser buenas lo han hecho sin pararse a pensar ni un minuto sobre lo que quiere decir ser bueno en esos ámbitos y sobre cuáles deben ser los criterios para determinarlo integrando las miradas de corto, medio y largo plazo que deban ser aplicables. Las iniciativas legislativas se han hecho desde una cierta demonización de las actividades empresariales y desde la observación de las consecuencias de las agresivas políticas empresariales en unos y otros ámbitos fruto de la intensa competencia. Al final, detrás de la pregunta de qué es un buen comportamiento empresarial está el mundo de las ideologías, que permanecerá siempre vivo y presente por su necesidad de adaptación permanente a las circunstancias de cada tiempo. Y por otra parte, todos queremos un mundo mejor, pero pocos nos hemos dedicado a pensar cómo debe y puede ser un mundo mejor con nuestros niveles de desarrollo.

Son ya conocidas las directrices de los grandes líderes empresariales e inversores, que, de forma abierta, se autoexigen que la necesaria rentabilidad (la tradicional) de las empresas no sea el fin primordial y único de la empresa. Sin duda la rentabilidad debe buscarse, pero siempre desde la seguridad y la condición de que, mientras se busca, se cuida o al menos se protegen el planeta y la sociedad.

Ante ello el empresario tiene que dejar de ser empresario para convertirse en un «empresabio». Los conocimientos y competencias que tradicionalmente eran suficientes para ser un buen y eficaz empresario hoy ya no lo son. El «empresabio» es alguien que ha despertado, o debe ya despertar, a la realidad de nuestra sociedad y al nivel de evolución que ha alcanzado, lo que sin duda condiciona los factores principales de motivación. Los niveles de conciencia de un «empresabio» deben situarse en un nivel superior al de los empresarios tradicionales, lo que los llevará a ser capaces de integrar las visiones más racionales, hasta ahora tan predominantes o exclusivas, con la comprensión de la dimensión del sentido, de los sentimientos y las motivaciones profundas del ser humano, aunque a veces resulten menos explícitas y difíciles de identificar.

El «empresabio» debe ser capaz de hablar desde varias dimensiones, y comprender y sentir las tensiones internas que se producen en él mismo, en su interior, cuando los sentimientos opinan, piensan, sienten o creen algo distinto de lo que su cabeza le dice. Debe ser capaz de detectar y escuchar en su interior aquello por lo que por su historia y trayectoria hace que se sienta más atraído o con apego a determinadas formas de concebir el mundo y el funcionamiento de las cosas. Pues no verlo, no tener conciencia de ello le imposibilitará la evolución hacia nuevos paradigmas. Porque solo desde la identificación de los apegos, condicionamientos, preferencias menos conscientes, creencias arraigadas y asunciones automatizadas podrá ser capaz de dotarse de una visión completa de la realidad, y desde ella gestionar e influir con criterios que tengan en cuenta todas las dimensiones humanas y sociales. Y si algún empresario tradicional no es capaz de detectar esas incoherencias internas entre cabeza y corazón querrá decir que no está preparado para gestionar empresas con dimensión e influencia en el mundo por tener todavía unos niveles de conciencia reducidos.

El mundo necesita que los «empresabios» contribuyan a devolver la verdad a la sociedad. Una verdad que implique apartar el engaño y la manipulación, las dobles verdades, las deslealtades en sus distintas versiones. En definitiva, unos «empresabios» movidos efectivamente por aquello que dicen que los mueve, y leales a los intereses que representan por delante de la protección de los suyos. Capaces de declarar sin ocultación qué es eso que los mueve, o su propósito, y defenderlo sin sentir vergüenza por ello. En definitiva, personas de fiar, creíbles, para devolver algo de confianza a las relaciones en el mundo empresarial. Su influencia en el entorno les viene mucho más de la autoridad que del poder formal.

Por ello la inversión en autoconocimiento y la educación emocional y espiritual resultarán cada vez más importantes en los «empresabios» para, y desde su autoconocimiento, elevar sus niveles de conciencia y conocer y respetar al resto de seres humanos como merecedores de igual dignidad. Deben respetarse ellos mismos en todas las dimensiones (la emocional, racional, sentimental, espiritual) sin negarse a sí mismos ni permanecer ciegos a ninguna de ellas. Y desde ese nivel superior de conciencia comprender y respetar la importancia de todas las dimensiones para la sociedad y las personas. Solo desde ese lugar, desde ese mayor nivel de conciencia, podrán contribuir a crear una cultura y un inteligente sistema de convivencia que facilite el entendimiento de las personas, las diferencias y el encaje de todas ellas en la sociedad con un nuevo bienestar en el que el peso de la dimensión material deje mucho mayor espacio a la emocional, sentimental, psicológica y espiritual. Pues es esta pluralidad de dimensiones la que de forma innegable conforma la realidad humana y la social.

Los «empresabios» comprenden bien las dinámicas de nuestra sociedad y han salido de la queja, el reproche, la crítica y la colocación de la responsabilidad de sus males en otras personas. Toman el liderazgo para cambiar o evolucionar hacia dinámicas y territorios más adaptados a nuestros tiempos. Son empresarios que saben que las personas hoy se mueven por variables no medibles que son de suma importancia en la vida social y de los individuos, aunque no puedan ser objeto de cuantificación o medida. El «empresabio» es consciente de que el problema de nuestro mundo no es de falta de riqueza, sino que su reto está en contribuir a una transición en el cambio de ciertos paradigmas de funcionamiento social. Sabe que debe evolucionarse de una motivación del sistema basada en la ambición de acumulación de dinero como fuente de seguridad y poder a la acumulación de satisfacción y plenitud personal derivadas de la sabiduría para integrar el bien individual con el respeto y el cuidado de las personas y el bien común.

El mundo necesita de estos líderes «empresabios» que sean capaces de hablar de estas cosas sin miedo a perderse en dimensiones que no conciben y seguros de sí mismos para hablar de variables no medibles ensalzando la autoridad de lo bien hecho y las virtudes. Deben ser capaces de ejercer la tarea de integrar diferencias entre lo pragmático y lo justo, entre decisiones tomadas mirando el corto plazo y otras que miran más a largo y pueden exigir un sacrificio difícil sin fruto en el corto. En definitiva, personas que deben desarrollar las distintas virtudes humanas para comprender las cosas desde la serenidad, ejercer la prudencia y vivir en la permanente administración de los equilibrios entre las distintas fuerzas que conviven en nuestra sociedad, e incluso dentro de cada uno de nosotros, rompiendo con ello la degenerada escora utilitarista que hoy existe hacia la priorización de la productividad y la rentabilidad sobre cualquier otra cosa.

Los «empresabios» son personas que creen de verdad en la necesidad de cuidar a los demás, de instaurar nuevas formas o conceptos de bienestar. Serán grandes soldados en la lucha por la restauración de nuestros valores básicos. Me refiero a valores como la verdad, la prudencia, el respeto y la coherencia cuya vigencia hoy declaramos, como siempre hemos hecho, pero que se ven escasamente respetados o presentes en la práctica. Serán a su vez grandes rescatadores del sentido común social o colectivo. Contribuirán con todo ello a desarrollar una maquinaria productiva que sea capaz de facilitar una digna integración de las personas en la sociedad huyendo de las fórmulas actuales que llevan a una feroz y excluyente lucha de las personas por encontrar su hueco en dicha maquinaria. Y no lo harán, como ocurre hoy con los empresarios en general, porque lo impongan las leyes, las directrices de los reguladores o la presión reputacional, sino porque serán unos convencidos de la necesidad de una metamorfosis de nuestro sistema socioeconómico. Y solo con ello podremos conseguir vivir en un mundo más basado en principios y valores que en leyes, prohibiciones y reglamentos que no llevan sino a una gradual disminución de nuestra libertad individual, a la vez que al fomento de la picaresca para cumplir formal y estéticamente las leyes pero con violación de los principios y valores a cuyo servicio se promulgan.

Pero si hay algo que debe ser especialmente necesario para el buen «empresabio» ese es el ejercicio de lo que en el libro *Rousseau no usa bitcoins* bauticé como compasión exigente. En dicho libro desarrollaba esta idea describiéndola como la adecuada conjugación de las fuerzas que por un lado nos exigen o empujan a todos hacia la compasión frente a quien la necesita y por otro nos obligan a defendernos de la tentación de muchos de aprovecharse de las circunstancias y vivir de los demás. Por razones de educación, de capacidades, de trayectoria de vida o de simple azar, hay personas que no encuentran un lugar o forma adecuada para ganarse la vida y dotarse dignamente de los medios necesarios, no solo para vivir sino para sentirse integrados en la sociedad. Y ellos necesitan de la compasión social impartida con absoluta dignificación. En otros casos la comodidad y la actitud de vivir de los demás se convierten en una estrategia de los caraduras de la supervivencia que la sociedad no puede fomentar, pues ello acabaría llevando también a su degeneración. Gestionar esa contraposición de fuerzas exige una buena administración de la compasión exigente.

¿Hay alguna razón por la que una sociedad rica limite el apoyo o ayuda para la integración en la vida y en el mundo laboral solamente a aquellos que sufren alguna carencia o minusvalía, física o intelectual declarada o diagnosticada? ¿Hay alguna razón por la que no debamos prestar similar ayuda a quienes han tenido menos suerte en la vida por haber nacido con menos capacidades de las que hoy se requieren para defenderse en la agresiva selva del mercado laboral o profesional? Los que hemos tenido la suerte de nacer con buenas capacidades, de no haber sufrido traumas o enfermedades que nos hayan debilitado, de haber podido cursar unos buenos estudios y desarrollado una buena carrera profesional ¿nos creemos con más mérito personal que quienes han nacido con menor inteligencia o capacidades? ¿He hecho yo algo para poder legítimamente atribuirme el mérito de que me vaya mejor que a algún hermano o amigo cercano que a su manera haya podido hacer sus esfuerzos?

Quienes tenemos hijos sabemos que unos nacen de una forma y otros de otra. Sin saber por qué unos se van encauzando como Dios manda y otros no se encarrilan. Para estos últimos la vida no es fácil, sufren veranos sin vacaciones por no haber aprobado y no logran dar con éxito los pasos hacia la conquista profesional. Para los padres, que son los que mejor conocen a sus hijos y sus trayectorias, ninguno merece más. Los padres saben, o deberían saber, que es el azar de la concepción y de las circunstancias y experiencias vitales que desde recién nacidos van viviendo el que forjan su inteligencia, sus capacidades, su personalidad, su sociabilidad, su fuerza de voluntad para realizar esfuerzos. ¿Qué hemos puesto cada uno para tener más o menos de cada una de esas cosas? Nada, nosotros no hemos puesto nada pues todo nos va viniendo dado. A pesar de ello algunos dirán que unos se esfuerzan más en estudiar, trabajar, etc. y ello les lleva a cosechar mejores frutos. Pero ni el éxito hoy está necesariamente relacionado con el esfuerzo, ni ese esfuerzo es mérito de quien lo hace sino fruto del azar genético y experiencial de haber nacido y haberse forjado como alguien con mayor fuerza de voluntad y esfuerzo, con mayor capacidad para retener la atención en las cosas... o lo que es lo mismo, ser mejor o peor estudiante. La ciencia es cada vez más unánime en considerar que el mérito, con las connotaciones y significados asociados a ese término, no existe.

Estas reflexiones nos colocan en la complicadísima discusión acerca de las bondades de la meritocracia y de la igualdad de oportunidades. Compartiendo criterio con algunos sociólogos de gran prestigio, no creo que ninguna igualdad de oportunidades consiga repartir justicia. Y si bien no es propósito de este libro el profundizar o distraerse en este debate, sí es importante tomar conciencia de él. Como todos los debates, este debería acabar en soluciones virtuosas que consigan equilibrar la importancia de cuidar e integrar a todas las personas con las exigencias, premios y castigos imprescindibles para un buen funcionamiento de cualquier sociedad. Es la sociedad, mucho más que las leyes, la que debe premiar (promover) ciertas conductas y castigar (desalentar) otras. Y de lo que no cabe duda es de que una sociedad que cree en el mérito genera relaciones saludables para su funcionamiento y para el individuo que practica esfuerzos equilibrados en su trayectoria para ganarse su vida. Igualmente, la amenaza del castigo a quien realiza determinadas conductas o a aquel cuyo pecado es la pasividad o falta de esfuerzo permite movilizar y ordenar la actividad humana al servicio de un buen funcionamiento de la sociedad. Pretender que no existan los premios y castigos (del tipo que sean) es algo muy bonito, pero llevaría en mi opinión a una gran degeneración.

Por ello hoy parece evidente que la maquinaria económica debe hacer un esfuerzo por contribuir a integrar a todas las personas, huyendo de fomentar la creación de más y más desintegrados o insatisfechos. Los «empresabios» como colectivo deben obtener maestría en la administración de la compasión exigente y la búsqueda de nuevas formas de integrar intereses para dar espacios de actividad digna a unos y otros, colaborando con otros «empresabios» para buscar conjuntamente espacios de actividad sostenibles que no supongan nuevas cargas sociales sino una contribución a la amabilidad y el bienestar general. Y sobre todo para huir progresivamente de una sociedad creadora de más y más necesidades como pilar de su propia supervivencia, mientras reduce (con la tecnología y la robotización) el número de humanos necesarios para la producción. Deben dejar de torturar con todo ello a los ciudadanos provocando permanentemente más y más tentaciones (mediante la publicidad en sentido amplio) a nuevos consumos y más y más necesidades que acaban convirtiéndose en factor de exclusión social para quienes no pueden montarse en ese estúpido tren y seguir su trepidante velocidad.

Es la comentada compasión exigente la que permite crear entornos de sanos desarrollos y desafíos personales rebajando significativamente los niveles de presión y miedo que hoy torturan a muchos ciudadanos y nos hacen a casi todos vivir con la lengua fuera y con excesiva lucha para dar la talla en el ámbito profesional y social. Y será la buena administración de los fundamentos de la ya explicada economía espiritual la que permitirá encajar felizmente a más personas en actividades que les den sentido. Conseguir el feliz encaje de las personas en trabajos o actividades alineados con su dones y con aquello para lo que sienten haber nacido será sin duda el ámbito más relevante a trabajar por los buenos «empresabios». En definitiva, los «empresabios», con el buen ejercicio de la compasión exigente, deberán convertirse en los principales agentes de cambio para posibilitar la progresiva implantación de los principios de la economía espiritual.

A su vez, en unión con una renovada clase política, deberán contribuir a la reconquista de una cultura social en la que el reconocimiento, el respeto y la dignidad social no se midan en base al éxito profesional o económico de productividad, eficiencia y PIB. Solo así se creará un contexto social en el que todos seamos respetados y se ensalcen de nuevo valores y virtudes que todos declaramos pero que pocos practican y se esfuerzan en cultivar al haber la sociedad renunciado ya a exigirlos o valorarlos. Solo así podremos devolver el sentido común a la sociedad y dejar de convertir a las personas en sujetos únicamente útiles como clientes y consumidores al servicio del sistema socioeconómico. Solo así conseguiremos que cuando llamamos a una empresa o a un ministerio nos conteste una persona que se interese por nuestro problema, nos entienda y trate de verdad de ayudarnos, aunque para ello se sirva de todas las herramientas y utilidades tecnológicas que la doten de efectividad. Solo así conseguiremos una sociedad en la que las empresas de telefonía, seguros, bancos... respondan ante una llamada por una incidencia o problema tan eficaz y amablemente como lo hacen cuando a uno le llaman para venderle una nueva línea u ofrecerle un nuevo servicio.

Solo en una nueva cultura, en una sociedad rica y de la abundancia como es la nuestra, podremos tomar conciencia de que no es riqueza lo que nos falta, sino amabilidad y recíproco cuidado de unos y otros para participar todos de una sociedad más feliz. Y solo así podremos concebir una sociedad en la que no todos tengamos que trabajar en la producción de bienes o servicios, por ser ello innecesario, y en la que dejemos de mirar o tratar a quienes no tienen actividad profesional como parásitos aprovechados. Será más inteligente asimilar que la sociedad se hará más rica si creamos actividades humanas o sociales dignas aunque no sean productivas o utilitaristas. Pues en la medida en que ello ocurra permitiremos simultanear la automatización y la robotización de los procesos productivos y de servicios con la plena dignidad e integración de quienes, no resultando necesarios, útiles o productivos en las maquinarias de producción, dejan de luchar (poniendo palos en las ruedas) por conseguir un puesto de trabajo digno. Es en definitiva una sustitución de la dignidad que hoy procura el trabajo en nuestra sociedad por otra basada en la realización de otras actividades comprometidas. Y seguro que con ello podremos dar pasos para crear un clima que reduzca la confrontación y la polarización.

Ojalá sean los empresarios los que pronto tomen conciencia de todo ello y se transformen en «empresabios» conscientes de la necesidad de desarrollar más esa sabiduría y practicar las virtudes que permitan caminar hacia una progresiva reducción del peso del utilitarismo mientras se incrementa la relevancia de lo humano en las organizaciones y en la relación de las empresas con la sociedad. Pues nadie como ellos tiene hoy capacidad de contribuir a su logro, si bien es cierto que, para conseguirlo, las exigencias de educación emocional, la mejora del autoconocimiento y la madurez en el respeto a nuestros valores deben adquirir prioridad. Todos los ciudadanos deberíamos dedicar mayores esfuerzos a ello para evolucionar en la misma dirección, y el sistema educativo debería facilitarlo.

De la rentabilidad empresarial al derecho a existir

Se habla ahora mucho del propósito empresarial como algo incorporado a las conversaciones sobre sostenibilidad. Parece que el mundo necesita que las empresas sean capaces de narrar o relatar y declarar para qué están en el mundo, cuál será su contribución. Y por supuesto con la exigencia implícita de que lo que se declare como propósito sea conveniente para la sostenibilidad y el bien común. Creo que cualquier propósito empresarial debería iniciarse con algo en línea con la idea de «Contribuir al bienestar del mundo mediante...» para después describir un propósito más concreto y aterrizado. Hoy el concepto de empresa está todavía inseparablemente unido a la obtención de rentabilidad, siendo esta aquello que nos muestra que financieramente lo hemos hecho de forma exitosa. Esto hace que en el juicio relativo del éxito todavía pese más el criterio financiero que la contribución de una u otra forma al bienestar y al bien común. Pero deberá llegar un día en el que pese más el criterio de la positiva contribución a un bienestar sano y sostenible.

El concepto de éxito empresarial y su medición con criterios financieros resulta hoy mucho más comprensible y asimilable que el concepto de bienestar sostenible. Este último es desde luego mucho más vidrioso y poco determinado, mientras que la medición de la rentabilidad aparentemente parece una tarea más concreta y aprehensible. Pero ello es así por existir y tener todos muy arraigadas en nuestras mentes muchas convenciones del ámbito de la contabilidad que nos dicen cómo han de contabilizarse unas y otras cosas, los intangibles que puedo mantener en el activo y los que no, las inversiones que puedo activar y las partidas que deben apuntarse como gasto. Son paradigmas muy arraigados en nuestras mentes que hacen natural la aplicación de los números y su integración en sistemas de medición y registro como son los balances y las cuentas de resultados. Pero hoy la conversación y la evolución social van creando e incluyendo en nuestras concepciones mentales del mundo nuevos conceptos, aunque todavía nos cueste incluirlos en nuestra interpretación de la realidad. Nos está ocurriendo, como es normal ante un cambio de paradigma, lo que les ocurrió a los airis, de los cuales solo algunos, y después de mucho tiempo, pudieron hacerse conscientes de su ceguera, por la cual no podían concebir una vida sin AER€OS como única moneda de cambio.

Pero hoy, a pesar de su dificultad, la sociedad está exigiendo nuevas convenciones y reglas del juego para el desarrollo empresarial. Y esas reglas empiezan precisamente con la exigencia de ese buen propósito empresarial, siempre envuelto en una positiva contribución al mundo. La calidad y la realidad de ese buen propósito darán mayor o menor sentido a la existencia de unas y otras empresas, lo que a su vez determinará cada vez más el derecho a existir de unas y el sinsentido de otras. Y en la medida que esto ocurra y se vayan desarrollando e integrando en nuestras concepciones mentales nuevas convenciones para medir y hacer seguimiento de la bondad y la realidad de esos propósitos empresariales se producirá una progresiva sustitución y reducción del peso de la rentabilidad tal y como hasta ahora la hemos venido concibiendo para la medición del buen hacer empresarial.

Si hoy las empresas todavía necesitan para su supervivencia la obtención de rentabilidad financiero-contable, en el marco de la economía espiritual es una incógnita si ello seguirá siendo necesario, pero sin lugar a dudas lo que sí deberán lograr será su derecho a existir. Hoy una empresa no se sostiene a la larga sin rentabilidad, o al menos sin un equilibrio de su cuenta de resultados. Pero en el futuro se podrá sostener en la medida en que pueda contar con los recursos necesarios para desarrollar su actividad. Los recursos podrán venir de voluntarios, de cesiones de espacios realizadas gratuitamente por filántropos, del uso y gestión de ciertos bienes públicos o privados, etc. El derecho a existir es un ciclo virtuoso por el cual la continuidad de una empresa tiene sentido tanto para quienes la integran y la conforman como para la sociedad. Y ello ocurrirá cuando tenga sentido por lo que ofrece y por su forma de actuar. La nueva empresa, para poder seguir existiendo deberá ofrecer productos o servicios que tengan sentido para los ciudadanos. Pero deberá hacerlo evitando la agresividad comercial y los perversos círculos por los que las empresas crean primero la necesidad para luego satisfacerla. Además, deberá asegurarse de que desarrolla sus actividades de forma que su interacción con el planeta, las comunidades, los empleados y los proveedores sea respetuosa. Y serán los ciudadanos los que decidirán sobre su derecho a existir aceptando o no sus actuaciones con sus decisiones de comprar o no sus productos o servicios. Y como trabajadores y proveedores modulando su nivel de exigencia y condiciones para cooperar con ella en función del nivel de cumplimiento efectivo y aplicación de los valores que pregona.

Se trata de una visión más propia de un mundo fantástico que de nuestro aparente futuro, y por ello se nos hace difícil asumirla. Sin embargo, como tendencia creo que es en esa dirección en la que el mundo camina como consecuencia de las exigencias de la sociedad y del juego de fuerzas y fenómenos que en este libro he venido describiendo. Quizá sea más fácil asumir y vislumbrar esa evolución si a las empresas les cambiamos el nombre y las llamamos organizaciones en sentido amplio, pues con ello nos liberaremos mentalmente de la asociación con la rentabilidad como pilar fundamental de cualquier empresa para sostenerse. Y en tales organizaciones, ese derecho a existir se verá seguramente facilitado en la medida que las mismas contribuyan (aunque todavía no sé de qué forma) a poner sosiego y valor emocional y espiritual a la sociedad.

Sin embargo, deberían perder el derecho a existir las organizaciones que, siendo muy eficientes en sus procesos, alcanzan una rentabilidad y productividad interesantes para ellas y sus socios pero a costa de generar en la sociedad daños tales como la creación de altos niveles de desempleo no compensados, altos niveles de dependencia por atrapar a los consumidores con prácticas comerciales inaceptablemente agresivas o el menoscabo de la dignidad y respeto de sus empleados.

El derecho a existir se conquistará por las organizaciones siendo más de fiar y más rectas en su actuar. O, dicho de otra forma, haciendo coincidir el propósito declarado con el propósito verdaderamente perseguido. Y así, la empresa que diga a sus futuros clientes que quiere facilitarles la vida deberá asegurarse de que de verdad lo que ofrezca se la facilite después de hacer un balance de todo lo bueno y lo malo que su oferta provoca. En definitiva, deberán tener un actuar verdaderamente recto al servicio de los clientes, y lidiar y ser capaces de gestionar una comunicación realmente honesta y de nueva generación, de forma que los destinatarios sean capaces de comprender los mensajes y adoptar sus decisiones de compra con un análisis completo de las ventajas e inconvenientes de consumir o darse de alta en algún producto o servicio. Como simple ejemplo, en el campo profesional de la abogacía y la gestión de conflictos en el que yo me muevo, ¿puede alguien aceptar el que un abogado lleve a un cliente a promover un pleito sin analizar con él, de verdad, las ventajas, inconvenientes, costes y riesgos se pueden derivar? Si no lo hace ¿para quién estará trabajando el abogado: para el cliente o para él mismo?

No soy partidario de las prohibiciones ni de la imposición de más obligaciones, pero me encantaría que cuando los consumidores vamos a adquirir cualquier bien o servicio (como un nuevo teléfono, una plataforma de televisión, un servicio de entrega inmediata a domicilio o de trasporte con conductor, un asistente robotizado...), pudiéramos disponer de una completa información para valorar las consecuencias posibles para nosotros y para la sociedad de nuestro acto de compra. Al fin y al cabo, los medicamentos ya lo hacen, y así, quien quiere molestarse en leerlos antes de consumirlos puede conocer las contraindicaciones, efectos secundarios y efectos negativos para el planeta. ¿Quién puede imaginarse que al comprar un teléfono de última generación el vendedor o su folleto explicativo nos describiera los efectos secundarios (podrán mandarle mensajes cada minuto y acabar usted harto), o contraindicaciones (si usted tiene propensión podrá acabar siendo adicto y depender de ello para todo en su vida), o riesgos para el planeta (no está recomendado el consumo si usted no quiere contribuir con la digitalización a la reducción del empleo en muchos sectores afectados)? Sin duda nos suena utópico y casi a cienciaficción, pero tengo la impresión de que de alguna manera las tendencias que se observan en el mundo en parte nos están arrastrando a eso, si bien más por la vía de la imposición burocrática (con la consiguiente hipocresía en su cumplimiento) que por la de asunción de buenas prácticas verdaderamente compartidas por los empresarios y exigidas por los consumidores y ciudadanos.

¿Hay alguna razón por la que los medicamentos destinados a la curación de aspectos relacionados con la salud fisiológica tengan que dar toda esa información y sin embargo el tema parezca absurdo e irrelevante cuando lo que tratamos es de proteger a los individuos de la enfermedad, la adicción o la inadaptación psicológica? Las nuevas enfermedades sociales como la ansiedad, las anorexias, las depresiones, tan propias de sociedades ricas, están en mi opinión muy relacionadas con los estilos de vida que provoca la maquinaria económica basada en la economía tradicional que hemos venido analizando y que llevan a cifras de suicidio que hoy en España duplican las de las muertes por accidentes de tráfico. Los nuevos productos y servicios disponibles están dando nueva forma a las relaciones sociales y a la forma de vivir sin un mínimo análisis de su impacto y de sus posibles consecuencias para la humanidad. Y nadie puede siquiera plantear como reflexión el análisis de una posible ralentización de este mal llamado progreso, pues cualquier reflexión en ese sentido es atentar contra el poder del dinero y la necesidad de los países de crecer (en PIB).

Todavía no sabemos bien las vías o formas, más allá de la tradicional sostenibilidad financiera, que pueden llevar a una empresa a tener derecho a existir, o incluso por qué unas serán sostenidas o rescatadas y otras no. Pero dentro de esa incertidumbre me gustaría compartir un ejemplo, anecdótico si se quiere, de cómo recientemente una comunidad salió al rescate de una compañía que estaba siendo atacada por inversores que apostaban por la caída de la cotización de un valor. Trascribo para ello una noticia en el diario El Confidencial con la que me levantaba hace unos meses:

«Una compañía en quiebra, millones de usuarios compinchados a través de una red social y grandes fondos de inversión están protagonizando estos días una historia de película que, pese a invocar la leyenda de Robin Hood, no se desarrolla en los bosques de Sherwood sino en el parqué de Wall Street. Por si no había tenido suficiente el mercado con la materialización en 2020 de un montón de acontecimientos que nunca llegó a imaginar, esta semana los miembros de una comunidad de 'traders' alojada en Reddit y llamada WallStreetBets han dejado atónitos a analistas, fondos y participantes de la Bolsa al propiciar el rescate de GameStop de las garras de los fondos bajistas en un acto que se debate entre ser considerado una revolución o un delito».

¿Puede ser este un curioso ejemplo de una organización que es sostenida porque algunos piensan que tiene derecho a existir y que debe existir y ser protegida de los ataques de inversores? Los gritos, las reivindicaciones, los grupos de presión, las actuaciones creativas y llamativas para despertar seguidores en un mundo en el que vale todo han cogido tanta fuerza y efectividad que llevan a pensar que cualquier causa o movimiento bien orquestado podrá convertirse en salvador de iniciativas y organizaciones que financieramente no serían sostenibles de no ser por esos artificiales apoyos. Debemos estar preparados para todo tipo de fenómenos y creatividades que hoy no podemos imaginar.

Más amabilidad y, si hace falta, no tanta productividad

La amabilidad es un concepto muy amplio y difícil de concretar, pero nos evoca cosas como cariño, amor, tranquilidad, sosiego, calma, humanidad, suavidad, seguridad... Por el contrario, escuchar la palabra productividad produce en mi interior sentimientos más bien incómodos que me llevan a ver máquinas a miles de revoluciones por minuto, máquinas-robot, procesos, números, efectividad, competencia, agresividad, exigencia, utilitarismo.

Me produce un enorme rechazo pensar en un mundo en el que la productividad y la rentabilidad son los valores estrella. Todos los valores (por eso tienen ese nombre) son buenos pues indican una cualidad positiva de algo. Pero cuando son varios los valores que deben convivir en un entorno o sociedad, lo verdaderamente importante es la ponderación y conciliación de unos con otros y la forma de resolver los conflictos cuando la presencia excesiva de un valor provoca un daño importante en otros.

Hoy la sociedad es tremendamente productiva. A lo largo de los años nuestro sistema socioeconómico se ha enfocado en obtener una gran productividad en los procesos de producción de bienes y servicios, y en la organización de los medios para ello. Pero toda esa productividad se ha conseguido a costa de sacrificar muchos otros valores relacionados con lo que es la amabilidad en sentido amplio. A costa de la productividad y la eficiencia empresariales y productivas hemos sacrificado valores como el respeto, la dignidad humana, el valor de la palabra, el afecto, el buen trato humano, la atención, la simpatía, la honestidad en las relaciones con los clientes y trabajadores, el cuidado de los que nos rodean...

No me gustan las decisiones dicotómicas, pero si tuviera que elegir casarme con alguien muy eficaz y productivo siendo mediocre en lo demás, o hacerlo con alguien amable siendo mediocre en el resto de los valores, creo que me quedaría con la persona amable, especialmente si la productividad no me resultara imprescindible para vivir. No soportaría vivir con alguien antipático, hosco y poco respetuoso a quien no le importara mi bienestar, aunque fuera muy eficaz y productivo, y sin embargo sí podría vivir con una persona poco productiva pero amable y cariñosa. Lo mismo me ocurre en relación con la sociedad. Estoy cansado de tanta eficacia, de tanta innovación, de tantas prestaciones de cualquier aparato que compremos, de tanta productividad, pues ello ocurre a costa del sacrificio de la humanidad en las relaciones, del afecto, del cuidado, el respeto de unos a otros, y en definitiva se construye sobre una vida muy rápida y eficiente en la que sacrificamos nuestras espontáneas formas de ser para conseguir más y más cosas, dinero, estatus, rango y más y más apariencias. Transitamos por la vida de forma tan rápida y eficiente, optimizando tanto nuestros tiempos y recursos, que sin darnos cuenta nos olvidamos de vivir la vida, o por lo menos de saborearla en lo que verdaderamente vale la pena, más allá de lo que hacemos para mostrarlo.

Por ello, alcanzados en el mundo occidental unos altísimos niveles de riqueza material real, pongamos ahora el foco en la mejora de los deficientes niveles de amabilidad, honestidad y coherencia individual y social con los que vivimos, y en paralelo extendamos progresivamente esa riqueza a lugares donde todavía no ha llegado, pues así el mundo en su conjunto será más humano. Pongamos ahí nuestro esfuerzo pues encontraremos formas de avanzar con la creación y el contagio de buenas y amables actitudes reales más allá de las meras declaraciones de estética social. La amabilidad, como la alegría, es contagiosa, y ni el amor ni la alegría se consumen o disminuyen compartiéndose, sino que crecen y expanden sus beneficios con la suma de prácticas y practicantes alegres y amorosos. Pero el cultivo y arraigo de la amabilidad requiere de un terreno de convivencia en el que estén más presentes la coherencia, la verdad y la honestidad como valores-marco, pues es la carencia o relajación de estos valores lo que genera el caldo de cultivo para comportamientos agresivos y entornos casi selváticos en los que casi vale todo.

Por ello sueño a menudo con una sociedad que se dé cuenta de que es rica y de que no es de riqueza de lo que carece. Una sociedad que, como punto de partida, tome conciencia de la importancia de equilibrar la ecuación de valores imperantes en ella para establecer unas ponderaciones más acordes con nuestro actual nivel evolutivo. Y, en definitiva, una sociedad en la que la coherencia de nuestros comportamientos para conseguir esa amabilidad se haga mucho más presente en todos los ámbitos:

- En el de los ciudadanos: una amabilidad sincera y real en las relaciones interpersonales en general para hacernos así la vida más amable y agradable. Ser amable es tratar de hacer agradable la vida a las personas de nuestro entorno y nuestra compañía e interacción con ellas. Es ver siempre y de verdad detrás de cada persona con la que tratamos. Todos agradecemos estar rodeados de gente que actúa amablemente con nosotros, incluso cuando nos tienen que negar nuestras peticiones o cuando opinen de forma diferente.

- Una amabilidad entre las empresas para, sin abandonar una sana competencia, buscar más la cooperación, con el objetivo de traducir entre todos la riqueza alcanzada en el mundo en un verdadero disfrute psicológico de la riqueza en forma de plenitud de vida, evitando en lo posible políticas que provoquen llevar a la ciudadanía con la lengua fuera para crear primero y satisfacer después necesidades creadas de consumo. Una amabilidad que transforme el esfuerzo orientado a expulsar del mercado al competidor, hacia un esfuerzo orientado a encauzar y encajar con sentido la actividad de unas y otras empresas para la mejora de los bienes y servicios. Una amabilidad que sea la mayor fuente de éxito empresarial por hacer fácil y amable la vida a sus clientes, consumidores y empleados. Con empresas que se preocupan de gestionar los impactos negativos o efectos secundarios o colaterales de lo que ellas realizan y ofrecen. En definitiva, empresas a las que no les dé igual cargarse de beneficios sacrificando valores de convivencia y de la sociedad, puestos de trabajo o dañando de otra forma a la sociedad o al planeta.

- Una amabilidad en las prácticas de los empleadores para que respeten y fomenten la dignidad de las personas que trabajan o colaboran con ellos y las ayuden a su constante evolución y a alcanzar un buen nivel de satisfacción, esforzándose en buscar el mejor encaje de cada uno en tareas alineadas con sus dones o fortalezas.

- Una amabilidad de los empleados y trabajadores para cooperar con sus empleadores generando un diálogo constructivo y franco para contribuir con compromiso a desarrollar el propósito de la organización, integrando los intereses empresariales, laborales y de los ciudadanos en general para poner su importante grano de arena en la construcción de un mundo más amable.

- Una amabilidad en las prácticas comerciales para evitar las que son efectivas por despertar un insano y creciente deseo o adicción al que se nos hace difícil resistirnos y decir que no. Una amabilidad que lleve a la eliminación de prácticas que nos conducen a mayores dependencias con la dura y alienante carga que exige el sostener una lista creciente de necesidades y dependencias. Una amabilidad que quizá hoy suene inaudita pero que transforme al comercial en un asesor que vele por los intereses del adquirente con las peculiaridades de cada uno, en lugar de orientarse a descubrir sus debilidades y tentaciones para encajarle productos o servicios. Una amabilidad comercial de los prestadores de servicios, que no solo se aprecie en los momentos de venta o contratación sino también ante cualquier incidencia o cuando se desea finalizar la relación. En definitiva, una amabilidad y honestidad que haga que los clientes y consumidores puedan confiar en las empresas que les venden cosas o prestan servicios.

- Una amabilidad de los inversores para encontrar satisfacción más allá de la rentabilidad tradicional consistente solo en rentabilidad financiera, atenuando las duras exigencias a los gestores de resultados financieros y cortoplacistas. Una amabilidad que busque la inversión en empresas que creen riqueza verdadera y disfrutable frente a la succión de la riqueza a quienes verdaderamente la crean. Grandes y pequeños inversores con sus ahorros que comprendan la importancia de otras dimensiones psicológicas del bienestar humano y apuesten, a través de los canales y vehículos de inversión, por empresas que se ganen su derecho a existir exigiendo un saldo positivo en el balance del bienestar creado y el sufrimiento o daño generado.

- Una amabilidad de los consumidores para evitar las críticas y juicios infundados o superficiales de las actuaciones empresariales y para orientar sus decisiones de consumo hacia las empresas amables, tratando de hacerlo con fundamento y pagando el mayor precio que ello pueda requerir evitando caer en la incoherencia de exigir a las empresas que se esfuercen, pero sin contribuir ellos. Pues será esa coherencia de comportamiento del consumidor la que, con decisiones responsables y esfuerzo, empujará al buen comportamiento empresarial contribuyendo así a construir un mundo mejor y más amable. Así ocurre con los compradores de comercio justo, de empresas sociales, y en general de quienes adquieren bienes o servicios, aun siendo más caros, de quienes respetan los principios de la amabilidad que estoy exponiendo.

- Una amabilidad de las asociaciones e instituciones defensoras de intereses corporativos, de consumidores o sociales para promover una verdad completa y objetiva en sus argumentos en defensa de los intereses que representan buscando su encaje socialmente beneficioso y evitando la utilización de argumentos sesgados con ocultación de efectos paralelos o colaterales.

- Una amabilidad de los medios de comunicación, para que nos hagan más fácil la obtención de información ajustada a nuestras capacidades de comprensión para poder forjar con ella nuestras decisiones o juicios de las cosas, posibilitando el conocimiento de los hechos o datos objetivos sin sesgos ni valoraciones. La amabilidad, cuando proporcione datos alarmantes, debe hacerlo suministrando a la vez otros que sirvan para ponerlos en contexto y medir su importancia relativa evitando sensacionalismos y alarmas para la captación de lectores o seguidores. La amabilidad de no vender como información aquello que saben que es entretenimiento disfrazado de noticias o información. La amabilidad de evitar el ensalzamiento de prácticas o personajes poco presentables y la provocación permanente con la crítica sesgada y destructiva en una constante búsqueda de culpables contrarios para exigirles responsabilidad y lapidarlos reputacionalmente, generando un clima permanente de confrontación política y ciudadana que impide la construcción de un nuevo contrato social.

- Una amabilidad de la clase política que trabaje de verdad y lealmente mirando por los intereses de los ciudadanos que representa, frente a quienes lo hacen buscando mantenerse en el poder o la captación de votos. Una amabilidad que les haga huir del afán de sostenerse en el poder o en sus cargos a base de provocar confrontación. Una actuación en política con prácticas que evolucionan hacia un nuevo mundo en el que los políticos atraigan a sus votantes no tanto por construir enemigos sino por su capacidad de entenderse constructivamente con quienes representan otros intereses promoviendo un disfrute o reparto equilibrado de la riqueza entre los ciudadanos en convivencia con las necesarias diferencias que deben existir.

- Una amabilidad de los votantes y consumidores de noticias y medios de comunicación, en forma de buen criterio para no exigir a sus medios de comunicación y a sus políticos tan dura y agresiva crítica de sus adversarios, sino la búsqueda permanente de un entendimiento constructivo y equilibrado para encajar las pretensiones de unos y otros, con comportamientos que eviten premiar a quienes desarrollan prácticas poco amables, y que orienten sus decisiones de voto y sus cauces de información hacia quienes se mantienen en el cumplimiento de las prácticas que contribuyen a la amabilidad.

- Una amabilidad de los ricos o más privilegiados hacia los menos favorecidos para entender que todos somos merecedores de idéntica dignidad humana y, desde esa comprensión, vivir comprometidos con el desarrollo de la cadena de producción de bienes y servicios para sostener los necesarios niveles de riqueza y actividad socio-vital. Una amabilidad que se muestre no solo a través de la filantropía, sino también a través del gasto en lujo respetuoso con la sociedad y sus individuos como forma de distribuir la riqueza generando actividad. Se trata de una amabilidad de los más afortunados apoyada en su sentimiento de gratitud por haber nacido en mejor entorno, con más riqueza o mayores capacidades, erradicando cualquier sentimiento de superioridad.

- Una amabilidad de los menos favorecidos materialmente para atenuar cualquier sentimiento o deseo insano, de envidia o resentimiento, y aceptar que, en la ecuación de la felicidad, existen muchas variables en las que todos podemos trabajar. Y con ello comprender y aceptar que los más privilegiados viven en su normalidad, con mayores necesidades generadas por sus trayectorias y hábitos, sin que ello implique necesariamente mayor satisfacción vital o bienestar. Una amabilidad que evite calificar de culpable a quien es más rico por haber nacido económicamente privilegiado o con mayores capacidades para crear riqueza, entendiendo que lo importante para disfrutar de las cosas no es tanto el parámetro objetivo de riqueza sino la forma de relacionarse cada uno con su entorno, y sin que nada de ello prive de sanas actitudes de mejora de su situación social o riqueza y de las correspondientes oportunidades para ello.

Una sociedad así es un sueño. Y sé que es un sueño que jamás se podrá alcanzar. Pero igual de claro tengo que se pueden dar pasos hacia él y que es esa la dirección que ojalá seguirán nuestros pasos. Podremos así alejarnos un poco de la hostilidad, la confrontación, la polarización, la agresiva competitividad, el omnipresente utilitarismo para adentrarnos pasito a pasito en el territorio de la coherencia, la honestidad y la amabilidad, y avanzar hasta donde podamos llegar. Seguro que irán surgiendo nuevos fenómenos negativos para la sociedad, pues eso es lo ineludiblemente esperable de la condición humana, pero desde esos ojos amables, honestos y coherentes podremos irlos encauzando.

Como he dicho, soy contrario a la imposición de mayores obligaciones, prohibiciones y reglamentaciones, pues todo ello estaría sometido a una excesiva ideologización, impondría nuevas cargas burocráticas y nos llenaría de nuevos empleos de los que he llamado tumorosos. Es por tanto de todos nosotros, como consumidores, inversores, votantes, miembros de redes sociales, lectores... de donde debe provenir el empuje a través de exigencias bien orientadas en nuestras decisiones de consumo e inversión, de seguimiento de medios, y desde luego de voto. De alguna forma estás exigencias, en el campo del consumo de productos y servicios empresariales, están ya cada vez más presentes. ¿Pero están de verdad bien orientadas?

Una nueva soberanía del consumidor

Poca duda me cabe de que cada vez más los consumidores, y en general los agentes sociales, exigen más y más a las empresas que sean buenas como condición, en más y más casos en sus decisiones de compra y en la práctica de boicots, sean o no declarados. La intención y la tendencia están ya aquí, si bien la administración de las decisiones o elecciones de compra resulta sumamente complicada y en general se basa en informaciones incompletas y sesgadas. Pero que nadie dude de que estamos ante un mundo que ya gestiona su caótico contrato social a través de una nueva soberanía de los consumidores y seguidores de medios de comunicación e *influencers*. Al fin y al cabo, el consumidor, con cada decisión de compra, se convierte en el centro último de decisión para que la producción se haga por una empresa u otra. Cuando supedita sus decisiones a determinados comportamientos en la cadena de producción, esta deberá adaptarse o será rechazada.

Esta nueva soberanía de los ciudadanos consumidores en sentido amplio (de productos, servicios, información, votos…) puede tener múltiples manifestaciones. Así, aun cuando pueda tomarse como una simple anécdota, la noticia ya comentada relativa a los Robin Hoods de Wall Street salvando la compañía Game Stop del ataque de los inversores bajistas es una buena muestra de una curiosa y amorfa evolución de nuestras dinámicas sociales. Con independencia de consideraciones legales o éticas en el marco de los mercados de valores, este ejemplo nos muestra cómo las más originales y diversas prácticas dan forma hoy al funcionamiento de nuestra sociedad. Son prácticas que sin duda desdibujan el contrato social tradicional que la sociedad tenía hasta hace recientes fechas y nos deja sumidos en la confusión y lo imprevisible. Pero, en definitiva, al final son los ciudadanos consumidores simpatizantes los que, con la suma de sus decisiones, salen al rescate de una empresa manteniendo su existencia.

Es una soberanía, en parte política y en parte económica, que siembran o inspiran los creadores de causas y narrativas con el arte de ganar seguidores de un tipo u otro, y que es ejercida por los ciudadanos a través de sus manifestaciones y decisiones como consumidores y como votantes. Y es esta dinámica la que promueve el establecimiento de normativas, regulaciones o simples recomendaciones para el mundo empresarial cuyo seguimiento por parte de este (al menos en apariencia) se hace fundamental si no quiere ser castigado por los clientes y consumidores que exigen cada vez más ese comportamiento, correcto, ético o social o sostenible a las empresas.

Por ello la soberanía de nuestras sociedades puede decirse que se está desplazando cada vez más hacia el consumidor, que es quien finalmente tiende a optar (cuando existen varias opciones) por aquellas opciones ofrecidas por una empresa cuyo comportamiento es aparentemente más correcto y alineado con las corrientes de gritos y reivindicaciones sociales más atractivas, convincentes o simplemente más reiteradas.

Solemos quejarnos de los comportamientos empresariales y del de los políticos. Sin embargo, muchas veces por ahorrarnos un euro elegimos un producto de una empresa que no respeta ni siquiera los mínimos de cuidado de las personas o el planeta. Pero la tendencia es clara en cuanto a la voluntad del consumidor y cliente de las empresas de premiar y castigar a quien por su comportamiento empresarial lo merece. Y esta es la verdadera soberanía de nuestro tiempo. Quizá todavía se manifieste solo de forma incipiente, pero con una marcada tendencia a la exigencia de comportamientos empresarialmente correctos y el castigo a quienes no tienen (o al menos aparentan tener) un comportamiento ético o sostenible. Se pone hoy en duda que el consumidor mayoritariamente esté dispuesto a pagar más por lo correcto y lo ético, pero sin embargo nadie duda de las firmes exigencias de buen comportamiento empresarial que hacen que se rechace la oferta de las compañías poco cuidadosas con la ética o el bien común. Mirado de una u otra forma es un poder soberano del consumidor que condiciona el actuar de las empresas sometiéndolo a examen. ¿Con qué fundamento se hace?

Es enorme el poder del consumidor pues este fenómeno de creación de causas y narrativas, convertidas en exigencia, está dando nueva forma a nuestra democracia con múltiples fuentes de poder. Tantas fuentes como personas capaces de generar un número relevante de seguidores como para forzar al político y al empresario a adoptar comportamientos alineados con las inquietudes reivindicadas. En ocasiones es un alineamiento meramente aparente, si bien cada vez más las empresas han de asumir e integrar las nuevas demandas sociales a la hora de determinar su propósito empresarial y crear una estrategia capaz de conciliar el interés empresarial con el de los distintos grupos de interés que reivindican o defienden unas y otras cosas. Y en ese juego se produce un creciente y preocupante alineamiento entre el buen comportamiento empresarial y la corrección política. Las empresas, para mantener su corrección política y social, se convierten en promotoras de políticas y prácticas en las que muchas veces no creen, lo que supone el riesgo de contribuir a la evolución hacia una sociedad casi de pensamiento único en la que la disidencia de lo políticamente correcto resulta difícilmente asumible.

Es por ello el consumidor el que tiene una enorme capacidad de influir y determinar el futuro del mundo a través de esta nueva forma de democracia, como parte de un nuevo contrato social. Como toda forma de gobierno, esta nueva democracia tiene aspectos positivos, pues sin duda es una forma integradora de las voces de los ciudadanos basadas en los sentimientos, afectos y emociones, superando la creencia de que es la racionalidad cultivada la que necesariamente debe gobernar el mundo. La razón es un instrumento al servicio del individuo y de la humanidad, pero la razón no tiene voluntad o preferencias, pues estas se encuentran en el ámbito de nuestros instintos (en sentido amplio), encauzados a través de nuestros registros de experiencias, sentimientos y emociones que nos guían en general sin conciencia de ello. Es por tanto una democracia o soberanía de la emoción y el sentimiento. Y quien quiera ponerle connotaciones negativas a esta nueva forma de democracia puede llamarla populista, pues creo que es un término correcto, aunque solemos limitar el uso de este término solo para los que juegan con mayor agresividad y en los extremos ideológicos en estas dinámicas.

Mirando nuestra sociedad desde el espacio, sin implicación ¿pensamos que en algunos ámbitos estas dinámicas están generando una positiva evolución de la sociedad o quizá que la sociedad como era antes era una sociedad mejor? Mejor o peor ¿para quién? Me cuesta tener una opinión racional y medida de ello, pero mis sentimientos me dicen que sin duda en algunos aspectos fruto de estas dinámicas, la sociedad avanza hacia lugares hacia los que tiene que dirigirse. Pero lo hace a costa de caminar rodeada de precipicios por el riesgo de falta de realismo para su sostenimiento a largo plazo y la negación de la realidad humana en lo que se refiere a su lado ambicioso, temeroso y buscador de poder. Y desde luego a costa de un brutal ataque a la libertad de expresión a través de la condena de cualquier disidencia en el cada vez más amplio ámbito de lo políticamente correcto.

Es una soberanía que solo la madurez y el incremento de los niveles generales de conciencia de los ciudadanos hará que sea buena. Es la evolución de la soberanía tradicional más ordenada y supuestamente más racional, pero que es precisamente la que nos ha traído hasta esta sociedad con tanto lío.

¿Cómo hacer que esas decisiones de los ciudadanos sean verdaderamente responsables? ¿Cómo saber qué indicadores empresariales son los adecuados para conseguir aquello que efectivamente se busca o se quiere proteger? ¿Cómo evitar que, sin la necesaria reflexión y debate político, se imponga a las empresas la obligación de respetar determinadas variables de sostenibilidad sin conocer con rigor los efectos que ello puede provocar? ¿Estamos seguros de que algo tan complejo como las interacciones sistémicas se puede gestionar creando indicadores con miradas limitadas a solo un aspecto de esas interacciones y sin el debido análisis de impacto?

Sin duda la sociedad necesita invertir en estudiar, analizar y experimentar nuevas formas de convivencia social y funcionamiento de la maquinaria socioeconómica. En definitiva, debemos encontrar las formas para hacer evolucionar los sistemas de motivación y recompensa, y de medición, que en mayor o menor medida seguirán siendo necesarios para dirigirnos hacia una economía mucho más espiritual. Es posible que con una mayor conciencia y madurez social la soberanía de los consumidores nos aporte un plus de calidad democrática. Pero la dificultad para dar respuesta a todas estas cuestiones nos muestra que tenemos muchas asignaturas pendientes en materia de investigación socioeconómica y política.

TERCERA PARTE

NECESIDAD DE UN I + D SOCIO-ANTROPOLÓGICO Y SOCIAL

¿Somos suficientemente conscientes de lo que nos pasa como sociedad? ¿Sabemos por qué nos pasa? ¿Entendemos cuál es la interrelación de unos y otros fenómenos que nos rodean?

Este libro ha tratado de poner luz para dar respuesta a algunos de estos interrogantes. Pero después de todo lo que llevo escrito, yo mismo me siento sumido en la confusión. Si me pongo en mi piel, tengo muy claro lo que me gusta y lo que no me gusta de esta sociedad. Y sin darme cuenta equiparo lo que me gusta con lo bueno y lo que no me gusta lo asocio a lo malo. Pero, si tomo perspectiva y me bajo de mis propios zapatos, observo que los paradigmas y principios tradicionales que han hecho evolucionar al mundo hasta donde estamos hoy están cojos y necesitan de algún instrumento más o de la corrección de ciertas tendencias para evitar una evolución degenerativa.

Ningún sistema o forma de gobierno y funcionamiento de la sociedad es perfecto. Todos tienen sus bondades y sus riesgos de degeneración. Lo que durante una época ha sido bueno puede dejar de serlo cuando ha llevado a desequilibrios que necesitan ser corregidos. Es lo que hoy ocurre con el ansia de buscar más y más riqueza y crecimiento olvidándonos en la práctica de cuidar de verdad otros valores. Y son esos otros valores los más determinantes del verdadero bienestar y plenitud de las personas en un marco de convivencia que sostenga o facilite la satisfacción y la felicidad. Pero lo que será siempre bueno es el instinto o inteligencia de supervivencia social, que nos está llevando y nos llevará como sociedad a adaptarnos a las realidades que surgen con el paso del tiempo. Y en ese camino permanente de evolución y adaptación, aplaudo por tanto todo lo que permita a una sociedad escucharse, comprenderse y evaluarse a sí misma para tomar conciencia de sus nuevas necesidades e identificar todo aquello que debe abandonar como pensamiento o como práctica por ser factor de rozamiento y creación de dolor para una sana evolución. Son algunas de estas variables, fenómenos o factores los que considero requieren de una mayor toma de conciencia general y trabajar en indagar su funcionamiento, precisamente para enderezar aquello que lo requiera. Se trata de reflexiones en ámbitos en los que debería producirse mucha más conversación social para conseguir dar mejor criterio a los individuos dentro de la sociedad para hacer a unos y otros mucho más comprensivos con visiones y realidades distintas a las propias.

No pretendo arreglar el mundo con estas sugerencias, pero sí al menos plantear cuestiones e interrogantes, y con ello hacer pensar. En general solo contestándonos a preguntas somos capaces de tomar conciencia de nuevas perspectivas y avanzar en la riqueza y limpieza de nuestra mirada de nosotros mismos y del mundo. Empecemos pues a pensar y a responder a ciertas preguntas porque es tiempo de darnos cuenta de la necesidad de poner el foco de atención en nuevas cuestiones. Una buena reflexión social e individual sobre las cuestiones que siguen seguro que nos ayudará a despertar en muchos aspectos y a observar el mundo desde otras perspectivas. Conocer esas perspectivas y comprender los fenómenos e interacciones sistémicas que las explican nos permitirá con seguridad a ir modelando una sociedad más adecuada para alcanzar mayor felicidad en nuestros niveles de evolución. Pensemos pues y hagamos que la sociedad piense y hable para dar respuesta a los siguientes interrogantes:

¿Es tan importante el autoconocimiento?

A muchos, con la mejor intención, nos gustaría arreglar el mundo y contribuir a una sociedad mejor, pero no siempre es posible ni fácil hacerlo. Ciertas acciones que para unos pueden resultar positivas son vistas e interpretadas por otros como algo muy negativo para nuestra sociedad. Cualquier aspecto que queramos mejorar dependerá de otros muchos factores que se interrelacionan entre sí. Ser conscientes de los efectos en cadena que unas y otras cosas generan es tarea sumamente complicada si no imposible.

Pero hay algo sumamente valioso o imprescindible para entender nuestra sociedad y su funcionamiento. Me refiero al conocimiento del ser humano. Solo conociendo las cosas podemos manejarlas, gestionarlas o arreglarlas y, por ello, solo comprendiendo el funcionamiento, las motivaciones, los temores, etc. de las personas podremos comprender sus comportamientos y aproximarnos a conocer el funcionamiento de las sociedades. Y solo desde ese conocimiento podremos acertar en nuestros intentos de mejorarlas.

Para conocer lo que es una persona y comprenderla verdaderamente bien en todos sus aspectos únicamente hay un camino: conocerse a uno mismo. Únicamente conociéndonos a nosotros mismos y nuestras distintas dimensiones seremos capaces de observar y comprender el funcionamiento, el sufrimiento, el gozo... de los demás. Identificar en uno mismo las verdades últimas de los amores y temores que nos mueven nos ayudará a entender las motivaciones de los demás. Conocer y dialogar con los temores que nos afectan, sin negarlos, nos ayudará a convivir con ellos y aceptar los temores de los demás, comprendiendo los comportamientos y conductas sociales de estados de miedo y supervivencia biológico-social. Sabiendo y tomando conciencia de nuestros instintos de supervivencia que velan para protegernos de manera sutil y permanente entenderemos los altos niveles de autojustificación y auto-engaño en los que a menudo caemos para defender nuestras posiciones o intereses. Y conociendo las necesidades sociales-humanas en su estadio social evolutivo podremos comprender que hoy nos inquieta más el temor a no satisfacer dichas necesidades (propósito vital, estatus, reconocimiento, sentido de pertenencia) que el miedo a no satisfacer necesidades biológicas como la falta de alimento, cuya carencia nos llevaría directamente a la muerte.

Conocernos bien es tomar conciencia de todo lo que nos pasa interiormente y en nuestras relaciones con los demás. Nos permite identificar las variables personales que conforman nuestro verdadero bienestar y plenitud personal, y huir de ciertas inercias que nos hacen pensar que encontraremos la felicidad donde luego no se encuentra. Y desde ese conocimiento de los pilares o variables que conforman el bienestar de los seres humanos podremos definir patrones genéricos de bienestar para una sociedad evolucionada cuyos retos y necesidades son muy distintos a los de luchar por el alimento y el refugio, como lo han sido para el ser humano durante miles y miles de años. Podremos así verificar que el trabajo de los aspectos emocionales, sentimentales y espirituales, y en definitiva de todo lo que no es utilitarista, contribuirá más a nuestra felicidad general que el seguir luchando por conseguir más, más y más rápido, como hemos venido haciendo en la sociedad occidental.

Conocerse a uno mismo exige querer hacerlo y poner empeño en ello, superando las barreras y frenos que consciente o inconscientemente nos ponemos autoengañándonos y negando nuestras realidades interiores, nuestros temores, etc. Solo desde la humildad y la aceptación interior de que somos débiles y vulnerables podremos abrir la puerta a nuestras realidades, motivaciones y temores tomando conciencia de ellos y acogiéndolos como parte de nosotros mismos, lo que nos permitirá entender y acoger las realidades de los demás, y con ello vivir más en dinámicas de comprensión, respeto y aceptación de las diferencias que de polarización.

Comprendiendo y aceptando humildemente nuestras heridas psicológicas y nuestras carencias, miedos e inquietudes podremos cuidarnos a nosotros mismos para protegernos de ellos. Identificaremos bien los dones y talentos naturales que nos permitirán vivir en la mejor versión de nosotros mismos con confianza. Y entonces estaremos en disposición de cuidar a los demás y contribuir así a una sociedad que de verdad se cuida a sí misma y se protege de la peligrosa maquinaria económica y de las dinámicas políticas que entre todos hemos creado.

La necesidad de despertar conciencia sobre ello y ayudar a la mejora de nuestro auto-conocimiento me llevó a escribir el libro *Por fin me comprendo, conocerse bien para vivir mejor*. Esa es mi pequeña aportación, pero sin duda la sociedad necesita de un ejercicio individual y colectivo para asegurar que en nuestra formación y educación se intensifican los aspectos relacionados con el desarrollo emocional, la comprensión del ser humano, el crecimiento personal y la espiritualidad en sentido amplio. Tomemos pues conciencia de ello y pongamos por tanto los medios individuales y colectivos adecuados.

¿Tienen los políticos la culpa de todo lo malo que nos pasa en el mundo?

Solemos hacerles responsables de la «pésima calidad de nuestra democracia», del protagonismo de los populismos, de la permanente confrontación social con la polarización de los debates, y en general de todas las cosas malas que hoy existen en relación con el gobierno de nuestras sociedades y el enterramiento de los valores. Buscar culpables es un desahogo natural para liberarnos de nuestra cuota de responsabilidad. El cuerpo a mí también me pide hacerles culpables exclusivos de nuestra pérdida de valores y de haber creado un mundo en el que parece que vale todo. Las últimas actuaciones de Trump tras su derrota en la elecciones de 2020 alcanzaron para mí un nivel de repugnancia sorprendente, pero como ello podemos observar muchas conductas encarnadas por los políticos de nuestro entorno absolutamente inaceptables.

A pesar de ello, aunque resulte muy impopular, debo decir que los que verdaderamente tenemos la culpa de lo que nos pasa somos los ciudadanos como conjunto. Sin duda los políticos tienen su parte de responsabilidad, precisamente por la supuesta ejemplaridad que deberían practicar y porque se convierten en incitadores de conductas y dinámicas polarizadoras y de confrontación muy destructivas para crear entornos de agitación que les convienen para obtener votos. Sin duda nos provocan y, en alianza con los medios de comunicación, nos hacen difícil elegir a quien votamos. Pero los que premiamos esas conductas votando a un partido u otro, o siguiendo a un medio de comunicación u otro, somos nosotros como suma de decisiones individuales.

Por tanto, los que tenemos la última palabra y somos responsables de lo que ocurre en nuestra sociedad somos los que formamos parte de ella pues damos forma a la misma con nuestras acciones y decisiones de voto, de compra, de seguimiento de unos u otros *influencers* o medios de comunicación, etc. Si seguimos a políticos porque ridiculizan a los contrarios o leemos noticias que, aunque tergiversadas, nos hacen disfrutar estaremos fomentando eso que luego criticamos. Y ante ello, nuestra coherencia personal y la exigencia de coherencia a quienes votamos o a quienes leemos ayudaría mucho a mitigar la degeneración en la que vivimos.

Como defensa podemos alegar que en la actualidad los políticos en España nos tienen secuestrados con un sistema electoral de listas cerradas y un cierto oligopolio de partidos. Pues aun cuando es cierto que se pelean entre ellos en el terreno de juego político, entre ellos se da un gran corporativismo endogámico para proteger su espacio profesional y medio de vida de la crítica y del riesgo de que la sociedad les desmonte su chiringuito. Y como parte de esa práctica colusoria concertada defienden con argumentos de todo tipo el sistema de listas cerradas.

Los políticos son solo corresponsables de lo que nos pasa, pues debemos tener claro que ellos hacen lo que les da votos, y los votos se los damos los ciudadanos. Somos por tanto nosotros, todos, los responsables de colocar a unos u otros políticos en los sillones del Parlamento y de provocar que actúen de la manera en que lo hacen. Si lo que les diera votos a los políticos fuera mostrarse frente al electorado dando abrazos a los del bando contrario, se dedicarían todos los días a abrazarse.

Tenemos derecho a enfadarnos con los políticos pues ellos viven de esa profesión y su actuar debería constituir un ejemplo. Como votantes justificamos el voto a un partido que hace cosas impresentables diciendo que cuando el contrario juega sucio es inevitable también aceptar el juego sucio si queremos evitar que la suciedad se imponga. Pero la sociedad necesita salir de este círculo perverso y asumir que si quiere un mundo distinto, la responsabilidad para conseguirlo empieza en cada uno de nosotros. Y solo así cambiaremos el mundo hacia algo que yo calificaría de mejor. Me duele ser tan exigente pues no tengo ninguna simpatía a la clase política, pero si entre todos los castigáramos seguro que cambiarían.

¿Cómo se puede promover la concurrencia en el campo de juego político de personas con coraje para cortar la tendencia a la agitación desarrollando otros atractivos y formas de liderazgo más nobles como verdaderos hombres y mujeres de Estado? ¿Qué podemos hacer para que los políticos y nuestros gobernantes tomen decisiones y gestiones mirando el interés de nuestra sociedad en lugar de hacerlo mirando su permanencia en el poder? En varias ocasiones he escuchado a varios políticos decir en privado que si se les metiera a todos ellos en un cuarto oscuro para decidir las cosas se pondrían de acuerdo en casi todo, o al menos en mucho más. Sin duda se entenderían más si no estuvieran sujetos a escrutinio y a los juicios superficiales y sin fundamento de los ciudadanos.

¿Permitimos a los políticos que mientan, que sean desleales?

Los comportamientos desleales realizados por los consejeros o ejecutivos de cualquier empresa están seriamente castigados, pudiendo llegar a constituir delito. En todo momento los consejeros de una sociedad deben asegurar que sus decisiones buscan o se enfocan en la consecución de la mejor protección y desarrollo del llamado interés social o empresarial. Cualquier actuación en situación de conflicto de interés puede suponer para ellos la incursión en graves responsabilidades de las que deben responder incluso económicamente. La existencia de conflictos de interés puede ser motivo de destitución incluso sin que se hayan llegado a producir actos desleales.

¿Hay alguna razón por la cual los políticos puedan realizar actos guiados más por el interés personal o de sus partidos que por el interés de la ciudad, región o país que representan? ¿Por qué toleramos la mentira y el engaño sin más consecuencias que una crítica y el desahogo, que en general se produce con nuestros afines? Sin darnos cuenta, la sociedad, a través de la tolerancia de estas malas prácticas ha convertido el engaño y la manipulación en parte de las reglas del juego político. ¿Es esto lo que queremos y lo que nos conviene como sociedad? ¿Por qué nuestra resignación ante ello?

A menudo, cuando he tenido esta conversación y he sugerido que deberían condenarse la mentira, el engaño, la estafa o la deslealtad política se argumenta que es muy difícil probar la intención del engaño o la deslealtad, o bien se dice que son cosas de la política. Personalmente no son razones que me sirvan, pues no es esa la política que me gustaría que se diera en nuestra sociedad, y porque el argumento de la dificultad probatoria no es suficiente. Existen muchas conductas tipificadas en nuestro código penal que también exigen prueba de su intencionalidad y que, a pesar de la dificultad probatoria, nadie se plantearía eliminar del Código penal. Además, la existencia de dificultades en algunos casos no debe privar de condena en los casos de engaño o mentira frontal.

¿Es que no conocemos casos en los que antes de las elecciones un candidato afirma o promete categóricamente cuestiones concretas y verificables, cambiando frontalmente su posición cuando las elecciones han pasado y los votos se han emitido? ¿Es que yo, si soy un votante influido por una de esas promesas, tengo que tolerar actos contrarios a lo comprometido sin consecuencia para el mentiroso? ¿Acaso hay derecho a que, a sabiendas y con el motivo no declarable de mantenerse en el poder, un político haga concesiones a un partido nacionalista negativas o injustas para el país en su conjunto? No, la respuesta es que no debemos admitir con normalidad y resignación estas prácticas como parte del juego político, pues si esto es lo que permitimos a quienes nos guían y gobiernan ¿cómo podemos pedir que fuera del ámbito político no se haga lo mismo? ¿Es que queremos ir hacia una sociedad en la que de verdad valga todo? ¿No es eso una vuelta a los comienzos de la civilización cuando vivíamos con las reglas de la selva?

Pocas dudas tengo de que el Derecho no es un instrumento adecuado o suficiente para perseguir estas prácticas ni las desviaciones de la ética en el campo político. La aplicación de las leyes no es suficiente para condenar determinados actos cuando lo relevante para juzgar como aceptable o no una determinada actuación es la intencionalidad, el tono de los mensajes, la contextualización, la coyuntura... Y en ese sentido considero que para condenar un delito político sería mucho más apropiado hacerlo sobre una base genérica de leyes y principios, pero aplicada por jueces-sabios neutros, apolíticos e independientes con gran criterio, sentido común, prudencia, sensatez y experiencia vital, siendo de importancia secundaria el conocimiento detallado de las leyes. Con ello se protegería la decisión frente a las agresivas, artificiales e ilimitadas dialécticas propias de los abogados, que no hacen sino generar mayores niveles de confrontación a la vez que colocan la sentencia final en el lado ganador del deporte-debate que constituye un proceso judicial. En definitiva, esta línea de delitos sería un mecanismo para poder defender el Estado de derecho frente al abuso y al retorcimiento del Derecho por parte de la clase política. O dicho con otras palabras, sería una forma de proteger el Estado de derecho de sí mismo frente a ataques a través de su abuso, hoy tan presentes en nuestra sociedad.

La sociedad debe ejercer la presión necesaria para buscar y poner en marcha vías tendentes a la condena de estas inaceptables prácticas metiendo en vereda a los políticos. A cambio, la sociedad y los partidos políticos de la oposición deberían relajar y hacer más selectiva y honesta la presión crítica ante cualquier decisión de los gobernantes. Pues hoy la crítica, muchas veces excesivamente dura, se produce por todo, en todo momento y sin excepción para llevar la contraria, vapulear y desgastar al que gobierna, incluso apelando para ello a hechos antiguos y ajenos a la vida pública. Caricaturizando esta concesión a los políticos, digamos que la sociedad debería dejar de castigarlos por las canicas que les quitaron a sus compañeros en el colegio, pues este arraigado fenómeno está llevando más y más a una selección natural muy negativa al dejar fuera de juego de la política a quienes no tienen escamas en la piel a prueba de bomba. Sin darnos cuenta estamos ahuyentando de la política a quienes tienen algo de vergüenza y no están dispuestos a lo que sea con tal de llegar y estar en el poder.

¿Podemos como sociedad permitirnos ahuyentar de la política a quienes no tienen una piel con escamas tan duras pero ostentan grandes valores y capacidades? Como sociedad deberíamos hablar un poco más sobre ello.

¿Y los medios de comunicación? ¿Cuánto se benefician los medios del lío, del jaleo, de la confrontación? La realidad es que mucho. Todo lo expuesto es generador de interés, curiosidad o morbo y provoca la lectura o el seguimiento de noticias, vídeos en medios y redes sociales.

Como cuestión que no se puede desligar de la situación y prácticas que se dan en la política hay que referirse a la influencia de los medios de comunicación, entendidos estos en sentido amplio e incluyendo las redes sociales. Sin duda quien escribe algo es buscador de lectores y seguidores, y en general esta finalidad supera a la de informar. Confundimos la información y el entretenimiento, y amparamos la protección de muchas prácticas de los medios por el carácter sagrado de la libertad de expresión y el derecho a la información, cuando en realidad las publicaciones no tienen finalidad informativa sino la de entretener y dar a los lectores lo que quieren escuchar con independencia de su veracidad. Interesadamente buscan así seguidores para captar publicidad o beneficio por una u otra vía sin importarles tampoco su nivel o calidad informativa. Sin duda se han convertido en buscadores de una forma de negocio o de ganarse la vida, cada uno con su posicionamiento.

La abundancia de medios y canales para divulgar información o narrativas es tan grande que, al igual que ocurre con los políticos, parece que vale todo para conseguir y explotar titulares. Y así son capaces de condenar a inocentes sin ningún miedo a largas penas de banquillo, a sembrar sospechas, a crear artificialmente enemigos para demonizarlos y dar gusto así a sus lectores, a crear titulares explosivos y provocadores de confrontación o a explotar morbosamente desgracias ajenas. Sin duda son estrategias exitosas para generar el interés o la adicción de lectores o seguidores. De alguna forma puede decirse que la presión competitiva y la lucha por los euros del pastel los arrastra a ello.

Pero ¿es legítimo hacer esto a costa de sembrar polémica, confrontación y polarización? ¿Es este tipo de libertad de expresión el conveniente para cuidarnos como sociedad? ¿No son estas prácticas el perfecto alimento para contribuir a la degeneración política que acabamos de comentar y al nacimiento de más y más populismos?

La cuestión es más que polémica, pero no tanto por falta de acuerdo respecto a lo condenable de estas prácticas, sino por falta de ideas o vías para poner límites a ese ejercicio de la libertad de expresión y del derecho a informar. Y al igual que lo escrito sobre la condena de la mentira y otras desleales prácticas en la política, la sociedad necesita dotarse de algún mecanismo en forma de agencia o institución que, superando la legalidad y con el mejor y más desinteresado criterio construido sobre la sabiduría y un sentido común protector, ponga límite a las prácticas inaceptables para el bien común y su buen funcionamiento. ¿Podrá ayudar a ello la Agencia de la Verdad que en breve mencionaré? Como ocurre en otros ámbitos, ¿no deberían de una vez por todas implantarse y exigirse el respeto de códigos de conductas basados en buenos principios para los medios de comunicación y la labor periodística para evitar la abusiva explotación y mezcolanza del derecho a informar y la libertad de expresión frente al derecho a la presunción de inocencia, al honor a la intimidad, etc.?

¿Es la superficialidad de la sociedad un problema?

Tengo la impresión de que, en promedio, las personas son cada vez menos profundas en el análisis de las cosas y se piensa poco para la adopción de decisiones, y sobre todo para juzgar las cosas en el ámbito de lo político y público. Probablemente hace un tiempo el que no pensaba no opinaba, y sin embargo hoy vivimos en una sociedad en la que los ciudadanos juzgan y opinan de todo con mucha vehemencia y muy poco análisis o fundamento o, lo que es lo mismo, desde una gran superficialidad. Y ello es el perfecto caldo de cultivo para los populismos, pues estos se agitan removiendo emociones y provocando reacciones, más que respuestas y valoraciones reflexionadas.

Muchos autores han escrito sobre el incremento de la superficialidad en nuestra sociedad. Explican cómo el constante aluvión de estímulos que nos llegan por los dispositivos electrónicos nos impide fijar la atención y retener información en nuestra memoria de largo plazo. Cambiamos permanentemente de tarea y nuestra atención difícilmente se queda en algo mucho tiempo pues enseguida cambia para fijarse en otro asunto. Y la falta de acumulación de conocimientos e información limita nuestras capacidades de reflexión pues esta se construye mediante la interrelación de hechos y conocimientos que tenemos en nuestra memoria. Sin información registrada en la memoria poco podemos reflexionar, pero nuestra afición a hablar de todo nos lleva a que nadie calle y cualquiera se permita juzgar y opinar de todo sin criterio, conocimiento ni reflexión.

Este fenómeno provoca la tentación de mover y manipular a los votantes y a los consumidores en sus decisiones de voto o de compra sobreexplotando la conexión emocional. Es también el territorio idóneo para la confrontación y la crítica exacerbada de todo, que lleva a las inaceptables actuaciones de los políticos.

Creo que será tarea imposible el conseguir que las personas tengamos opinión con criterio en los múltiples temas de gestión y gobierno de los que se habla a diario. Todos somos bastante o muy ignorantes en casi todos los temas complejos, aunque el gran problema no es tanto la ignorancia sino la cantidad de gente que no es consciente de ella y cree hablar con fundamento de asuntos sin capacidad, criterio o conocimiento. Cuanto más queramos opinar de todo más alentaremos la propaganda, los eslóganes y las tácticas de gestos y provocación de nuestros políticos para conquistarnos y ganar con ello adhesiones a su forma de hacer y decisiones.

¿Es mejor una sociedad en la que solo opinen los que saben o los que tengan buen criterio? O, por el contrario, ¿es más inteligente una sociedad en la que todo el mundo opine y juzgue incluso de forma intuitiva y emocional construyendo así entre todos una inteligencia colectiva con mayores capacidades para sobrevivir que otra derivada de los sesudos criterios de tecnócratas preparados? ¿Para quién sería mejor y para quién peor una sociedad en la que los políticos construyeran sus mensajes basándose en ordenados y racionales argumentos? ¿Tienen más capacidades para la argumentación lógico-racional las clases altas o las bajas? ¿Y para la conquista con mensajes emocionales, tan explotables con la superficialidad? ¿No es verdad que en la comunicación emocional tienen mayor fuerza los mensajes de las clases menos favorecidas? Las respuestas no son fáciles pero la reflexión sobre ellas pone de manifiesto lo difícil que es pronunciarse sobre si la superficialidad y el caótico sistema de análisis y evolución social basado en los sentimientos y emociones del pueblo es mejor que una sociedad supuestamente tecnocrática y basada en la reflexión. Parece que la respuesta debería ser un depende, que se encuentra vinculado a un mejor para qué y para quién.

¿Qué caracterizaría a una sociedad que definiéramos como mejor? La cuestión puede tener múltiples respuestas y todas ellas llenas de matices. Al fin y al cabo, dar contenido a esa definición es en lo que trabajan de forma continua las voces, emociones y sentimientos de los ciudadanos todos los días. Lo hacen buscando con mayor o menor conciencia de ello la protección de sus intereses, y de una forma seguramente superficial basada en impresiones, preferencias espontáneas y sentimientos con poca reflexión de fondo. Y en mi opinión, siendo realistas no puede ser de otra forma pues, por más que se empeñen los paradigmas tradicionales, son los sentimientos, las emociones, los afectos, la intuición y todo aquello que en general ocurre por debajo de nuestros niveles de conciencia lo que determina nuestras preferencias. En definitiva, es nuestro instinto de supervivencia a través de todas sus herramientas y tácticas quien conduce nuestras vidas, y eso es precisamente lo que significa estar vivos. Nuestros procesos más racionales no tienen preferencias, sino que están al servicio de ellas, siendo nuestro instinto de supervivencia quien imperativamente las impone junto con la influencia de las inquietudes de nuestro ámbito espiritual o de lo trascendente. Y a nuestro razonamiento las preferencias le vienen dadas precisamente por ese mundo de los sentimientos, los afectos, las emociones, la espiritualidad, y en general por esas facultades o capacidades que desarrollamos de forma no consciente.

Posicionándonos en temas sin contar con criterio suficiente, opinando de todo y contra todo, solo fomentamos una creciente confrontación llena de superficialidad, pero a menudo con mucha fuerza e indignación. Son estas dinámicas las que tanto utilizan los políticos para la creación de bandos y polarización. Por ello, mejorar como sociedad nuestras capacidades generales y la presencia de reflexión y análisis tenderá a ser bueno siempre que, incrementando nuestros niveles de conciencia, lo hagamos con el debido respeto a nuestros instintos, sentimientos y emociones, y el ámbito espiritual. Pues es todo ello lo que nos hace seres humanos y de lo que depende el que nuestra vida suponga una experiencia de satisfacción y plenitud o, por el contrario, de amargura, queja e insatisfacción. Y lo que verdaderamente merecería la pena es realizar un esfuerzo como sociedad para hacer que la gente entienda lo difícil que es tener criterio para opinar en asuntos de gran complejidad combinando variables e interacciones diversas.

Incrementar la conciencia general de los ciudadanos en este aspecto permitirá una democracia en la que todos opinemos de aquello de lo que todos podemos y debemos opinar, como son las cuestiones ideológicas, de principios y valores en sentido amplio, y sin embargo callemos en aquellos asuntos en los que nuestra opinión no tiene ningún, rigor, fundamento o criterio. Esto nos permitiría tener una sociedad con muchos menos aspavientos y que escucharía mucho más a los sabios que a los supuestos agitadores o manipuladores de masas. Nos protegería a su vez de quienes siendo expertos en materias determinadas carecen sin embargo de capacidad para entroncar con equilibrio y sabiduría su conocimiento en la realidad compleja y multidimensional actual.

Creo también que esta educación en la humildad y en la sensatez intelectual es una asignatura pendiente en cualquier sociedad, y que deberíamos poner empeño en avanzar en esa dirección sin politización del tema. Debemos politizar lo que tiene sentido politizar, pues eso es propio de una democracia. Pero es también fundamental aprender a no politizar las cuestiones de gestión, que no deberían estar sujetas a sentimientos sino a la eficacia y el buen hacer operativo.

Pero más allá de estas teóricas bondades derivadas de la reflexión y la sensatez, ¿es hoy la reflexión algo realmente útil para la supervivencia exitosa en la sociedad? La respuesta no es fácil, pero tiendo a pensar o intuyo que hoy quien vive con una actitud de cierta superficialidad sin pensar demasiado y siguiendo las cambiantes tendencias y criterios del rebaño consigue mayores éxitos, por más que ello pueda contribuir a crecientes niveles de estupidez del rebaño. Por ello pienso también que, en la medida en que individualmente sea más fructífero pensar poco, el rebaño se conducirá pensando poco y gobernando sus destinos con seguidismo y una democracia basada en emociones, intuiciones y reacciones, creándose con ello múltiples y caóticas reacciones espontáneas y emocionales con escasa reflexión por parte de la sociedad civil. En la medida en que esa sociedad gobernada por los instintos, la emoción, el sentimiento y la intuición colectivas sepa observar, leer y corregir los desequilibrios que, con alternancia en una u otra dirección, se vayan produciendo, podremos decir que la inteligencia o el instinto colectivo de supervivencia social habrán hecho satisfactoriamente su trabajo.

¿Es grave estar tan controlados por los datos en manos de las tecnológicas?

La rapidez con la que se han metido en nuestras vidas las prácticas basadas en el uso de los datos que vamos regalando a las compañías tecnológicas en nuestro discurrir diario nos deja sorprendidos cuando tomamos conciencia de ello. La capacidad de conocer dónde hemos estado cada minuto, lo que hemos comprado, lo que hemos mirado, leído, con quién hemos hablado... es ya absoluta. Y todo ello ocurre sin ningún esfuerzo humano cuando los algoritmos y mecanismos de procesamiento de datos están implantados. Los datos bien organizados saben lo que nos gusta y qué, cuándo y cómo nos lo tienen que ofrecer para despertar nuestro interés o conseguir que compremos algo. Son el material perfecto para ser vendido a cualquier empresa y que haga uso de ello como parte de su publicidad y acciones comerciales, lo que muestra de nuevo que detrás de este gran ataque a nuestra privacidad se encuentra la búsqueda de rentabilidad a la primer valor de nuestra sociedad.

Con el tiempo las posibilidades de ser manejados como muñecos será total, salvo que siendo conscientes de ello tomemos decisiones dirigidas a defendernos de ese manejo. Se me ocurre pensar que para defendernos podríamos periódicamente cambiar de teléfono, engañar a los algoritmos mostrando falsos intereses en cosas y otras prácticas de despiste similares. Si todavía no existen, seguro que pronto tendremos algunas compañías cuyo servicio sea neutralizar la posibilidad de que se usen nuestros datos, garantizando una legítima opacidad de nuestras actuaciones. Para que ello sea así y se pueda atenuar nuestra falta de privacidad será necesario estar atentos y evitar que el tremendo poder de los gigantes tecnológicos anule o aplaste cualquier iniciativa empresarial o *startup* de ese tipo.

¿Pero qué ocurriría si nos acostumbráramos a no tener privacidad viendo los beneficios derivados del hecho de que los algoritmos nos ordenen y faciliten la vida? ¿Acaso sería tan horroroso una vez lo viéramos con normalidad? ¿No es algo similar lo que ya ha ocurrido en nuestras vidas en muchos ámbitos cuando comparamos por ejemplo cómo fue el hábitat de la vida en el pasado y cómo es hoy en una gran ciudad enjambre donde casi no se ve el cielo pero donde más paga la gente por vivir?

Sin duda el ser humano se acostumbra a todo, y cuando consolida una costumbre la misma se convierte en nuestra forma de ver y juzgar las cosas. En definitiva, al convertirse en normal se equipara a lo que es bueno y aceptable. Pero la transición hacia esa hipotética normalidad de una vida sin apenas privacidad se enfrenta al sufrimiento que nos produce el cambio, especialmente cuando, siendo muy rápido, lleva asociada la pérdida de algo tan importante y consustancial a nuestra forma de vivir como es la privacidad.

Por otra parte, la administración de los mensajes de todo tipo que recibimos personalizadamente en nuestros dispositivos electrónicos puede determinar el criterio que nos forjamos en relación con los distintos asuntos que nos afectan. Es claro que podemos ser manipulados con el uso de esos datos. Y cuando escuchamos la palabra manipulados nos produce rechazo pues parece que detrás del acto de manipulación hay un malsano interés de quien nos manipula. Sin embargo, si decimos que esos mensajes influyen o forjan nuestro criterio nos suena mucho más inofensivo. Pero, en cualquier caso ¿cuáles son los intereses que hay detrás de la manipulación de nuestro criterio? ¿Qué persiguen las compañías cuando utilizan nuestros datos? Si miramos más allá de la estética observaremos que siempre son intereses empresariales y de búsqueda de poder, siendo la diferencia solo el nivel de agresividad para la eficacia de las técnicas de influencia. Sin duda parece que quien influye o forja nuestro criterio respeta una pequeña parcela de este, aspecto este que parece menos presente cuando hablamos de manipulación.

Dejo el dilema para la reflexión del lector, si bien personalmente tengo pocas dudas de que la sociedad necesita protegerse del peligro del excesivo poder asociado a las grandes compañías dueñas o controladoras de nuestros datos. Tanto creo en ello que deberían promoverse iniciativas empresariales dirigidas a dicha finalidad. Pero para crear un entorno que permita esas iniciativas empresariales defensivas ¿son suficientes las leyes de competencia y antimonopolio para defenderse de los gigantes tecnológicos? Creo que no y que quienes manejan y conocen las dinámicas de competencia y sus regulaciones deberían ampliar su espectro para asegurar el que las iniciativas empresariales que puedan surgir en el futuro dirigidas a ofrecer medidas para preservar nuestra privacidad no sean aplastadas, compradas o neutralizadas de cualquier forma por las grandes tecnológicas.

Adicionalmente, el incremento de la conciencia sobre estos fenómenos será una de nuestras mejores defensas como individuos y como sociedad para protegernos de estas prácticas que dañan nuestra privacidad y que tanto rechazo nos producen. Y en la evolución hacia la economía espiritual es de esperar (o de soñar) que las remuneraciones propias de esa economía rebajen la agresividad de las compañías y de sus ejecutivos en la búsqueda de rentabilidad, crecimiento y poder al encontrar otras motivaciones en una vida con sentido, respetuosa del bien común y con inquietudes por la consecución y cuidado del bienestar humano en sentido amplio.

¿Necesita la sociedad una Agencia de la Verdad?

El nivel de mentira y falsedad de las informaciones que nos rodean es tan alto que particularmente me siento nadando entre ellas, y para evitar mojarme hace tiempo que he decidido ponerme un impermeable para no caer en el error de confiar en fuentes que luego son falsas. Con ese impermeable trato también de no formar mi criterio con datos que siendo ciertos no son los verdaderamente relevantes como para formarme con ellos un juicio sobre las cosas. Este impermeable me protege de la mala información y de la intoxicación, habiéndome llevado a la decisión de declararme sin opinión o criterio en más y más asuntos medianamente complejos en los que carezco de información adecuada y limpia de sesgos.

Por otra parte me siento víctima de una falta clara de libertad para opinar en asuntos donde la corrección política exige un único posicionamiento sin posibilidad de la más mínima desviación. Me cuesta aceptar esto, y de hecho no lo acepto, y cuando estoy en un foro donde quiero discrepar de la posición oficial lo que hago no es dar mi opinión sino preguntar si se puede discrepar. La gente se suele sorprender y toma conciencia de cómo el pensamiento único se ha impuesto en muchos ámbitos sacrificando con ello la libertad de expresión. Muestras de esto muy gráficas y reiteradas ha habido en relación con la forma de tratar el discurso sobre la igualdad de la mujer y en general los temas de género.

Por ello creo que los tres poderes tradicionales de Montesquieu ya no son suficientes para garantizar la libertad de expresión. Además, la confusión y la intoxicación informativa, malintencionada, o al menos interesada, dificulta a los ciudadanos el poder forjarse un criterio para las cosas que los afectan, y por ello considero que es imprescindible que la sociedad se dote de nuevos mecanismos o figuras como parte de su arquitectura política. Pues si queremos que la democracia goce de mejor salud, deberemos permitir que la gente opine y discrepe, pero también facilitar el que el ciudadano se forje un criterio propio para opinar y votar al menos con cierto fundamento.

Hace no mucho tiempo hemos visto, con motivo de la derrota de Trump, cómo las redes sociales como Twitter y Facebook y otras compañías tecnológicas han vetado las cuentas del derrotado presidente alegando que sembraban odio. Es un caso muy llamativo y sonado, pero cada vez más se oye hablar de este tipo de prácticas y de la puesta en marcha de mecanismos para luchar contra las falsedades o *fake news*, si bien en muchos de estos casos es un error hablar de falsedades, pues estamos más bien ante casos de tergiversación, agitación o siembra de odio. Prohibir lo que se dirige a sembrar odio suena muy bonito, pero supone un significativo punto de inflexión en el mecanismo de la libertad de expresión como mejor mecanismo de protección de la democracia. Pues el problema de nuestra sociedad en relación con la información y la libertad de expresión no es tanto el que haya gente que diga estupideces o barbaridades de un tipo u otro, sino la incapacidad general para el ciudadano de contar con una información adecuada y no sesgada que le permita forjarse su propio criterio.

Más allá de las declaraciones o afirmaciones que se refieren a hechos constatables o verificables, la verdad es uno de los conceptos más vidriosos e indeterminados que existen. Tan es así que en términos absolutos la verdad solo parece aplicable para referirnos a realidades propias de la matemática o de las ciencias, como la física o la química, verificables en el marco de sus convenciones, así como para las concepciones o dogmas en el ámbito de la fe para los creyentes. Pero más allá, la verdad (en todo aquello con algún contenido valorativo) no deja de ser un punto de vista o una interpretación. Sin embargo, todos tenemos claro que el engaño existe, como existe la manipulación. Y de esto es de lo que hay que defender a la sociedad sabiendo también que el mal del que hay que proteger a los ciudadanos es también algo con muchos aspectos relativos: ¿malo para quiénes?, ¿malo para el futuro o para ahora?, ¿malo o bueno teniendo en cuenta qué valores son prioritarios dentro de una jerarquía de valores?

Precisamente por ser temas discutibles, sujetos a distintas perspectivas y llenos de zonas grises, la sociedad debería dotarse de algún mecanismo que le permitiera defenderse del caótico e interesado escenario informativo. De hecho tiene ya establecidos en otros ámbitos ciertos mecanismos de protección para crear campos de juego supuestamente mejores para su buen funcionamiento. Basta ver las autoridades o agencias independientes que velan por la libre competencia y luchan contra los oligopolios que pueden ser nocivos para los mercados. ¿Es que no tiene sentido pensar en organismos de naturaleza independiente formados por personas sabias y orientadas únicamente a la búsqueda del bien común para defendernos de las falsedades y manipulaciones? ¿Acaso no tendría sentido confiar en un grupo de sabios totalmente despolitizados y trabajando en cuartos oscuros para que nadie sepa la opinión de ninguno de ellos, sino el resultado de las opiniones consensuadas, o en su caso opiniones y reflexiones innominadas para ayudar a reducir el margen de posibilidad de ser engañados o manipulados? Quizá la falta de respuesta adecuada a estos fenómenos se encuentre en la resistencia de los propios políticos y de los medios de comunicación a ser metidos en vereda.

Precisamente por ello, en mi libro *Rousseau no usa bitcoins* sugería la necesidad de crear la que llamaba «Agencia de lo políticamente incorrecto y de los hechos ciertos». Su misión era doble: por un lado, la protección de la sociedad, evitando que por la incorrección política se dejen de discutir y analizar realidades cuya ignorancia es peligrosa, y por otro para ayudar a los ciudadanos a obtener información, análisis y valoración en cuestiones complejas precisamente para tratar de facilitarles la posibilidad de forjarse un criterio libre de propagandas o manipulaciones políticas interesadas. En sus páginas podrán tener mayor detalle de esta propuesta.

En una sociedad tan atacada por la mentira y la manipulación, dicha figura u otras con función similar se convierten en una auténtica necesidad con independencia de las dificultades inherente a su configuración y puesta en marcha. Pero de nuevo estas dificultades no pueden servir de excusa para permanecer pasivos y resignados ante la mentira omnipresente, debiendo dedicarse los mejores esfuerzos para encontrar fórmulas y caminos que nos lleven a recuperar un mayor espacio para la verdad, aun sabiendo la condición vidriosa de este término.

La inquietud interna, el miedo y el desasosiego

¿Quién no ha envidiado alguna vez a su perro cuando teniendo el estómago lleno descansa, mira, contempla, pasa el rato sin ninguna pinta de estar dándole vueltas a nada en su cabeza?

Con frecuencia utilizo el término *mind wandering* o deambuleo mental, que hace años leí de algún científico, para describir el fenómeno por el cual nuestra cabeza tiende a estar pensando, maquinando, especulando, anticipando escenarios, cuestionándose lo hecho, y en alguna medida torturándose para sacarnos del deseado sosiego que debería tener quien tiene sus necesidades cubiertas. Ya me he referido a ello en este libro al tratar de la fábrica de actividad humana como primera necesidad de nuestro sistema socioeconómico para mantener distraído y al ralentí a nuestro pensamiento interno generador de duda y desasosiego, encauzando adecuadamente y con sentido nuestra energía cerebral.

Sin duda este mecanismo de deambuleo mental ha contribuido y seguirá contribuyendo a nuestra supervivencia y progreso como ninguna otra cosa lo ha hecho. Pero hoy es precisamente el aquietamiento y la buena gestión de este mecanismo interno lo que más puede contribuir a la felicidad individual y social. Considero por tanto más importante el dedicar recursos a la investigación psicológica y social de estos asuntos que la inversión en mayor búsqueda de productividad. Y por ello hoy, sin abandonar la productividad y la investigación para conseguir mayor riqueza material, es tiempo de invertir los términos y poner por encima la investigación y la educación en materia social, psicológica y espiritual para formar personas capaces de mejorar su sosiego vital y decidir sus destinos desde una conciencia más profunda y mayor libertad interior.

¿No es verdad que si comprendiéramos mejor el juego de estos mecanismos psicológicos sería más fácil gestionarlos adecuadamente al servicio de nuestra felicidad? Promovamos entonces mayores esfuerzos en mejorar este área de conocimiento para beneficio general de la sociedad.

Mucha gente hoy busca el aquietamiento de esa agitación mental interior mediante la acumulación de riqueza o de planes, viajes y otras actividades, o bien batiendo récords y sus propias marcas en los ámbitos más diversos. Parece que acumular dinero, hazañas y actividades realizadas es sinónimo de seguridad, y que quien acumula lo suficiente puede pasar a estar tranquilo. Pero en realidad las cosas no funcionan así. Quien busca la seguridad así nunca obtiene la tranquilidad por más que acumule. E incluso teniendo gran acumulación surgirán dentro de él nuevas inquietudes, pues no es riqueza en general lo que a la gente le falta en la vida sino sentido.

¿Qué podemos hacer para ser conscientes desde pequeños de la importancia de encontrar un propósito en nuestra vida para darle sentido? Sin duda se puede hacer mucho, pero para ello la sociedad deberá proporcionar la educación adecuada en el ámbito personal, humano y trascendente huyendo de la actitud de olvidar o menospreciar todo aquello que no es utilitarista y al servicio de ganarse la vida en una sociedad mercantilizada. Ambas áreas deben considerarse importantes y compatibles, pero si alguna de ellas merece hoy más atención esa es la formación humana, sacándola del enterramiento en la que ha quedado en los últimos siglos.

Liberemos a la sociedad de su tremenda adicción

Libros como este deberían hacernos pensar y preguntarnos si no estamos efectivamente secuestrados por una sociedad mercantilizada que exige un permanente consumo y la incorporación de más y más cosas y necesidades a nuestras vidas. La presión social para no ser excluidos es tremenda, y vivimos en una sociedad que nos hace esclavos de la imagen. Somos cada vez más conscientes de ello, pero poco hacemos para rebajar la presión de ese secuestro, pues el propio sistema se resiste a ello al no poder permitírselo.

¿Quién no ha sentido alguna vez que muchas de las cosas que hace las hace en realidad porque hay que hacerlas, porque todo el mundo las hace, porque no vamos a ser menos? ¿Hacemos las cosas porque de verdad nos gustan? ¿O más bien para contarlas? ¿Cuántos planes no haríamos si no pudiéramos después contarlos?

¿Cuánto tiempo nos dura la satisfacción que obtenemos por nuestros actos de consumo o por la adquisición de alguna novedad?

¿Por qué cada vez más gente necesita tener inmediatamente lo que se le antoja? ¿Creemos realmente que eso contribuye a nuestra felicidad, o más bien nos hace cada vez más dependientes de una satisfacción inmediata de todos los caprichos? ¿No somos todavía conscientes de que los caprichos, cuando se reiteran demasiado, pasan a convertirse en necesidad con la correspondiente generación de dependencia?

Se dice siempre que los traficantes de droga y los camellos facilitan la droga a los futuros consumidores para llevarlos a la adicción. Una vez enganchados a ella estos serán clientes seguros. ¿Cuántas estrategias empresariales y económicas en general siguen pautas similares facilitando nuestra entrada en determinados servicios para tenernos enganchados?

¿Cuánto tiempo vamos a tardar en darnos cuenta de que pretender calmar nuestra ansiedad con más y más cosas no nos lleva sino a una creciente espiral de necesidades de la que luego no hay quien se baje? ¿No es verdad que cada vez las dosis de novedad que necesitamos son mayores y más frecuentes como les pasa a los drogadictos? ¿Quién es capaz de liberarse del consumo para hacerse libre y encontrar su satisfacción en otra forma de ser y vivir libremente y sin sometimiento a tanta adicción y necesidades?

¿Es que no puede hoy la sociedad hacer nada para despertar? Desde luego que puede y debe hacerlo, pues ello será la clave de una sociedad emocionalmente sostenible en el futuro. La educación de nuestra conciencia será el punto de partida, pero debemos poner empeño en ello y liberarnos de las tentaciones que sobre nosotros pone todos los días el sistema socio económico en la búsqueda de su propia sostenibilidad demasiado basada en vender y vender más y más. Las empresas ofrecen lo que los ciudadanos compramos y, en gran medida, en lugar de satisfacer las necesidades que tenemos, lo que hacen es crearnos más nuevas necesidades y dependencias. Pagamos más y más cada vez para incorporar a nuestras vidas esas nuevas necesidades y sin darnos cuenta invertimos cada vez menos en aquello que nos procura verdadera paz, sosiego, quietud, plenitud y sentido. ¿Por qué ponemos como sociedad tan poco valor a lo que más vale? ¿Alguien me lo puede explicar?

Entender e integrar esto en nuestras vidas nos ayudaría a encajar armónicamente el funcionamiento del sistema socioeconómico con el desarrollo humano y la felicidad de las personas. Generemos por tanto más conversación social sobre ello para conseguir el equilibrio necesario para nuestra sostenibilidad emocional como sociedad.

Nuevos sistemas de motivación y reconocimiento

Sin duda hoy el mayor sistema de motivación en el mundo es el dinero. Buscamos lo que queremos a través del camino del dinero. La inyección de liquidez en una sociedad adormecida suele acelerar la actividad económica y productiva. La búsqueda de dinero como hucha de seguridad o como símbolo de éxito mueve a la inmensa mayoría de las personas. Es el motor que nos mueve y que resulta fundamental para dinamizar la maquinaria productiva que nos procura todos los días satisfacción a las necesidades de un tipo y otro.

A lo largo de este libro he mostrado con claridad la opinión de que la sociedad podría seguir generando riqueza con su maquinaria productiva al margen del dinero. El dinero no es un ingrediente propiamente dicho de la maquinaria de producción y logística que nos procura los bienes y servicios que necesitamos, la riqueza disfrutable. El dinero es desde luego el lenguaje utilizado para todos nuestros intercambios, pero más allá de ello solo opera como objeto de nuestras ambiciones y mecanismo de motivación en nuestra mente, y mientras ello ocurre el mundo nos impone unos trepidantes ritmos de consumo y obligado cambio a la vez que incrementa el número de personas innecesarias y los niveles de deuda en una espiral que nadie comprende ni sabe cómo terminará.

Resulta fácil estimular la actividad humana y en definitiva su motivación con la inyección del estupefaciente imperante que es el dinero de forma directa o indirecta. Pero seguir moviendo a la gente con la droga del dinero nos lleva a una serie de problemas:

- El agigantamiento de la deuda, que todos sabemos que nunca se pagará. Solo una parte de ella deuda se satisfará y siempre serán los que saben aprovecharse de las finanzas los que succionarán la riqueza de quienes no cobran sus créditos o pierden el valor de estos por efecto de la inflación o las devaluaciones.

- El secuestro de nuestra sociedad a la propia economía, convirtiendo a los ciudadanos en irrenunciables consumidores más allá de su libre voluntad, que en gran medida queda anulada por el temor a ser excluidos.

- La exigencia de mayor productividad y eficacia empresarial, colocando a más y más personas en situación de innecesarias para el mundo laboral, incrementando las desigualdades.

- Y consecuencia de ello, la generación de una creciente bolsa de personas ociosas (y no educadas para el ocio) por falta de actividad digna aun cuando tengan acceso a ayudas para vivir, a modo de renta vital, prejubilación o cualquier otro mecanismo de pensión o subsidio.

Aunque la ambición tiene más bien mala prensa, es indudable que en nuestra sociedad ha sido y es la ambición de algunos la que ha generado mucha actividad económica y por tanto mucha riqueza. Y, siendo realistas, la ambición en el hombre seguirá estando siempre muy presente mientras no cambie mucho nuestra propia naturaleza. Y más allá de los intentos de atenuar las malsanas ambiciones, la sociedad debe ser capaz de encontrar nuevos cauces que permitan canalizar las aspiraciones o ambiciones humanas de forma que redunden en la mejora general del bienestar entendido en sentido multidimensional. El nuevo cauce para las ambiciones debería contribuir a un mundo de mayor satisfacción y plenitud de las personas y a la liberación del secuestro al que nuestra economía nos tiene sometidos.

Pero si queremos atenuar y re-encauzar las ambiciones humanas, ¿cuáles pueden ser los nuevos sistemas de motivación y reconocimiento para incentivar el cambio o la evolución? Hemos hablado ya de la rentabilidad y la remuneración espirituales, que sin duda constituyen factores claramente de motivación como lo es la búsqueda de sentido para nuestras actividades desde una consciencia ampliada. Pero ¿cómo podría la sociedad contribuir a que más y más personas, y más y más actividades, fueran movidas por la satisfacción de quienes las desarrollan precisamente por encontrar sentido en ello? La sociedad debe trabajar en encontrar y crear narrativas que animen a la sustitución, al menos parcialmente, de la ambición y la búsqueda de poder a través del dinero por otros motores para sostener el movimiento de la maquinaria económico-productiva. Para ello elogiemos como sociedad a quien lo merece y practiquemos un mayor reproche y rechazo social a quienes practican agresivas o malsanas formas de conseguir poder o riqueza.

La respuesta está en la suma de cada uno de los miembros de la sociedad, pero sin duda la sociedad a través de sus instituciones, grupos de influencia, sistemas educativos... puede contribuir a ello. Negarse a hablar de esto porque no tenemos la solución mientras vemos la absurda deriva en la que nos coloca nuestra actual dinámica económica es esconder la cabeza debajo del ala como hacen los avestruces ante las amenazas. ¡¡Yo animo a que nos movamos por cosas que merecen la pena!!

Información no financiera de las empresas. ¿Estamos inventando una nueva democracia sin darnos cuenta?

En los últimos años el mundo empresarial se está viendo forzado a evolucionar. Tanto por presión social como regulatoria, las empresas están siendo empujadas hacia comportamientos y formas de hacer que sean capaces de compatibilizar el beneficio empresarial y la rentabilidad con el respeto al medioambiente, los derechos humanos, la incorporación del beneficio social y la escucha de los intereses de los *stakeholders* o grupos de interés. Podríamos decir que el capitalismo está evolucionando hacia nuevas formas que, al menos aparentemente, resultan menos agresivas, más humanas y con exigencia del cuidado de muchas otras variables adicionales a la rentabilidad.

En la pasada década, la Unión Europea publicó una directiva imponiendo a los Estados miembros la obligación de exigir a las empresas de cierta dimensión la publicación de determinada información de carácter no financiero. En el año 2018 cuando se publicó en España la ley por la que se concretaba esa obligación. Conforme a ella, las empresas afectadas deben hacer pública una amplia información relativa a aspectos de su estrategia y objetivos, políticas internas y otros temas en el campo de la sostenibilidad tales como cuestiones medioambientales, sociales y relacionadas con su personal, los derechos humanos, la gestión de medidas anticorrupción, gestión de proveedores... En definitiva, la Unión Europea, a través de esta imposición somete de hecho a las compañías a un examen integral obligándolas en gran medida a desnudarse haciendo trasparente su forma de actuar.

Es constatable que estas medidas de alguna forma fuerzan a las empresas a ser buenas y, por otro lado proporcionan información a los consumidores, inversores, proveedores y grupos de interés en general para poder juzgar cómo de bueno es el comportamiento de cada una de ellas. De esta forma, supuestamente se dota de criterio a los consumidores, inversores, etc. para que puedan elegir en sus decisiones de compra o de inversión.

La aplicación práctica de estas obligaciones está sin duda planteando múltiples complejidades, y en el mundo empresarial se vive con escepticismo por la dificultad de establecer unos formatos de información homogéneos y que permitan la comparación entre empresas. Además, surgen muchas dudas respecto de la idoneidad de las métricas a utilizar y la relevancia de los aspectos que se miden para contribuir de verdad a mejorar. Son por tanto múltiples las cuestiones que en los próximos años deberán irse encajando con mayor o menor acierto.

Aun cuando como idea estas medidas pueden tener lógica para ayudar a esos colectivos de consumidores, inversores... a formarse criterio para sus elecciones, su efectividad para guiar a la sociedad hacia un mundo mejor es algo que puede ser muy cuestionable. Es por ello por lo que al concluir hace unas páginas el apartado «Una nueva soberanía del consumidor» me preguntaba cómo hacer que esas decisiones de los ciudadanos fueran verdaderamente responsables.

¿Cómo saber qué indicadores empresariales son los adecuados para conseguir aquello que efectivamente se busca o se quiere proteger, y cómo evitar que, sin la necesaria reflexión y debate político se imponga a las empresas la obligación de respetar determinadas variables de sostenibilidad sin conocer con rigor los efectos que ello puede provocar? ¿Estamos seguros de que algo tan complejo como las interacciones sistémicas se pueden gestionar con indicadores limitados a medir solo un aspecto y sin el debido análisis de impacto? Pero la pregunta más relevante es ¿quién y cómo está marcando la dirección hacia dónde debe evolucionar el mundo? ¿Es la forma adecuada? ¿Con qué análisis y rigor se está haciendo?

Curiosamente se confirma el insustituible papel que por la vía de hecho se está reconociendo y atribuyendo de forma creciente a las empresas para moldear la forma social y las dinámicas de funcionamiento del mundo, poniendo sobre ellas la presión del juicio reputacional como acicate para forzar el alineamiento con las prescripciones y los requerimientos impuestos por la directiva y las leyes nacionales.

La decisión de las materias sobre las que hay que informar y el cómo se informa está ya produciendo un tremendo impacto en la modulación de nuestra futura sociedad. Aun cuando la ley no obliga a las empresas a adoptar ningún comportamiento sino únicamente a informar de una serie de cuestiones ¿no es cierto que indirectamente se les está forzando a cambiar y a ajustar sus prácticas para ser, o al menos parecer, que son buenas?

Detrás de todas estas preguntas se esconden todas las cuestiones ideológicas propias de una sociedad. Y lo que a mí me sorprende es que sin darnos cuenta estemos permitiendo que esas determinaciones y posicionamientos cargados de ideología estén entrando en nuestras vidas a partir de la regulación de las informaciones que las empresas deben proporcionar a los mercados. Me atrevo a decir que entran en nuestras vidas como una cuestión técnica y aburrida que aplica a las empresas. Creo, además, como reproche a los reprochantes, que muchas de las exigencias de información se basan en una crítica al cortoplacismo empresarial. Pero ¿no es igualmente cortoplacista el promover la implantación de obligaciones de información que generan tendencias sin haber evaluado sus consecuencias en el largo plazo?

Cuando combino estas reflexiones con las ya efectuadas en este libro en lo que se refiere al poder que hoy tienen los gritones, los reivindicadores y creadores de causas, y la presión que nos impide o dificulta mucho a todos el salirnos de lo políticamente correcto, la idea que me viene a la cabeza es la de estar ante una nueva forma de democracia que podríamos bautizar como la democracia del grito, de la llamada de atención, de la conexión emocional, del eslogan, pues es la fuerza de todo esto la que acaba determinando que en los requerimientos de la información aparezcan unos u otros aspectos o conceptos según la efectividad de esos gritos, sin contrapeso del mundo empresarial, que tiene la boca casi cerrada para no ser políticamente incorrectos, con el riesgo de ver sus productos boicoteados.

Pero es misión de este libro contribuir a tomar conciencia de si esta forma de democracia que mete la ideología por la puerta de atrás y sin el necesario debate en nuestra sociedad es buena. Y si esto tiene que ser así ¿cómo podemos protegernos de los creadores de causas que están mucho más movidos por el interés y la voluntad de poder que por el bien común? ¿Será sostenible un mundo modelado a base de gritos y confrontaciones emocionales que se acaban convirtiendo en exigencias al mundo empresarial? Quizá los sabios de la Agencia de la Verdad, protegidos por la confidencialidad de sus debates y opiniones particulares, podrían ayudar en estas cuestiones.

Dediquemos por tanto tiempo y recursos a investigar y proteger a la sociedad de una evolución que, teniendo cosas positivas, también puede tener puntos débiles que lleven a un serio deterioro de la armonía social y de la calidad y efectividad de nuestra gobernanza como sociedad, y muy especialmente del imprescindible buen funcionamiento de la maquinaria empresarial.

Hablemos de la sostenibilidad emocional del mundo

El tiempo nos ha convencido a todos (salvo a alguno muy resistente) de que nuestro sistema económico ha contribuido al deterioro del medioambiente y que debemos reorientar con urgencia nuestra interacción con el planeta para evitar problemas mayores. Sea ello más o menos cierto, el mundo hoy lo ha adoptado como verdad plena y lleva ya tiempo hablando de la sostenibilidad medioambiental.

Se habla también de sostenibilidad social y de la importancia de procurar un trato digno a los trabajadores, y en general de los derechos humanos y la dignidad de las personas.

Oímos también muchas veces referencias a la sostenibilidad económica de nuestras sociedades o del estado de bienestar.

Supongo que alguien lo habrá hecho, pero yo nunca he oído a nadie hablar de la sostenibilidad emocional del mundo. Y creo que no podemos dejar de hacerlo.

Nadie dudará ya de que pienso que el principal problema que hoy el mundo tiene no es tanto de riqueza sino de la capacidad de administrarla y disfrutarla. A lo largo de este libro he tratado de mostrar cómo existen múltiples variables o ámbitos de nuestro funcionamiento como individuos y como sociedad que interactúan de forma sistémica. Ello hace que, en un mundo tan global, tan abierto y comunicado ya no podamos hablar de economía al margen del medioambiente. Tampoco podemos hablar de economía sin considerar los efectos que su desarrollo provoca en la sociedad y las personas. No es posible hablar de economía sin relacionarloa con las finanzas y con los problemas de generación de deuda y desigualdad. Y, entre medias de todo esto, lo que hay son personas con sus complejos sistemas de funcionamiento y sus dimensiones emocionales, sentimentales, racionales y trascendentes. Por tanto, el mundo tiene el reto de poder dar continuidad a la motivación de las personas para hacer que nuestros engranajes de producción sigan en marcha, pero sin prácticas y dinámicas que agranden cada vez más la brecha de las diferencias y desigualdades que suponen sin duda un gran peligro para la estabilidad y la paz social. Y ello, en mi opinión, debe ocurrir de una forma que permita a la sociedad liberarse de la degenerativa espiral en la que hoy se sostiene con sus ciudadanos convertidos en consumidores que deben consumir cada vez más y más rápido.

Las personas sin duda se mueven y determinan sus preferencias en base a sus mecanismos emocionales y de afectos. Aunque todavía muchos crean que el ser humano orienta y selecciona sus destinos de acuerdo con criterios racionales, la realidad es que la racionalidad no es más que un mecanismo de modulación de decisiones de procedencia menos consciente. Quien sufre, quien quiere, quien desea, quien ama y quien teme no es nuestra racionalidad, sino nuestro universo más inconsciente, aunque después ello se traslade a nuestra conciencia.

Las sociedades se mueven también cada vez más por las emociones colectivas. Los populismos, con su influencia, son una buena muestra de ello. En algunos casos nos guían hacia una sociedad más compasiva y a velar por la dignidad de todos los ciudadanos, pero en otros tensan en extremo la polarización de enemigos, generando reacciones emocionales descontroladas que crecen en progresión geométrica cuando se alimentan y contagian colectivamente. Calentando a las personas, como hacen los populismos, el ser humano en grupo es capaz de las mayores barbaridades. Las guerras y muchas revoluciones violentas son buena muestra de ello.

Los populismos calan cuando existe un caldo de cultivo en el que sembrar la agitación. Es un caldo de cultivo formado por esas diferencias y desigualdades, junto con los extendidos sentimientos de injusticia y la brusca pérdida de relevancia de algunos colectivos o regiones. Y todo ello sumado a la comprobación por parta de los ciudadanos de que quienes gritan más alto y fuerte se salen con la suya y la observación de que quienes verdaderamente se hacen ricos no son tanto los que crean riqueza sino quienes la succionan con todo tipo de artes en el Monopoly de los mercados y las finanzas y la creación y venta de *startups*.

Estoy cada vez más convencido de que con pocas personas el mundo es capaz de producir una inmensa cantidad de riqueza suficiente para atender las necesidades de todos. Enunciándolo de otra forma diría que con menos personas trabajando podríamos vivir (en términos de riqueza material) mejor que hoy. Pero el problema es que la satisfacción, la felicidad, el sosiego y la paz interior, una vez se alcanzan ciertos niveles materiales, no está en la riqueza material, sino en otras variables. Seguramente, si Dios quiere, encontraremos una forma de encajar niveles de actividad humana digna para toda la población sin necesidad de que esta sea actividad productiva como tal. Pero para ello es necesario que los estamentos económicos tomen conciencia de que es seguramente mejor y más barato tener a algunas personas cobrando aunque no aporten a la creación de riqueza. Es asimismo relevante que no todos queramos ser productivos y que quien no lo haga no sea considerado ni se auto-considere inútil y excluido. Es también importante que la sociedad desarrolle vías y ámbitos de actividad para que las personas que no son necesarias para producir riqueza dediquen su tiempo a actividades con valor social del tipo que sea, actividades creativas, de entretenimiento, deportivas, de cuidado propio y de los demás, etc. En definitiva, actividades para encauzar dignamente la energía mental que todos tenemos y que cuando no está bien gestionada se convierte en un peligro para uno mismo y para los demás. Actividades que nos distraigan y nos hagan poner la atención en el presente, en la actividad que se desarrolla, aquietando las inquietudes y las agitaciones relacionadas con el aburrimiento, el sentido de la vida y nuestra propia sensación de utilidad. Porque que nadie tenga duda de que todas esas personas que no aportan a la creación de riqueza aportarán mucha paz y amabilidad a la sociedad si se encuentran dignamente encajadas en la sociedad, ocupadas o al menos entretenidas.

Y todo esto no es sino hablar de la emocionalidad, los sentimientos y la psicología social y colectiva, pues si nos olvidamos de estos aspectos y nos ofuscamos en competir en generar riqueza y productividad, las emociones de rechazo, insatisfacción y resentimiento acabarán convirtiéndose en un polvorín para las sociedades y el mundo que terminará en serios conflictos sociales o bélicos de un tipo u otro o en tiranías de uno u otro color.

Seamos por tanto prácticos como individuos y como sociedad para proteger este ámbito de sostenibilidad socio-emocional y hagamos caso a Adam Smith, que decía que «La mejor manera de satisfacer los intereses propios es cuidando los intereses de aquellos que tienen lo que uno quiere».

¿Qué hacemos con la impagable deuda? Yo no lo sé y creo que nadie lo sabe, pero deberíamos empezar a saberlo

Se trata de un tema también vinculado a la sostenibilidad emocional por el problema que puede suponer. Aunque pensamos que el problema de la deuda es solo financiero, la realidad es que es algo muy relacionado con la justicia, y con los riesgos que se derivan de ello en términos de paz y orden social cuando muchos algún día vean que sus créditos no son pagados o bien que, aun siendo pagados, el dinero recibido ya no tenga el valor de compra que antes tenía. Al fin y al cabo, la riqueza de unos solo puede construirse sobre la pobreza o inferior riqueza de los demás, pues la realidad es que la riqueza financiera es una representación ficticia y convenida de la única verdadera riqueza disfrutable. La riqueza financiera otorga poder a quien la ostenta, pero ¿hasta cuándo va a tolerar la gente que la riqueza real se traspase de un bolsillo a otro con el juego de los *defaults*, regalos de liquidez, inflación, ayudas, rescates, etc.?

Como acreedores con ahorros en forma de créditos, o a través de inversiones de un tipo u otro, nuestra verdadera riqueza está sujeta al riesgo de perderse. A veces ocurrirá con la quiebra de los deudores y los perjudicados gritarán mucho para ser compensados alegando que son colectivos débiles, y quizá algunas veces obtengan esas compensaciones o ayudas. Otras veces sus créditos no serán fallidos, sino que quedarán diluidos en la cantidad de liquidez que las autoridades monetarias pongan en el mercado cada vez que hay una crisis. Lo hemos visto recientemente en relación con la crisis generada por el Covid-19 y unos años antes con la crisis de 2008. Pero ¿cómo es posible que los problemas se arreglen dándole a la máquina de hacer dinero y como si no pasara nada? Por último, otras veces se mantendrá el valor de la riqueza financiera, pero la misma tendrá asociada unas cargas fiscales o servidumbres (tipos de interés negativos) que en la práctica significarán una dilución del valor de la riqueza por el coste asociado que tiene su mantenimiento.

Cuando los problemas y las crisis se arreglan con más y más liquidez en forma de nuevo dinero que en gran parte se regala ¿quién los está pagando realmente? Sin duda los pagan quienes, teniendo una cuota de riqueza asociada a sus ahorros, esta disminuye para ser compartida con los que reciben ese nuevo dinero. Y ello ocurre a través de los procesos de inflación y devaluaciones de divisas, pues el dinero que uno tiene pierde poder adquisitivo al reducir su poder de compra, o bien mediante las políticas fiscales por la cuales las autoridades y los Gobiernos de los países castigan con impuestos o premian con ayudas a unos y otros colectivos. Sin embargo, quienes son deudores de créditos se benefician de la inflación haciendo menos gravosa su devolución. Se trata de una forma de socializar los problemas. Y así es común ver en los telediarios que ante cualquier problema el pueblo, o una parte de él, chilla mucho para solicitar ayudas, créditos, liquidez, y parece que todo el mundo se alegra porque se amplían los presupuestos para estas ayudas. Pero no se repara en quiénes son los que pagan estos créditos. ¿No deberían las personas normales ser más conscientes del funcionamiento de estos mecanismos del dinero y las finanzas? ¿Ayudaría ello a limitar muchos abusos? ¿O quizá se despertarían mayores iras en quienes se vieran perjudicados por las arbitrarias decisiones de los gobernantes y las autoridades monetarias?

El problema no parece preocupante cuando la crisis se ha generado por un desastre o daño de la naturaleza o de fuerza mayor, pues esa forma de reparto y socialización de las pérdidas se aprecia como algo justo y solidario, aceptándose, en general, el contribuir a su solución. Cuestión distinta es cuando las ayudas se deben a crisis y burbujas financieras derivadas de la ambición de algunos que se han hecho ricos. Muchas de esas ambiciones se gestan silenciosamente con planes de negocio de grandes y supuestamente responsables compañías (incluso sectores completos), que luego se van a la ruina cuando llega la crisis. Pero con la crisis entra en juego el comprensible pero injusto mecanismo del *too big to fail* (demasiado grande para caer) y las autoridades hacen lo que haga falta para salvarlas y evitar males mayores. Y en general quienes mejor han aprovechado las burbujas y momentos de expansión para hacer beneficio lo hacen también beneficiándose de las ayudas y los apoyos fiscales y financieros para hacer nuevos negocios en esos nuevos contextos de crisis.

A través de estos mecanismos de liquidez y ayuda se producen traspasos de riqueza real de unas manos a otras de una forma que parece muy injusta o al menos desequilibrada. Las personas podemos ser conscientes de ello, pero de un modo intelectual sin que trascienda a nuestras vísceras. Pero ¿qué ocurrirá a medida que el pueblo se vaya haciendo más consciente de todo esto y los líderes agitadores de masas lleven estas injusticias a la visceralidad de la gente afectada? Hasta ahora parece que la conversación sobre estos temas se ha quedado en las élites del poder empresarial y financiero, pero tengamos cuidado si esto se hace más patente para el pueblo llano. Pues en tal caso no estaríamos hablando solo de finanzas sino de la irritación y enfado de quienes, siendo los verdaderos pagadores de una crisis, se sintieran tratados como tontos.

Nada tiene de nuevo este problema, y seguro que ha sido ya el caldo de cultivo para el surgimiento de los grandes conflictos en el pasado. Pero a mis ojos los crecientes niveles de deuda y las reflexiones de este libro en relación con la híper financiarización de la economía y la sociedad en general le dan otorgan gran actualidad. ¿Cómo hacemos para que la deuda no se convierta en un freno mayor para la actividad humana? ¿En qué medida muchas de las formas de dar liquidez a las empresas están forzando más y más esa espiral de creación de necesidades y mayor productividad que hace a su vez que cada vez menos personas sean requeridas por nuestras maquinarias de producción de bienes y servicios? ¿Tiene sentido retomar y estudiar alguna forma de dinero con fecha de caducidad como mecanismo para promover el movimiento y la actividad económica?

Decíamos que la sociedad tiene que cambiar el motor del avión en pleno vuelo, y por ello nuestras autoridades fiscales y financieras no pueden abandonar de golpe estos mecanismos para la gestión de la sociedad en sus aspectos económicos. Pero este es uno de los ámbitos en los que resulta imprescindible tomar conciencia por la espiral degenerativa que supone el arreglar todos nuestros problemas mediante soluciones financieras que siguen alimentando la ambición y las grandes bolsas de aprovechados que existen. Ello significaría perpetuar un sistema de motivación basado en el dinero, dificultando una progresiva implantación de un sistema de motivación y reconocimiento más basado en el sentido, en las motivaciones trascendentes, en la fuerza y satisfacción que supone el contribuir al bien común y a la verdadera creación de riqueza disfrutable, no financiera.

Por ello, mientras los tipos de interés no suban y conviertan la situación de deuda en un polvorín, recemos para que ello no ocurra y promovamos climas y culturas de convivencia más basados en las premisas tratadas en este libro, dedicando a ello los esfuerzos necesarios para crear y hacer arraigar culturas que premien a quienes lo merecen por contribuir al bien común y a una cultura de paz, y condenen a los agresivos aprovechados del funcionamiento de los mercados que succionan la riqueza de los demás.

¿Acaso no se podrían describir las conductas que, por agresivas y nocivas, aun siendo legales, debieran ser condenadas por la sociedad? ¿No deberían nuestros reguladores comenzar a redactar las normas evitando detalladas casuísticas y técnicas para incluir declaraciones de principios que contribuyan no solo a castigar y penalizar con multas monetarias a quienes las incumplen, sino a provocar la condena social? ¿No debería encontrar la sociedad mecanismos para desincentivar las prácticas financieras succionadoras de la honesta riqueza generada por los demás? Sin duda el rechazo social de quienes hayan obtenido su riqueza por esos medios sería eficaz, pero ¿cómo se puede encauzar todo ello sabiendo que el poder económico compra en gran medida a los medios de comunicación? Son difíciles cuestiones que la sociedad debiera analizar, comentar y debatir para promover una mayor conciencia de estos juegos de intereses que por no ser abiertos y trasparentes tienden a ser insanos.

Sin duda hay mucho en juego, pues la credibilidad de los Estados, como emisores de dinero, está muy en entredicho. Y si se pierde del todo la credibilidad y la autoridad de Estados supuestamente serios ¿no estaremos volviendo a la ley de la selva? Creo que no estamos muy lejos de ello y que habrá que acostumbrarse a las nuevas reglas y aprender a defenderse en ellas.

Alternativamente, podemos también mantener el optimismo y pensar que el problema de la deuda se solucionará. Pero eso sí, sin olvidar que la última palabra la tenemos siempre los ciudadanos. Y de ellos el primero de todos somos cada uno de nosotros. No exijamos por tanto solo las soluciones a los demás y pongamos cada uno lo que podamos para construirlas aceptando o castigando con nuestro rechazo unas y otras prácticas.

¿Y qué pasa con las criptomonedas?

Si el panorama estaba ya complicado con solo el dinero tradicional en el tablero de las finanzas mundiales, la llegada y el crecimiento de las criptomonedas añade otra vuelta de complejidad.

He dedicado muchas reflexiones al dinero y a nuestro desconocimiento de su funcionamiento psicológico y social, algo en lo que sin duda la sociedad debería profundizar. El dinero lo es todo para muchos y mueve el mundo probablemente más de lo que lo hace la fe en Dios. Escondemos en el dinero nuestros deseos, frustraciones, miedos, orgullos, el reconocimiento, el premio, el castigo... pero no somos demasiado conscientes de cómo su existencia y funcionamiento regula nuestra sociedad generando múltiples efectos, unos buenos, pero otros peligrosos y degenerativos.

Si ya era necesario el mayor estudio de la psicología y la sociología del dinero, mucho más importante lo será ahora para encajar y comprender la llegada y el previsible arraigo de las criptomonedas. Como parte de ese caos social, amorfo y evolutivo del que ya hemos hablado, ¿sustituirán las criptomonedas el dinero oficial como un dinero de mejor calidad por ser menos manipulable? ¿Cuáles serían las ventajas de un dinero con el que los emisores no pueden jugar a su conveniencia? ¿Cuáles serían las ventajas para el sistema y que perdería una sociedad cuyos gobernantes o autoridades bancarias no pudieran hacer política monetaria?

Sin duda, para cualquiera que tiene dinero en formato (y con mentalidad) tradicional, la llegada de las criptomonedas produce desconcierto y temor preguntándose cómo es posible que alguien se invente un dinero y se enriquezca lanzándolo al mercado. Pero poco a poco la riqueza colocada en dinero oficial y tradicional se podrá ir trasladando en todo o en parte a riqueza denominada en criptomonedas, como de hecho ya está sucediendo, a través de canales y fondos que operan en dichas monedas y en los que los inversores tradicionales van colocando una porción de su riqueza.

Hasta dónde llegará y cómo acabará esta dinámica de las criptomonedas no lo sabe nadie. ¿Serán sanas las resistencias que se opongan a su consolidación, o más bien obedecerán a intereses creados? La sustitución del dinero sujeto a la política por uno supuestamente no manipulable ¿incrementará o disminuirá las desigualdades? ¿Traerá unas reglas del juego más limpias para los mercados?

Personalmente, observando el mundo desde Marte, me parece inaudita y socialmente insana la nueva moda de fabricar dinero como negocio. Al fin y al cabo, eso es lo que es la creación de criptomonedas, de los nuevos *tokens* digitales y otras figuras similares. En realidad, en el ámbito digital cualquiera puede montar de manera atractiva algo intangible a lo que pone nombre e identifica dándole garantía de unicidad (tecnología *blockchain*) para ponerlo a la venta. Es el caso, por ejemplo, de la creación de los *bitcoins* o de *tokens*, que otorgan a alguien la propiedad de cualquier cosa, como puede ser la imagen de un emblemático lanzamiento de una canasta de baloncesto realizada por un jugador famoso. Y de repente, de donde no había dinero emerge el dinero (o riqueza financiera), simplemente porque hay personas que están dispuestas a pagar por ello porque piensan que cuando quieran deshacerse de esos *bitcoins* o *tokens* habrá un mercado para venderlos y donde, si Dios quiere, podrán venderlos incluso por mayor precio. ¿De dónde sale la riqueza que gana quien emite las criptomonedas o el *token* y recibe por ello pongamos que un millón de euros? Básicamente y mirado con perspectiva, lo que se crea es un activo financiero, y quienes lo crean son al fin y al cabo fabricantes de dinero o riqueza financiera. ¿Se queda alguien sin esa riqueza que ha pasado a manos del fabricante de dinero?

Sin duda se está produciendo un tremendo desacoplamiento entre la riqueza financiera y la riqueza real, cuyos mecanismos de funcionamiento esta sociedad no conoce ni dedica el tiempo y esfuerzo a conocer. Es el juego o casino de la riqueza financiera en el que se reparte una parte muy importante del poder de unas personas sobre otras. Y resulta que la sociedad está tolerando que ese poder se esté creando por cualquiera con inventos cripto-financieros. Quizá estos inventos o nuevos dineros sean mejores que las monedas tradicionales manipulables por los juegos de la política y otros tipos de poder distintos al del mercado. Pero personalmente tengo la impresión de que la sociedad tiene que salir del despiste y la ceguera en los que vive sumida en este campo y que claramente muestran que nuestro sistema económico está más que en entredicho.

No podemos concebir un mundo sin dinero tradicional porque, con nuestros actuales marcos mentales, sería ingestionable. Se nos hace imposible imaginar cómo operarían en él los intercambios. Pero algo parecido les ocurrió a los airis con sus AER€OS, y sin embargo lo consiguieron. Pensar en un mundo sin dinero, o con otro tipo de dinero, exige abrir la mente para concebir otras formas de realizar intercambios de bienes y servicios, así como mecanismos y concepciones distintas a las fiscales tradicionales para la dotación de recursos a los Estados para la gestión de lo público. Y, por supuesto, el arraigo de otros mecanismos de motivación humana combinando realismo y tendencias observables por un lado con algo de tinte utópico por otro.

Las criptomonedas son otra forma de dinero. Pero, conforme operan hoy, al menos el *bitcoin*, en nada cambian las dinámicas económicas puestas de manifiesto en este libro. Sin embargo constituyen una muestra de que son posibles formas rupturistas para crear mecanismos motivadores de la conducta humana. Si hoy la creación de nuevos *bitcoins* con el famoso trabajo de los mineros está sujeta a unas determinadas reglas ¿no sería posible otra forma de minería para dar origen a nuevas criptomonedas cuyas reglas premiaran a quien contribuye al bien común con hechos o conductas, aunque no generen rentabilidad tradicional ni PIB? Y si se les añadiera un periodo de caducidad, ¿no sería una forma de sostener el movimiento económico y la actividad humana premiando a quien lo merece sin crear pedestales casi vitalicios para quien ha triunfado y acumulado una gran cantidad de dinero?

Cuando nació el cine, las primeras películas consistieron básicamente en la retransmisión de escenas como las de las obras de teatro. De forma parecida, los *bitcoins* han nacido con una funcionalidad equivalente al dinero. Pero las películas fueron evolucionando e incorporando más y más recursos y efectos hasta llegar a lo que hoy vemos que es el cine y que poco tiene que ver con el teatro o con esas películas iniciales. Confiemos en que las recién nacidas criptomonedas y otras de nueva generación sean capaces de incorporar nuevas variables, y contribuyan a liberar a la sociedad de su insano sometimiento a la economía y finanzas tradicionales.

¿Será sostenible una sociedad con tan amplio sistema de libertades?

A lo largo de este libro he reiterado que hacía abstracción de la realidad competitiva que enfrenta unas economías a otras en las llamadas sociedades occidentales. Hemos dicho que cambiar el motor en pleno vuelo para evolucionar hacia un mundo más colaborativo, menos confrontacional y menos agresivo resulta especialmente difícil cuando la sociedad de al lado no asume de forma sincronizada los cambios de paradigma y las nuevas reglas del juego.

Pero ahora, en la parte final de esta mirada a la Tierra desde Marte no puedo evitar hacer una pequeña mención a las tensiones que hoy día existen entre los distintos mega bloques en el mundo, digamos que USA, Europa, China, Rusia... Con la pandemia del Covid-19 hemos podido apreciar que la eficacia para la gestión de situaciones complejas en entornos de tanta libertad como el occidental difícilmente puede competir con la mostrada por la sociedad china. Occidente tiene la libertad como valor supremo mientras que países como China, siendo también capitalistas, aunque con matices, parecen anteponer la armonía y el orden a otros valores. Ante ello, hoy por hoy Occidente sigue reprochando a países como China y Rusia la falta de ciertas libertades.

La libertad propia de las economías occidentales sin duda suena muy bonita, pero como hemos visto nos lleva a un cierto caos y a una sociedad en la que parece que todo vale, o al menos en la que determinar lo que es correcto e incorrecto resulta cada vez más difícil. La autoridad y los principios prácticamente se han perdido al quedar hipócritamente disfrazados por un Estado de derecho que, a costa de un retorcimiento recurrente, acaba en una sociedad que vive en una permanente mentira y en lo que llamo el Estado del abuso de Derecho, como he expuesto en este libro.

El simple planteamiento de que hay que pensar si es sostenible un régimen de muy amplia libertad y derechos sin autoridad alguna que los enmarque es tan políticamente incorrecto que su simple insinuación parece una locura que no genera sino el abucheo general. Por ello pido de antemano disculpas por atreverme a hacer mención a ello. Pero Occidente debe dejar de escandalizarse por hablar de estas cosas y ponerse manos a la obra para gestionar y dar solución a las distintas problemáticas puestas de manifiesto en este libro. Pues de no ser capaces de superarlas o mejorarlas me atrevo a vaticinar que los regímenes que cuenten con una sabia autoridad capaz de restringir, o al menos de dar forma inteligente a, ciertas libertades creando un marco fiable de lo que está bien y lo que no, acabarán comiéndole la oreja al engreído Occidente, que se siente investido de una supuesta superioridad moral y eficacia universales. Sin duda todas las restricciones de libertad son también una fuente de peligro, y la vigilancia del vigilante siempre será un problema difícil de resolver. La realidad nos exige hablar desde el abandono de visiones absolutistas de un tipo o de otro y ser conscientes de que el sistema social tradicional basado en tres poderes hoy resulta en gran medida una jungla de gran fragilidad en tanto en cuanto no se integren en el sistema los poderes derivados de los medios de comunicación, los datos y la inteligencia artificial.

El tiempo y las inquietudes y experimentos sociales irán dando forma a nuestro futuro. Pero si queremos tratar de vislumbrar ese futuro, merece la pena tener miradas libres desde fuera de la caja o desde Marte para, libres de condicionamientos que nos encasillan y limitan, concebir otras formas de interrelación social y económica a la altura de nuestros niveles alcanzados de riqueza y evolución. Pero, eso sí, para tratar de aproximarnos a la realidad en nuestra apuesta de lo que será el futuro deberemos liberarnos de anticuados condicionamientos y anclajes, aunque no de la realidad de lo que es un ser humano con su programación genética para la supervivencia y sus ambiciones, miedos y afectos.

Al final, para que lo nuevo se vaya implantando, mucho de lo viejo tendrá que ir muriendo. Y de una u otra forma así ocurrirá.

CUARTA PARTE

HABLEMOS DE LA VERDAD, LA LUZ Y EL ESPÍRITU

«La valía del ser humano no reside en la verdad que uno posee o cree poseer, sino en el sincero esfuerzo que realiza para alcanzarla. Porque las fuerzas que incrementan su perfección solo se amplían mediante la búsqueda de la verdad. No mediante su posesión. La posesión aquieta, te vuelve perezoso y soberbio. Si Dios tuviera en la mano derecha la verdad completa y en la mano izquierda nada más que el continuo impulso hacia ella, aun con la condición de equivocarse siempre y eternamente, y me dijera, '¡Elije!', yo me inclinaría con humildad hacia la izquierda y diría: 'Dame esto, Padre; la verdad pura solo te corresponde a ti'».

GOTTHOLD EPHRAIM LESSING

Concluyendo ya, esta frase de Lessing representa a la perfección el sentimiento que experimento. A lo largo de la escritura del libro he ido intentando componer una verdad completa que explique todo lo que está ocurriendo en nuestra sociedad, vislumbrar cómo será el futuro y tratar de mejorarlo. Pero cada vez que encuentro una perspectiva que parece que pone las claves para entender y arreglar el mal funcionamiento de alguna cosa, me doy cuenta de que esa perspectiva es solo efímeramente correcta.

Enseguida vienen a mi cabeza ideas y nuevas perspectivas capaces de desvirtuar la corrección de la anterior y me enfrento a una realidad de la que no puedo ni quiero liberarme: la verdad está solo en manos de Dios y es en Él donde debe quedarse. Y mientras nos encontremos en el camino hacia Dios solo el amor será capaz de determinar cómo debemos avanzar en el doloroso, pero también bonito, trayecto de la vida. El amor es la única verdad con la que me siento eternamente cómodo y (o más bien me gustaría tener, el único criterio infalible que tengo) para guiar mis pasos. Y por ello, cuando al leer todo lo escrito siento que tampoco mis recetas arreglarán el mundo, me consuela el haber avanzado en el camino de mi propia comprensión y de la del mundo. Y así las siguientes reflexiones podré hacerlas desde lo aprendido en el viaje de este libro.

«Y al final siempre estará Dios o el espíritu»

El mundo de lo material no puede ya contribuir mucho más a nuestra felicidad. Es el trabajo de la dimensión espiritual el que puede traernos la paz y el sosiego internos necesarios para aplacar las inquietudes, la ansiedad y el miedo que provoca una vida basada principalmente en los aspectos materiales y de búsqueda de poder. Me toca por ello hablar de las etéreas cuestiones que dan forma y rodean a la espiritualidad.

Y en esa tarea, tras completar el cuerpo principal de este libro, me dispongo ahora a escribir con mucho más gozo y libertad para dar salida a las divagaciones con las que siempre convivo en relación con dimensiones menos aprehensibles, indeterminadas, imposibles de medir o demostrar. Hasta ahora la escritura me ha exigido una permanente reflexión y medir cada frase o cada palabra para tratar de asegurarme de la coherencia y el orden de los contenidos. He tratado de mostrar las interrelaciones entre unos temas y otros, intentando ponerme en los zapatos del lector para verificar si lo que escribía era o no comprensible. Sin duda me ha requerido un importante esfuerzo intelectual y me siento plenamente dueño de cada palabra escrita.

Comienzo ahora un apartado cuyo autor siento que está dentro de mí, pero que no es exactamente el mismo que ha escrito lo anterior. Será mi absoluta libertad la que, buscando en cada resquicio de mi cuerpo, de mi interior, diga lo que tiene que decir para manifestarse, desahogarse y para hacerse real y verdaderamente completa. Hasta ahora solo ha escrito mi ser pensante y racional, por más que en algunos momentos haya tenido en cuenta y escuchado mis sentimientos y emociones para construir sus relatos. Pero ahora, esos dedos que se mueven con poco control por mi parte escriben lo que quieren y como quieren buscando una liberación que marca su destino y movimiento.

Seguro que muchos lectores pensarán que todo lo que sigue es un desvarío. Yo mismo lo pienso, pero, cuando lo miro y lo leo desde los ojos y oídos de la autenticidad es para mí el desvarío más valioso y verdadero de todo lo que hasta ahora he escrito. Es ni más ni menos que el broche que une mis frías y realistas miradas al ser humano y al mundo con mi visión de futuras concepciones de nuestra sociedad construidas con deseos que nadie puede decir que sean imposibles. Escribirlo pone consciencia e integra realidades y anhelos, y me produce un enorme gozo. Y al releerlo me reconecto con los momentos de fluir que se dan mientras escribo.

Parece por ello que ese alguien dentro de mí buscando a Dios como referencia es quien marcará los pasos que siguen y dirigirá el gozoso movimiento de mis dedos.

La vida como camino

No puedo concebir la vida sino como un camino. Tiene su punto de partida y todo un recorrido que discurrir desde nuestro nacimiento hasta la muerte. Durante el camino muchas veces parece que necesitamos diseñar y adueñarnos del futuro sin darnos cuenta de que el futuro no es sino un reclamo para darnos movimiento y energía para huir de una quietud desasosegante y distraer nuestras torturadoras mentes. Algo que nos distrae poniendo nuestra mente en la construcción de ese futuro, que por más que lo intentemos no está en nuestras manos moldear, pues es infinito el número de incertidumbres y contingencias del azar que lo hacen siempre incierto.

Solo caminando vivimos en paz. Caminando hacia algo, hacia la realización de una obra dirigidos por la ilusión de conseguir esto o lo otro. Caminar es trabajar, relacionarse, descansar, cuidar, alimentarnos, y en definitiva todo aquello que sostiene la secuencia y el movimiento de nuestra vida hacia algo. Aun cuando un buen camino debe tener muchos momentos de quietud, descanso, inactividad, de saber no hacer nada, la realidad es que quien se para y deja de tener algún compromiso con la vida empieza a morir.

La definición de nuestro camino, la persecución de algunos objetivos y el arraigo dentro de nosotros de un propósito vital marcarán sin duda una dirección por la que transitaremos con una infinita gama de pasos. La impresión de avanzar o de transitar, de sentirnos bien con nuestro pasado y tener criterio y dirección para dar el siguiente paso nos regala la paz y el aquietamiento de nuestras perturbadoras agitaciones internas.

La diversión aparca nuestras agitaciones internas. Los actos de consumo y la práctica de vicios también aplacan nuestras ansiedades, aunque son en realidad una huida de las carencias o vacíos que sentimos en nuestro interior. Solamente el discurrir por un buen camino hacia un buen lugar puede conseguir el regalo de la liberación duradera de nuestros vacíos y devolvernos la paz y el sosiego interior que necesitamos.

Por ello el ser humano es un ser necesitado de camino. Difícilmente puede vivir sin un sentido o sin dirección y un lugar al que dirigirse. Caminar en busca de sentido, levantándonos todos los días para hacer aquello para lo que sentimos que estamos aquí nos permitirá sostenernos y tener movimiento.

A menudo nos cuesta encontrar ese lugar al que dirigirnos, descubrir aquello que nos hace sentir llenos cuando lo hacemos, y en definitiva encontrar sentido, un por qué y un para qué suficientemente profundos para llenarnos. Pero cualquier destino que no sea el amor jamás podrá ser el destino definitivo. Pues solo la búsqueda del amor, para recibirlo y regalarlo, será fuente eterna de paz y sentido para alcanzar una gozosa plenitud a lo largo de nuestra vida.

El Cielo en la Tierra. El sentido

Me encanta la frase de Santa Catalina de Siena cuando dice que el camino al Cielo es el Cielo. Marca para mí una senda y una dirección muy abstracta pero definitiva para encontrar una razón de ser y caminar por la vida. No hay nada que pueda concebir con mi fría y racional cabeza que me ofrezca sentido y una buena razón para vivir. Desde luego la existencia de los seres queridos, los momentos de diversión, de disfrute y saboreo de la vida me animan a ver la vida de forma positiva y con ganas de aferrarme a ella. También mis obligaciones y responsabilidades constituyen una buena y motivadora razón para vivir. Pero la fuerza para agarrarnos a la vida nos viene más bien de ese mandato biológico a través de nuestro instinto de supervivencia y de forma inseparable a nuestro miedo a morir. Es ello lo que nos retiene en este mundo, aunque muchas veces sin sentir un por qué y para qué que dé sentido a nuestra vida. Es la búsqueda de un buen destino lo que me sitúa en un camino y me lleva a sentir que caminando al Cielo encuentro el Cielo, el sentido.

Cuando mi cabeza se pone a hacerse preguntas nunca es capaz de contestarse y aquietarse si no es escuchando esas contestaciones que, sin saber de dónde salen, parecen venir de nuestros adentros, pero como susurradas por el Espíritu. Como católico creo que esos susurros que me guían provienen de Dios, por más que nunca entienda demasiado bien lo que ello quiere decir. No hay respuestas intelectuales que me aquieten porque no encuentro ninguna razón lógica para estar aquí ni para no estar, no encuentro ningún criterio para determinar lo que es bueno y lo que no lo es cuando pretendo encontrar las respuestas en mi universo racional. Lo racional no sirve para entender el mundo, más allá de la comprensión de los comportamientos humanos y sociales de quienes como individuos hemos sido creados con unas pautas de funcionamiento. Aplicamos nuestro manual de funcionamiento y podemos explicar las cosas que nos pasan y los comportamientos sociales. Pero más allá de ello, con la razón no encuentro ninguna clave para comprender por qué y para qué estamos aquí.

He hablado varias veces en este libro sobre la actividad mental de quienes ya tenemos los estómagos llenos. Poseemos grandes excedentes de energía mental para cuestionarnos las cosas y hacernos preguntas que una y otra vez no sabemos contestar. Y la reiteración de preguntas sin respuesta nos coloca en el miedo y el desasosiego, tendiendo a sacar muchas veces lo peor de nosotros mismos, y sobre todo mucho sufrimiento.

Caminar hacia el Cielo es una forma de encontrar un camino en el que las respuestas están en el propio camino. Es discurrir por una senda en la que encontramos respuestas satisfactorias y de consuelo a nuestros constantes interrogantes, que nunca tienen respuesta si no es en la dimensión espiritual y del misterio. Es el Cielo el que marca una dirección, un sentido en el que me encuentro acogido con el vaporoso y templado abrazo del Espíritu de Dios, que nunca se esconde para quien lo busca.

Es por ello por lo que un camino hacia el Cielo me regala pautas y criterios para una vida con sentido y me regala un tránsito lleno de puntos de apoyo para superar los dolores y sinsabores que a menudo nos arrollan. Pero por encima de ello en importancia, el mayor regalo que nos hace nuestro caminar hacia el Cielo es aquietar y calmar nuestros miedos. Es un camino lleno de presencia de Dios y lleno de mimo, cuidado y acogimiento por parte de Él.

El camino hacia el Cielo es claro cuando no queremos contraponerlo a otros caminos que nos alejan de él. Es el mejor marcador para establecer la dirección de nuestro deber ser y capaz de diluir cualquier dilema moral cuando queremos de verdad escuchar la voz de quien desde el Cielo nos guía. Los criterios para actuar durante el camino son equilibrados, acoplados a las circunstancias y momentos de cada uno, y por ello podemos confiar siempre en ellos pues difícilmente serán inadecuados para lidiar con las vicisitudes de la vida.

Seguir el camino hacia el Cielo es elegir la ruta en la que siempre encontraremos alimento, energía y coraje para luchar y vencer apegos indebidos, y para evolucionar y crecer de forma permanente para sentirnos humildemente en un duro camino hacia un lugar al que merece la pena llegar y que hace virtud de la dureza del mismo.

Es verdad que la vida es dura. Está llena de episodios de dolor y pena, cargada de esfuerzos y sinsabores cuyo sentido muchas veces nos cuesta entender. Mirar esas dificultades como pruebas de superación y entrenamiento para hacernos mejores, crecidos o enriquecidos en el más puro sentido personal ayuda a hacer el camino y nos permite avanzar en dirección al Cielo con tesón. Nos permite sentirnos anchos y satisfechos por superar las dificultades, y sobre todo nos regala la maravillosa capacidad de aceptar lo que en la vida nos encontramos. Pocos regalos hay mejores que la capacidad de aceptar lo inevitable, y nadie encuentra tanta aceptación como quien su vida la hace caminando siempre hacia Dios.

Gracias a Dios y a mi búsqueda de Él, siento la enorme fortuna de sentir que conozco cuál es mi camino y aceptar que ese camino está lleno de tropiezos sin que eso me torture. Es el propio camino el que me enseña que lo importante es levantarse tras tropezar, pedir perdón tras la ofensa y aceptar nuestra pequeñez e insignificancia junto con nuestras debilidades. Saber siempre que puedo buscar y encontrar el Espíritu de Dios en ese camino es el mejor regalo que la vida me ha dado, además del regalo de mis seres más queridos.

Quizá algunos no sientan la necesidad de encontrar su camino hacia el Cielo. Quizá para muchos no sea relevante o no tengan criterio para saber si lo es o no, al no haber podido dar pasos por ese camino en compañía de Dios. Conocer a Dios con la representación y el significado que para cada uno pueda tener es la brújula y la compañía necesaria para un discurrir pleno por la vida. Y si yo pudiera hacer un regalo a la humanidad sin duda sería un encuentro con Dios para cada uno de los que la integramos.

El amor como guía

La repetida frase de «Dios es amor» que tantas veces hemos oído quienes hemos sido criados en entornos cristianos es la que, pasados muchos años, me llevó a creer de verdad y sin fricciones en Dios. Es precisamente esta asimilación la que me permite equiparar el camino hacia Dios con el camino hacia el amor y concluir con ello, de nuevo, que la vida es camino y el Cielo está en caminar hacia Dios, hacia el amor... como referencia de todo.

Durante muchos años de mi vida he vivido con una fe contradictoria y generadora de fricciones internas. Por un lado, mi cuerpo, a través de vivencias, me acercaba a Dios, aunque no tanto a creer en Dios sino a vivir a Dios. Y mientras ello ocurría, mi intensa mente, mi permanente cuestionamiento de todo y mi escepticismo torturaban a menudo mi pacífica vivencia de Dios. Se convertía en una fuente de permanente fricción al chocar mi natural vivencia y experiencia de Dios con la voz interna racional y cuestionadora calificando de estupidez la creencia en Dios. Mi respeto a mi propia dimensión racional me impedía la solución sencilla de dar una patada a esos pensamientos y renunciar a cuestionarme intelectualmente las cosas de Dios.

Durante años he estado viviendo con cierto desasosiego interno esa lucha entre mi conocimiento y experiencia de Dios y mi «Pepito Grillo» más racional. Por un lado era de Dios de quien recibía los mejores regalos en forma de paz y plenitud, entregándome profundamente a Él en mis momentos de trabajo de la espiritualidad, y por otro recibía acusaciones de cinismo y de vivir con una falsa fe al no poder realmente creer en Él desde mi dimensión racional o intelectual.

«Dios es amor» fue mi «eureka» para fusionar en una única dimensión espiritual las diversas dimensiones de mi relación y concepción de Dios que antes tenía. Pocas dudas he tenido a lo largo de mi vida de la superioridad suprema del amor sobre cualquier otro bien material o inmaterial. Pocas formas se me ocurren para referirme a Dios y representarlo con mis capacidades humanas más allá de asimilarlo al amor. Me consta que la definición se quedará corta, pero siento y pienso que es, dentro de lo que soy capaz de concebir, lo que más se acerca a Dios.

El amor es por ello una maravillosa guía para nuestra vida. Es el mejor criterio para dilucidar nuestras dudas y tener la tranquilidad de no equivocarnos. Incluso cuando no sabemos muy bien lo que quiere decir la actitud amorosa nadie tiene duda de lo que es vivir en ella. Cuando se vive en esa actitud nadie se siente mal ni se efectúa reproche a sí mismo.

Vivir envuelto en amor me hace sentir que vivo casi en flotación; no elimina mis preocupaciones pero sí el sufrimiento derivado de ellas. Siento que no puedo estar en un camino equivocado, que estoy en el mejor carril por el que puedo discurrir y mi relación con los demás se hace amable. Las relaciones se hacen directas, sin torceduras, y se generan encuentros directos de mi corazón abierto con el corazón abierto de otras personas. Mi juicio se suspende para ser sustituido por la compasión cuando veo cosas que no me gustan o veo sufrimiento en los demás.

El camino hacia Dios, hacia el amor, empieza por uno mismo queriéndose, mimándose y aceptándose. Nada ayuda tanto a eliminar sufrimientos como la aceptación de las cosas y debilidades propias, pues el amor hace al débil y defectuoso más digno de ser querido que a quien se siente perfecto. Pero a la vez otorga mayor fuerza, serenidad y tesón para tratar de superar nuestras flaquezas y crecer, haciéndonos mejores.

Un camino amoroso y hacia el amor nos permite ser firmes y exigentes cuando el amor nos guía hacia algo. Nos hace a la vez flexibles, tolerantes y compasivos cuando nuestro amor, mirando en grande, nos dice que algo hay que aceptarlo y acogerlo como es. Pues el amor mira el corto plazo, pero también el largo, y administra mágicamente la decisión sobre cómo equilibrar, actuar y decidir en cada caso. Las consecuencias de las decisiones amorosas pueden no ser comprendidas ni beneficiosas para todos, pero contribuyen al mejor espíritu humano cuando la actitud y la motivación última de nuestros actos es responsablemente amorosa.

Parece imposible mantener siempre una pura actitud amorosa. Quizá algunos grandes santos sí lo consigan, pero nuestra condición humana y nuestros sistemas emocionales de supervivencia nos los impiden o limitan a menudo, anteponiendo nuestra supervivencia directa o indirecta de corto o de largo plazo con sus mecanismos de agresión o defensa. Pero es comprensible, es humano, es parte de nuestra debilidad y es lo que nos hace más queribles a los ojos de Dios y de todos los seres amorosos.

Mientras mis dedos escriben estos párrafos me viene a la cabeza que he dedicado un apartado de este libro a la rentabilidad espiritual. Es el beneficio o rentabilidad que obtiene quien goza y saborea el bienestar o la felicidad incluso en momentos de dureza o dolor. Nunca he sido misionero ni tampoco mártir, pero ¿no será el amor el que saca la sonrisa de quienes entregan una buena y cómoda vida (en el sentido tradicional) a los demás? ¿Acaso no se aprecia la felicidad y no se siente la paz que irradian las personas que, como la santa Madre Teresa, se han dedicado amorosamente a otros?

Por eso el camino al Cielo es el Cielo, y es el amor donde el cielo se encuentra. Nunca llegaré a acercarme a ese destino, pero saber al menos cuál es la dirección a seguir me libera de muchas torturas internas. Solo con querer de verdad caminar hacia ese amoroso Cielo se recibe el regalo de la serenidad, la paz y la permanente compañía de Dios en el camino.

El rechazo y la aceptación de lo humano

Basta leer este libro para saber que personalmente echo en falta mucha humanidad en nuestro mundo. Me refiero al respeto y cuidado de aquello que nos hace más humanos y dignos de ser cuidados, mimados y acogidos como miembros respetados de este mundo. Todos somos igual de dignos y todos merecemos ser cuidados, si bien la administración de ese cuidado exige su adaptación a las trayectorias y circunstancias de cada uno.

Todo lo que siento, gozo o sufro está muy relacionado con mi relación con lo que tengo registrado en mi memoria de datos y experiencias. Todo se relaciona con mis propias expectativas, que suelen estar muy provocadas y sometidas a mi trayectoria acumulada de vida. Pero mi paz interior estará siempre muy asociada a mi nivel de aceptación de lo que me ocurre y a mi liberación frente a los apegos que mi historia ha creado en mí.

Como seres sociales, nuestro encaje y relación con el entorno se convierten en variables de nuestra propia naturaleza que, junto con la búsqueda de trascendencia y el trabajo de la dimensión espiritual, nos conforman como una especie animal diferenciada y superior a otras especies, al menos en estos aspectos. Sin embargo, desde la observación de esa superioridad, hoy me duele ver que tendemos a buscar que la gestión de nuestras necesidades sociales como el estatus, el sentido de pertenencia, la seguridad... descansen y se satisfagan a través del dinero y de concepciones utilitaristas. El utilitarismo y el reduccionismo de todo a dinero me hace sentir muchas veces, desencajado en el mundo. Solo mi toma de conciencia de la naturaleza animal del ser humano y de su inevitable debilidad, junto con mi auto mandato para colocarme en actitud comprensiva, amorosa y compasiva me devuelven la paz y me sacan de mi tendencia a juzgar el mundo y reprochar a los demás su egoísmo como si yo estuviera exento de ello.

Respetar lo humano es descender de las miradas y los análisis materialistas y cartesianos de la sociedad para abrazar los sentimientos y las emociones individuales y sociales, pues es esto lo que nos hace diferentes de las máquinas. Es entender que el mundo racional es solo una maquinaria para procesar información y datos, pero que son realmente nuestras preferencias y juicios menos conscientes, encauzados a través de nuestro sistema de sentimientos y emociones, los que toman decisiones, los que sufren y gozan. En definitiva, ese yo profundo que se encuentra dentro de mí es quien tiene unas y otras necesidades sociales, relacionales y espirituales, y en definitiva quien hace el camino de la vida y quien necesita un destino que le otorgue sentido. Mi racionalidad debo administrarla con sumo cuidado evitando que la arrogancia racionalista someta y anule mi naturaleza animal, trascendente y espiritual, y me convierta en una permanente máquina de juzgar. Pues la razón no es sino una herramienta al servicio de procurarnos el discurrir por ese camino en los aspectos más puramente operativos de la vida, mundanos y básicos sin conexión con las dimensiones trascendentes, sociales o del sentido.

Por ello sufro a menudo la insensibilidad del dinero, que deshumaniza las relaciones, que provoca permanentes actitudes de tensión y conflicto, de confrontación y de absoluto egoísmo. Pues parece que en nuestra sociedad cuando hay dinero por medio el criterio con el que nos gustaría repartirlo está muy guiado por la tendencia del todo para mí. Yo mismo, en mi condición más animal y miedosa, me siento caer a veces en la ambición y en esa falta de sensibilidad de la que solo consigo salir cuando retomo mi camino al Cielo.

Reniego a menudo de mi condición animal egoísta y temerosa que me saca de mi camino, pero acepto a la vez la grandiosidad del misterio de la vida inevitablemente ligada a la lucha, el dolor el sufrimiento y el miedo a la muerte. Es en el misterio donde debemos colocar lo incomprensible y lo que está más allá de lo concebible por el ser humano. Y quizá un día, si llegamos al Cielo, encontraremos las explicaciones para entender lo que aquí resulta incomprensible.

La consciencia como lugar de libertad donde vivir

Personalmente siento cada vez más libertad interior. Es mi libertad de elegir mi relación conmigo, con el mundo y con lo que me rodea. Me siento más y más dueño de mis elecciones porque soy más y más consciente de lo que decido, de lo que acepto, y desde luego también de lo que no acepto. Es precisamente mi conciencia de lo que me mueve la que me permite gobernarme y tomar mis decisiones con mayor libertad.

Cualquier persona libre está limitada en miles y millones de ámbitos en los que no puede elegir. Basta ver que no puedo volar, ni mover mi casa de sitio, ni estar en dos sitios a la vez. Pero no sentimos ninguna irritación o sufrimiento por no ser libres para hacer esas cosas imposibles. Sin embargo surge rápidamente nuestra sensación de enfado, opresión, sometimiento, o simplemente de limitación de libertad cuando la razón por la que no puedo hacer algo recae en la decisión o actuación de otro ser humano. En realidad llamamos libertad a lo que es una lucha de poder que determina, individual o colectivamente, qué y quiénes pueden hacer unas y otras cosas.

En el trasfondo del concepto de libertad está por tanto la rivalidad entre humanos. Más que la imposibilidad de hacer algo, lo que provoca el que experimentemos sufrimiento, irritación, enfado y rechazo ante cualquier limitación de nuestro actuar es el hecho de que la limitación provenga de las imposiciones de otros: ¿por qué no sufro por no poder mover un árbol que me molesta y me irrita que alguien me impida entrar en un parque a pasear? Sencillamente porque en el segundo caso me digo que «quién se cree que es este para prohibirme…». Rivalidad e indignación porque alguien está impidiendo que yo haga cosas que yo podría realizar de no ser por él.

Estamos permanentemente limitados precisamente por la necesidad de respetar unas reglas de convivencia. Las reglas y las diferencias sociales delimitan nuestros ámbitos de libertad en el sentido de la mera posibilidad física de llevar a cabo determinadas cosas.

Lucho por ser siempre consciente de estas reflexiones y por cambiar aquellas limitaciones a la libertad humana que me parecen contrarias a mis valores. Pero en paralelo lucho también conmigo mismo para asegurarme de que acepto, mientras dure, todo aquello que es una realidad inevitable. Y lo hago de forma compatible con mi lucha por cambiarlo cuando no está en sintonía con lo que considero que está bien. Pero en el presente la aceptación significa vivir cualquier carencia de libertad con muchas menores dosis de sufrimiento.

Ser consciente de lo que me pasa, por qué me pasa, escucharme y no negarme me otorga un enorme campo de libertad con el que puedo relacionarme eligiendo yo, desde mi conciencia, la relación que deseo tener conmigo mismo, con el entorno y con lo que me acontece. Es precisamente la capacidad de elegir la actitud, cuando lo consigo, lo que me hace libre.

Ser como se es: la autenticidad como verdad

Es difícil saber lo que es la verdad, más allá de lo que se refiere a la constatación de hechos observables o verificables. Sin embargo todos tenemos muy arraigado el uso del concepto de verdad. Parece que todos sabemos lo que es, y en gran medida pensamos que vivimos en ella. Es decir, pensamos que nuestras actuaciones son francas y sin intereses ocultos. No somos conscientes de que vivimos con caretas o fachadas que ocultan nuestra verdadera realidad, identidad o forma de ser. Nuestra cabeza, nuestro pensamiento se alía con nosotros para defender nuestra realidad como realidad absoluta, y presentar nuestra forma de ser y estar en el mundo bajo los principios de la verdad y la autenticidad. No nos gusta que se nos vea o se nos mire como falsos, cínicos o escondidos detrás de fachadas de apariencia. Pero la realidad es que de pocas personas se puede decir que son auténticas, o, lo que es lo mismo, que son lo que son sin torceduras.

He destacado ya la importancia del autoconocimiento, y de nuevo aquí quiero recordarlo, pues nada es tan importante en el camino de la vida como conseguir encontrarse y conocerse a uno mismo, y tras ello respetar lo encontrado. Las interferencias o pulimientos de la educación, los códigos de convivencia y la presión social, con su permanente juicio de todo, nos hacen muchas veces difícil saber quién y cómo somos y respetarnos en esa forma de ser. Pero más allá de esas posibles presiones o condicionantes ¿cuánto dedicamos verdaderamente las personas a conocernos? ¿Cuánto tiempo dedicamos en nuestras vidas a pararnos, a aquietar nuestros pensamientos y escucharnos y sentir nuestro interior?

¿Cuánto respetamos los sentimientos y preferencias que hemos escuchado en nuestro interior cuando nos paramos a hacerlo?

Nuestros miedos, tan relacionados hoy con la falta de satisfacción de necesidades sociales como el estatus, la relevancia, el reconocimiento, nos llevan sin darnos cuenta a sacrificar quienes somos para construir nuestro personaje de acuerdo con el modelo o patrón social que parece que nos conviene, pasando a formar parte del ejército de ciudadanos adaptados a una vida de lo que hay que hacer y del cómo hay que ser. Esos miedos hacen que queden ocultos para nosotros los más grandes dones que cada uno tiene, las habilidades y capacidades que de manera espontánea han nacido y se desarrollan en nosotros sin que ni siquiera las valoremos nosotros al no asociar a ellas ningún esfuerzo para haberlas conseguido. Y con ello los miedos nos impiden vivir en la versión más amorosa de nosotros mismos.

Sin darnos cuenta, nuestro miedo a la sociedad expropia nuestro derecho a ser quienes somos y a vivir encarnando nuestra mejor versión, o lo que es lo mismo, la versión auténtica de nosotros mismos.

Siempre he tratado de ser lo que parezco ser, o dicho al revés, de parecer lo que verdaderamente soy. Caminar por la vida con esa coherencia en algunas ocasiones puede tener un precio en el plano de la conquista de posiciones y consecuciones materiales. Pero cualquier precio es bien compensado con la indescriptible satisfacción de sentirse bien con uno mismo. Dejar de ser yo me provoca una fricción interior por el ataque que supone a la verdad y la coherencia, a mi verdad y mi coherencia.

Y es esa verdad en el camino de la vida la que me hace sentir que es limpio el aire que respiro, que son seguros los pasos que doy y acertada la dirección que llevo. Es de esa verdad de la que recibo la fuerza para levantarme tras mis tropiezos y para admitir y corregir mis errores. Es también ella la que me anima a creer en mis dones naturales, aunque no sean siempre apreciados por los demás, y es en esa verdad o autenticidad donde encuentro el respeto a mí mismo como premisa y condición para respetar a los demás.

Son mi verdad y mi autenticidad, cuando las practico, las que me hacen verdaderamente valioso, a la vez que me igualan en valor a otras personas que también viven en su autenticidad, que se respetan y respetan a los demás. Personas que son lo que son y han superado el ser quien se espera que sean y el decir lo que se espera de ellas que digan.

Siento que mi verdad me hace grande y me expande para comprenderme y comprender a los demás, para encontrarme a corazón abierto con otras personas que saben escuchar desde su verdad sin juzgarme y comprendiéndome. Es la verdad la que me regala la autenticidad de mis buenas relaciones con los demás.

Lucho por ser siempre lo que soy, pues esta forma de estar en el mundo es la que me permite hacer mi camino con paz y con el criterio que mi interior me va susurrando a cada paso. Un camino que se hace mucho más fácil para mí y para los que vienen conmigo en el camino. Vivir en la verdad contagia a quienes con uno viven y nos ilumina para detectar cuándo nos salimos del camino.

Mi verdad viene siempre conmigo o, mejor dicho, es mi deseo que siempre venga conmigo y hacer el camino con quienes también quieren que su verdad y autenticidad los acompañe. Caminaremos así juntos en una verdad que, siendo respetuosa con nuestras diferencias, nos una y nos haga más firmes en nuestro camino hacia el Cielo y el amor. Caminaremos así con amor y autenticidad en una búsqueda permanente del amor y la verdad como destino.

El propósito como fuente de sentido

¿Qué hay que hacer para caminar hacia el Cielo? Cualquier camino que queramos emprender necesita de un destino si no queremos dar vueltas sobre nosotros mismos. Debemos por ello buscar una dirección en la que ponernos en marcha. Y, aunque ya hemos hablado de que nuestro destino es el Cielo, la verdad o el amor, la realidad es que necesitamos concretar y aterrizar esos destinos tan abstractos en actuaciones y etapas para cada día. Es ahí donde surge nuestro propósito.

Siento muy sinceramente que todos hemos nacido y estamos aquí con un propósito, aunque muchas veces nos cueste encontrarlo. Descubrir que hay algo de nosotros que al mundo le viene bien supone un enorme hallazgo que nos permite identificar de qué forma tenemos que dar los pasos mientras discurrimos por la vida. Nada me procura mayor bienestar y paz interior que sentir que estoy haciendo lo que marca mi propósito vital, pues trabajar para conseguir contribuir a ese propósito es lo que otorga sentido a mi vida.

En el apartado de este libro «De la rentabilidad empresarial al derecho a existir» he tratado la creciente exigencia a las empresas de tener un buen propósito, enunciado en términos que muestren su contribución al bien común o a construir un mundo mejor. Sin duda son términos que estarán siempre envueltos en grandes discusiones por estar las distintas posiciones sobre lo correcto ineludiblemente cargadas de ideología. Pero en el plano individual la cuestión es distinta, pues la paz individual es la primera que se beneficia de los pasos que damos en cumplimiento de un bienintencionado propósito vital desde la verdadera y serena paz interior. O lo que es lo mismo, quien da pasos hacia el Cielo con actitudes amorosas y buscando y dando amor, y esforzándose por respetar su bienintencionado propósito, quizá no consiga aportar felicidad al mundo, pero pocas dudas tengo de que ese camino le procurará una gran satisfacción y paz interior. Y seguro que si todos caminamos practicando nuestros respectivos propósitos el mundo será un lugar más feliz para todos.

Creo que, como parte de los instintos con los que hemos sido creados, todos nacemos programados con algo que nos hace experimentar paz y bienestar interior cuando cumplimos aquello para lo que estamos llamados. Muchas veces nos cuesta descubrir cuál es nuestro lugar en el mundo, cuál el rol acoplado a nuestra realidad, así como el momento y las posibilidades para ponerlo en práctica. Y a veces, aun cuando lo descubrimos, nos negamos a aceptar vivir pacíficamente encajados en él como consecuencia de insanos temores, apegos, ambiciones, envidias y vanidades.

Vivir en las tareas que dan forma a mi propósito es poner de mí mismo aquello que mejor puedo yo aportar al mundo. Es dar y entregar lo que está alineado con mis mayores talentos o competencias para ponerlos al servicio de los demás mientras gozo con ello. Esa entrega a la tarea propia de nuestros dones y al servicio de dar, hacer o construir algo nos coloca en momentos de auténtico fluir en los que el tiempo parece discurrir en segundos lo que son minutos y en minutos lo que son horas. El propósito otorga tanto sentido a la tarea, al cometido, al servicio al que estamos entregados que el tiempo parece no existir, pues pasamos a vivir un presente absoluto sin que nada exista más allá de nuestro momento y con plena atención en el presente. Quien está en acción en su propósito alineado con lo que le da sentido se olvida de sí mismo.

Fluir en nuestro propósito nos aleja de las tortuosas reflexiones y cuestionamientos existenciales que nos hacen preguntarnos acerca de nuestro futuro, llenándonos de malsanas incertidumbres que nos sacan de la vivencia del momento presente, que es el único en el que se puede verdaderamente vivir. La acción o inacción acordes con nuestro propósito nos colocan en la vida, viéndola con plenitud, sintiéndola, experimentándola, notándola sin perturbaciones mentales que nos alejan y nos sacan de ella.

Propósito y sentido caminan de la mano en una maravillosa conjunción de acción y sentimiento que nos regala una limpia observación de las cosas sin juicio, pero con gran capacidad para la comprensión de los demás y la compasión hacia quienes la merecen. Es esa unión del propósito y el sentido la que nos da la valentía y la fuerza para practicar la humildad y para vivir desde la alegría, incluso en las dificultades, despertando nuestra creatividad precisamente para ponerla al servicio de ese propósito.

Además del amor, recibir un propósito que nos da sentido, integrado en nuestras vidas, es otro grandísimo regalo que cualquiera puede recibir para hacer su camino hacia el Cielo.

La confianza como fuente paz

Todos hemos disfrutado en mayor o menor medida los beneficios de vivir en entornos de confianza. Son contextos en los que nos sentimos seguros sin tener que estar vigilando o mirando de reojo los peligros. Esos entornos o las personas con las que estamos son en sí mismos generadores de esa confianza que nos permite bajar la guardia y vivir distendidamente sin la tensión interna de cuidar de los ataques o agresiones de un tipo u otro.

Vivir confiando es vivir en la esperanza de que lo que necesitamos lo tenemos y lo tendremos. Es no vivir para el futuro sino para el presente con la mente en el aquí y ahora, pues de lo que ocurrirá en el futuro se encarga precisamente eso que llamamos la confianza. Es la confianza de un niño en sus padres la que le permite jugar, mirar, observar, aprender y disfrutar del acontecer presente en el que vive sin pensar en qué comerá mañana y bajo qué techo dormirá. De eso se encarga la confianza en sus padres.

La confianza se apoya en dos pilares inseparablemente vinculados. Por una parte, en la esperanza de que lo que necesitaré lo tendré. Mi familia, mi trabajo, mi empresa o la sociedad me procurarán lo que necesitaré para vivir en el campo material y relacional, y Dios, en mi camino al Cielo, me procurará siempre el sosiego espiritual que sin duda necesito. Pero existe un segundo pilar fundamental para vivir en actitud confiada, tan importante como el primero precisamente por ser fundamental para la firmeza de ese primer pilar. Me refiero a la confianza en nuestra capacidad de adaptar nuestras necesidades a lo que la vida nos traiga en cada momento. Confiar que podremos liberarnos de necesidades y apegos que hoy tenemos si el tiempo nos lleva a sacrificarlos nos regala la serenidad, la paz y la confianza necesarias para vivir el presente con plenitud.

La confianza es el mejor antídoto para el miedo y por tanto la mejor aliada del amor. Es por ello el más firme enemigo del demonio, cuya misión es colocarnos en el miedo para despertar así en nosotros las peores y más hostiles versiones de nosotros mismos: la agresividad, la ira, la envidia.

Es la confianza la que nos permite vivir despreocupados por el futuro y ocupados en el presente, confiados en que nuestras capacidades, los amigos, el entorno, etc. nos procurarán el afecto y los bienes que necesitaremos, indicándonos que, donde algo nos falte, siempre estará la mano de Dios para consolarnos y darnos los bienes espirituales que con creces compensan cualquier carencia material y afectiva.

Pues sentir el abrazo y el cariño de Dios, a ojos y corazón de quien lo recibe, hace innecesario todo lo demás.

Nuestra sociedad vive atormentada por una gran falta de confianza en el futuro. Colocamos la confianza en el crecimiento económico como bálsamo para solucionar nuestras carencias y satisfacer todas nuestras necesidades sin ser conscientes de que muchas de nuestras necesidades afectivas y emocionales jamás serán satisfechas con dinero. Más allá de las soluciones financieras, desconfiamos de nuestras capacidades como sociedad para abordar nuestros retos y solucionar los problemas o alcanzar las metas que la economía no solo no es capaz de resolver, sino que malmete y siembra temores sobre ellas en los ciudadanos. Una economía que se ha convertido en una especie de demonio instalando en nosotros marcos mentales tradicionales que solo son capaces de concebir nuestra seguridad futura basada en un crecimiento sin límite y en la acumulación de dinero en nuestras cuentas corrientes o de valores.

Todavía no sabemos cómo pero podemos confiar en que la sociedad en conjunto irá procurando a quienes la forman la satisfacción de las necesidades que en cada momento vayamos teniendo en el plano material. He intentado en este libro mostrar cómo las capacidades de generar riqueza están y permanecerán siempre al margen de las cuestiones financieras y de los niveles de deuda, puesto que estos aspectos solo juegan en el plano de las motivaciones. Por tanto, y desde luego desde mi actitud optimista, me atrevo a afirmar que otras motivaciones, como las propias de una economía espiritual, sumadas a los medios y capacidades existentes, permitirán sostener los actuales niveles de vida del mundo.

Es por ello momento de recuperar la confianza. Una tarea de unos y de otros, y en definitiva de todos para vivir en un aire respirable que rebaje los niveles de hostilidad, de crítica y confrontación, que constituyen el mejor abono para las desconfianzas. La confianza en uno hay que merecerla, y es por ello cuestión de todos hacernos merecedores de confianza frente a los de nuestro entorno. Y así uno más uno y más otro... haremos una sociedad de personas confiables que conformen una sociedad confiada en sus propias capacidades. Y al igual que ocurre en el plano individual, debemos aprender a modular nuestras necesidades en función de lo que haya disponible para satisfacerlas, pues recordemos que ese es el segundo pilar que permite vivir en la confianza liberándonos de las torturas del miedo a nuestro futuro.

No echaremos con ello al demonio de la sociedad, pues siempre tendrá sus apariciones en forma de injusticias, mentiras, envidias y ambiciones desmesuradas. Pero la sociedad necesita despertar y tomar conciencia de que gradualmente será más seguro confiar en sus capacidades de evolucionar hacia modelos sociales más colaborativos que pensar que las finanzas y una desmesurada competencia puedan constituir indefinidamente el sostén de nuestro bienestar y nuestra paz.

Dios como luz

Me siento un poco incómodo habiendo dejado este apartado para el final del libro. Sin duda lo tenía que haber puesto al comienzo, pues es para mí el más importante. Pero he optado por esta solución para evitar espantar a muchos lectores, que sentirán rechazo o prejuicios por el hecho de declararme católico y por declarar que a lo largo de mi vida es Dios quien se ha ido gradualmente convirtiendo en lo más importante en ella.

No puedo explicar bien y concebir lo que es Dios y cuál es su naturaleza. Pero el tiempo me ha enseñado que no debo sufrir por no comprender a Dios, pues sé que es incomprensible para las limitadas capacidades humanas. La dimensión divina nos trasciende y no es explicable con lenguajes descriptivos. Solo el lenguaje poético o la mística pueden acercarnos a su comprensión.

Confío plenamente en Dios y nadie podrá demostrarme que no existe, pues Dios no se encuentra en el ámbito de lo demostrable. Intentar demostrar que existe o que no existe cae fuera de lo razonable, fuera del ámbito científico de la demostración de cualquier hipótesis. Solo la experiencia de Dios nos puede mostrar y permitir vivir su existencia, y en mi caso son muchas las experiencias en las que me siento abrazado y acompañado por Él.

Dios se ha ido constituyendo en mi más firme ayuda y compañía a lo largo de la vida. Tras mi despertar a Él, siempre ha estado conmigo cuando las cosas me han ido mal y he estado sufriendo. Siempre me ha dado consuelo y compañía en esos momentos, y siempre he confiado en las bondades de no dejar de confiar en Él aun cuando muchas veces no obtenga lo que le pido. Espero no dejar nunca de confiar en Él y sentirle cerca. Su cercanía me da paz, pues sé que con Él cerca cualquier cosa me puede pasar pues tendré las fuerzas necesarias para superarlo y la sabiduría y humildad para aceptarlo.

Dios es también el mejor amigo en el éxito y en los momentos de alegría y fortuna. Es a Él a quien doy gracias todos los días por las cosas buenas que me pasan y a quien rezo por los menos agraciados que yo. Es el mejor compañero en el camino al Cielo para no creernos nada, para reducir nuestras arrogancias haciéndonos ser seres agradecidos y llevarnos a las aguas de la humildad para aceptar tanto las cosas buenas como las malas como parte del camino de la vida. Es Dios quien nos marca la meta para una vida plena, aun sabiendo que nunca tendremos la certeza de que la alcanzaremos. Pero es precisamente en ese Cielo en el que Dios nos está esperando y desde donde nos llama para que hagamos el camino hacia Él donde la alcanzaremos.

El camino al Cielo es el camino hacia el amor, hacia la verdad, hacia Dios. Y es precisamente el Espíritu de Dios el que impregna de alegría y esperanza nuestro camino haciendo que sea la vivencia del propio Cielo. Es gracias a ello por lo que muchas veces experimento una indescriptible felicidad plena fruto de la experiencia vivida de Dios que se hace parte de mí. Una experiencia de amor que me expande y me hace cariñoso y compasivo, templado y capaz de comprender sin fricción las cosas que sin Él me producirían una enorme irritación. Es nadando en el acogedor Espíritu de Dios donde vivo una experiencia de amor abierto, sin límites ni contornos, y casi sin más destino que seguir amando.

Es muy difícil explicar lo que es este amor que Dios nos regala, pero no hace falta explicarlo para vivirlo. No hacen falta reglas para aplicarlo pues es la actitud amorosa la que inunda nuestro cuerpo y pone la luz para actuar en un sentido u otro y para relacionarnos con respeto supremo hacia quienes nos rodean.

Dios es quien me ayuda a no juzgar, o juzgar menos, y quien me enseña que no soy quién para hacerlo. Me falta criterio para juzgar a nadie y carezco de legitimidad para hacerlo. ¿Quién me creo yo para juzgar a nadie? ¿Acaso puedo yo creerme mejor sin comprender a los demás desde dentro de sus propias vidas y con todos sus condicionamientos? Es mi paso firme por el camino al Cielo, cuando me mantengo en él, lo que pone claridad en la conciencia de mi maravillosa pequeñez y me ayuda a limitar cualquier pretensión o tentación de juzgar a los demás.

Son las experiencias amorosas con la presencia de Dios las que me sacan de la oscuridad e iluminan mi camino para aceptar lo que veo y lo que hay sin tortura, aunque sin renunciar a intentar cambiar lo que creo que se debe cambiar. Es mi conversación serena y franca con Dios la que me alimenta del espíritu que necesito para discurrir por la difícil vida y para desear querer incondicionalmente a los demás regalándoles el más absoluto respeto.

Escribir de Dios me lleva a hablar con Él, a estar con Él en el más maravilloso encuentro. Son mis encuentros con Dios mi mayor fuente de proteínas y vitaminas para el camino de la vida. Es la dulce sonrisa que en Él observo la que me dice que soy un ser querido y que nunca dejaré de ser querido por Él. Me encanta por ello hablar con Él en una conversación muda en la que no hacen falta palabras para expresar lo que siento y recibo en esas sinceras, confiadas y silenciosas tertulias. Es Dios el más perfecto compañero de tertulias en las que nada se dice, pero todo se aclara con mi amorosa fusión en el amor que me lleva a comprender las cosas desde dimensiones que me inundan de paz interior, compasión y serenidad. Son esas conversaciones con Dios las que me regalan el eterno abrazo de quien siempre me está viendo y a quien siempre podré buscar para abrazar.

Dios es por tanto todo. Todo en el sentido de la mayor de las grandezas. Es la razón de ser y la razón de estar en esta confusa transición que es nuestra propia vida. Es Dios, y el amor que Él nos tiene, lo que da sentido y dirección a nuestro caminar. Es seguro el más grande regalo que, si pudiera, me gustaría hacer a mis hijos y seres queridos con carácter vitalicio. Pues sé que con Dios todo es distinto, todo es mejor.

Cuando me imagino a un lector de este libro leyendo estas cosas sin haber tenido nunca experiencias de Dios, por una u otra vía y con uno u otro nombre, supongo que pensará que estoy loco o con sorna dirá que menudo iluminado. Puedo comprenderlo, pues yo mismo recuerdo la perspectiva y la mirada y la comprensión del mundo que tenía cuando era una persona seca de espíritu. Pero esa capacidad de recordar la vida tanto desde la sequedad espiritual como desde la fe y la experiencia de Dios es la que me hace tener a Dios por verdad y por la mejor fuente de luz para ver e interpretar la realidad en sus dimensiones menos tangibles e incrementar mi conciencia hasta niveles que jamás podría alcanzar sin la guía del Espíritu de Dios. Es la efusión del Espíritu de Dios la que nos llena de claridad y humilde luminosidad expulsando la arrogancia, y haciéndonos más y más conscientes de nuestra enorme o infinita ignorancia. Pues, paradójicamente, cuanta más claridad consigo mejor veo que es infinita mi ignorancia y más grande y maravilloso se hace el universo del misterio.

Mis abrazos con Dios me regalan momentos sin tiempo, espacios sin dimensiones, y conversaciones o diálogos sin palabras. Estar con Dios es estar en un mundo mágico en el que todo resulta claro, indeterminado e inaprensible a la vez. Son experiencias que no pueden explicarse, aunque pueden compartirse con el corazón, pues es el espíritu quien habla a través de nuestro corazón cuando alguien comparte con los demás su experiencia del amor de Dios. Amar es sentir el espíritu de Dios dentro de quien ama. Es constituirnos en su gozoso instrumento y regalar amor sin más recompensa que el inmejorable regalo de sentirlo queriendo a los demás.

He hablado en este libro de economía y rentabilidad espirituales sabiendo el riesgo de ser calificado de naif y fantasioso. Comprendo los calificativos y no me voy a defender de ellos, pues entiendo que son ajustados cuando quien los emplea no ha tenido experiencias de amor y de Dios que le hagan reconsiderar el uso de esos términos. No me siento atacado con ello sino si acaso afortunado. La iluminación que yo siento es precisamente la de quien se une a Dios y a los demás en experiencias de amor que no son para ser comprendidas sino vividas sin necesidad de que sean aceptadas por los demás. Mis silenciosas conversaciones con Dios me sacan de mi ceguera y me llevan a un humilde lugar de desacomplejada ignorancia de la que soy plenamente consciente.

Termino este libro con mi deseo de que más y más gentes podamos compartir el Espíritu de Dios e impregnar con Él nuestras vidas. Pues, aunque quizá ello no mejore nuestras vidas de acuerdo con los criterios utilitaristas actuales de lo que es una buena vida, sí tengo el convencimiento de que ese Espíritu hará mucho más alegre, amoroso y compasivo nuestro caminar por la vida, lo que significará hacer un gozoso recorrido de vida en plenitud.

Al final siempre Estará el espíritu, pero si lo buscamos podremos encontrarlo antes del final y sentirnos acompañados por él en el camino de nuestras vidas.

KOLIMA
BOOKS

9 788841 881154 8